UNIVERSITY OF NORTH CAROLINA AT CHAPEL HILL
DEPARTMENT OF ROMANCE LANGUAGES

NORTH CAROLINA STUDIES
IN THE ROMANCE LANGUAGES AND LITERATURES

Founder: URBAN TIGNER HOLMES

Editor: CAROL L. SHERMAN

Distributed by:

UNIVERSITY OF NORTH CAROLINA PRESS

CHAPEL HILL
North Carolina 27515-2288
U.S.A.

NORTH CAROLINA STUDIES IN THE
ROMANCE LANGUAGES AND LITERATURES
Number 265

DEL ESCENARIO A LA PANTALLA

DEL ESCENARIO A LA PANTALLA

La adaptación cinematográfica del teatro español

POR

MARÍA ASUNCIÓN GÓMEZ

CHAPEL HILL

NORTH CAROLINA STUDIES IN THE ROMANCE LANGUAGES AND LITERATURES

U.N.C. DEPARTMENT OF ROMANCE LANGUAGES

2000

Library of Congress Cataloging-in-Publication Data

Gómez, María Asunción.
Del escenario a la pantalla: la adaptación cinematográfica del teatro español / por María Asunción Gómez.
p. cm. – (North Carolina studies in the Romance languages and literatures; no. 265)
Includes bibliographical references.
ISBN 0-8078-9269-6
1. Film adaptations. 2. Motion pictures and theater – Spain. 3. Spanish drama – Film and video adaptations. I. Title. II. Series.
PN1997.85.G645 2000
791.43'6–dc21

00-031856

Cover design: Heidi Perov

ISBN 0-8078-9269-6

IMPRESO EN ESPAÑA

PRINTED IN SPAIN

DEPÓSITO LEGAL: V. 2.367 - 2000

ARTES GRÁFICAS SOLER, S. L. - LA OLIVERETA, 28 - 46018 VALENCIA

ÍNDICE

ILUSTRACIONES

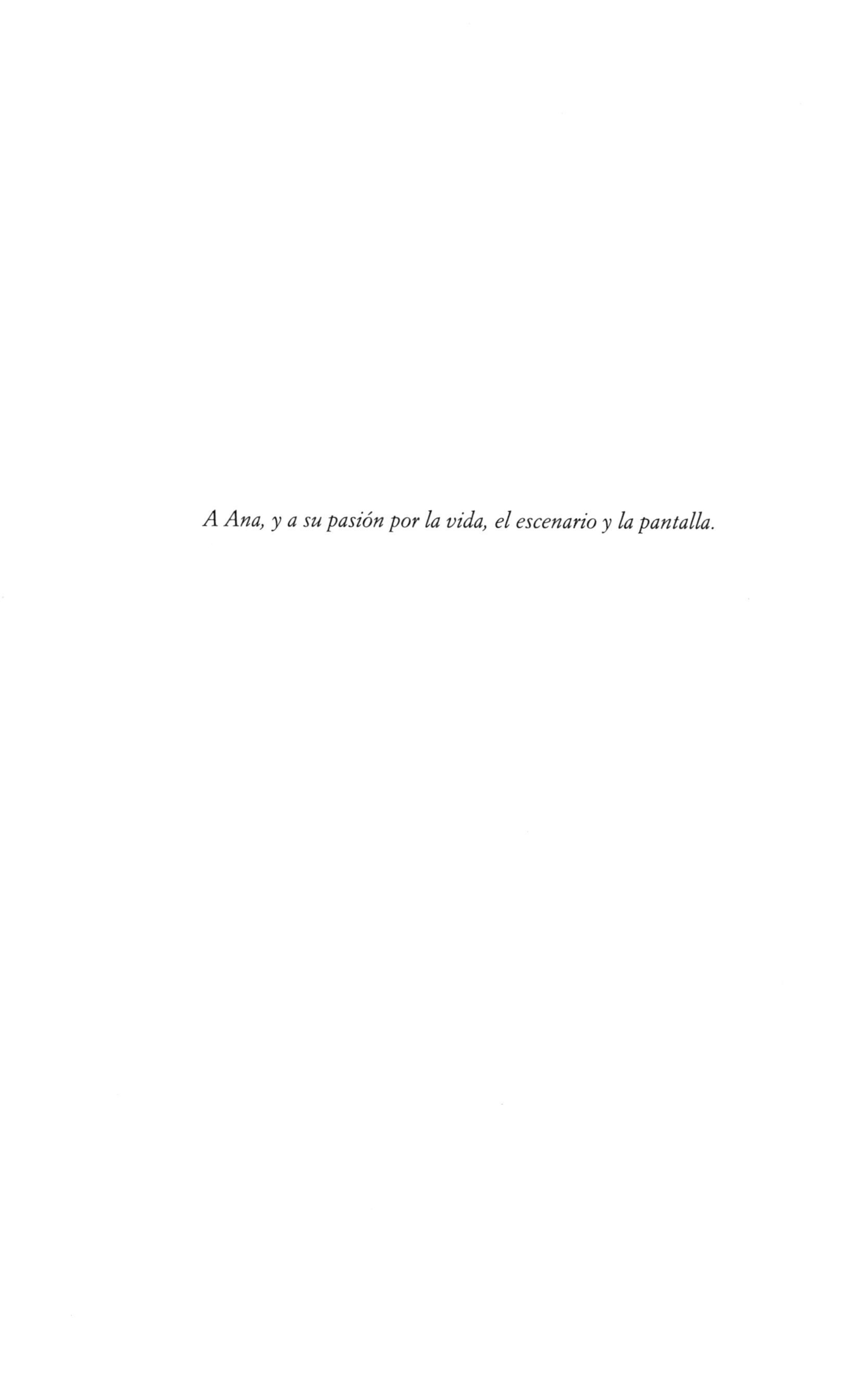

A Ana, y a su pasión por la vida, el escenario y la pantalla.

AGRADECIMIENTOS

QUIERO expresar mi más sincera gratitud a Phyllis Zatlin, quien me inspiró a escribir sobre teatro y cine y desde hace años sigue brindándome su apoyo incondicional en éste y otros proyectos; a Ricardo Castells por sus concienzudas lecturas y por las ideas aportadas en el proceso de escritura y revisión del manuscrito; y muy especialmente a Santiago Juan-Navarro, por su apoyo afectivo, moral, intelectual y técnico durante los varios años de trabajo que he dedicado a este libro. También tengo que agradecer a Eduardo Gamarra, director del Latin American and Caribbean Center (Florida International University), el generoso apoyo financiero que ha hecho posible esta publicación. Finalmente, les agradezco a mis colegas de FIU las muestras de compañerismo y amistad, así como la ayuda que siempre me han brindado, y a mis estudiantes el enriquecedor intercambio de ideas que se ve reflejado en este estudio.

Versiones previas de los capítulos tres y cuatro han aparecido en *Journal of Interdisciplinary Studies* 7.1 (1995): 83-104; *Estreno* 12.2 (1996): 45-50; y en la colección de monografías *Eutopías* (Universidad de Valencia), 1998 (Vol. 217/218). Gracias al permiso de los editores, estos estudios han podido quedar incluidos en el presente libro.

Las fotografías que aparecen en este libro han podido ser reproducidas por gentileza de: Samuel Menkens Pilo, Lola Piedra, Andrés Vicente Gómez, María del Carmen San Román, Verónica Vila San Juan e Ion Producciones.

INTRODUCCIÓN

La mutua influencia entre literatura y cine ha acaparado la atención de teóricos y críticos desde las primeras décadas de nuestro siglo. La progresiva apertura de los departamentos de literatura a los estudios interdisciplinarios se ha visto reflejada en una creciente bibliografía sobre novela y cine. Sin embargo, se echan en falta estudios comparativos que analicen exhaustivamente, dentro del marco teórico contemporáneo, la relación entre teatro y cine y más concretamente la adaptación de obras de un medio a otro. Es difícil adivinar las causas de estas lagunas bibliográficas. Quizás se deba a los consabidos prejuicios respecto a la adaptación de obras literarias al cine o quizás persistan los recelos de aquéllos que han visto en el cine al enemigo que se gana la atención de un público cada vez menos asiduo al teatro. Cualquiera que sea la razón, lo cierto es que no se ha publicado en español ningún estudio que trate de manera sistemática las implicaciones teóricas y prácticas que se derivan de la conexión teatro-cine y la forma en que éstas se reflejan en el campo de la adaptación.

Mi trabajo intenta remediar este inexplicable vacío mediante un análisis crítico de varias obras del teatro español contemporáneo y de sus respectivas adaptaciones al cine. Dicho análisis será llevado a cabo a la luz de varias teorías literarias y cinematográficas, cuya aplicación a los dos campos puede ser compartida: teoría de la recepción, formalismo, nuevo historicismo, sociocrítica y feminismo. La base teórica que estas cinco áreas de aplicación metodológica ofrecen, sirve de punto de partida para el análisis del valor artístico y del significado sociológico de las obras estudiadas.

El primer capítulo ofrece un breve recorrido histórico de la relación teatro/cine en España, desde el advenimiento del cinematógrafo hasta nuestros días. Puesto que el *corpus* de obras de teatro adaptadas al cine en España sobrepasa con creces las dos centenas, no pretendemos mencionar todas y cada una de ellas, sino establecer tendencias generales. Se trata de apreciar hasta qué punto el teatro influyó en el cine y cuál fue la función de éste en el desarrollo del medio dramático. Para una relación exhaustiva de todas las adaptaciones llevadas a cabo tanto en España como en el extranjero, referimos al apéndice cronológico que incluimos al final de este libro.

En el segundo capítulo se exploran, desde una perspectiva formal, la interrelación teatro/cine y las implicaciones teórico-prácticas que se derivan de ella en el campo de la adaptación. Entre otros elementos, se presta especial atención a las paradójicas semejanzas entre ambos medios y se analizan las distintas modalidades psicológicas de la recepción, el punto de vista y la ilusión de realidad; así como el grado de realismo y estilización inherentes a cada uno de los dos medios.

Una vez establecido el marco teórico y esbozada una visión general sobre la adaptación, el tercer capítulo estudia la autorreflexividad en teatro y cine. Aunque las estrategias metadiscursivas aparecen, en mayor o menor grado, en casi todas las obras, hemos elegido *Bodas de sangre* (1933) de Federico García Lorca y *¡Ay, Carmela!* (1987) de José Sanchis Sinisterra para ejemplificar la función de marcadores de la autorreflexividad tales como: referencias al acto de la representación en general y al espectador, personajes autoconscientes, personajes que representan un papel dentro de su papel, decorados estilizados, autoparodia, resistencia a las convenciones del realismo y el naturalismo, presencia de lo grotesco, diálogos artificiales con incongruencias de estilo y de sentido, lenguaje no referencial o polisémico, representación dentro de la representación, estructura episódica en teatro, ruptura de las convenciones del montaje, y el uso de la cámara en el cine. Los motivos de la selección de *Bodas de sangre* y *¡Ay, Carmela!* son dobles: 1) se trata de obras –bien sea la pieza teatral o bien la adaptación– cuyo significado se apoya en gran medida en esta característica metadiscursiva; 2) a pesar de ser Carlos Saura el director de las dos películas –*Bodas de sangre* (1981), *¡Ay, Carmela!* (1990)– las estrategias de la adaptación son claramente divergentes.

En el cuarto capítulo se examina desde un acercamiento neohistoricista el proceso de adaptación de otras dos piezas teatrales. En un primer apartado nos ocupamos de la obra cumbre de la dramaturgia de Carlos Arniches, *La señorita de Trevélez* (1916), llevada al cine por Edgar Neville en 1935 y por Juan Antonio Bardem en 1956 con el título de *Calle Mayor*. La segunda obra teatral estudiada es *Un soñador para un pueblo* (1958) de Antonio Buero Vallejo, la cual sirve de inspiración a la realizadora Josefina Molina para la creación de *Esquilache* (1988). Los intertextos sociohistóricos y las comunidades interpretativas que intervienen en la producción y recepción de los filmes, determinan el proceso de (trans)posición de los elementos teatrales en elementos cinematográficos y la consiguiente (trans)formación de las bases críticas e ideológicas que servían de fundamento a las obras dramáticas.

El quinto capítulo examina la construcción del sujeto femenino en cuatro obras dramáticas y en sus respectivas adaptaciones. En un primer apartado, discutimos el papel de la mujer en un periodo crítico de la historia de España (los años de la guerra civil, 1936-39), tal y como se refleja en las obras de Fernando Fernán Gómez –*Las bicicletas son para el verano* (1982)– y José Sanchis Sinisterra –*¡Ay, Carmela!* (1987)–, y en las adaptaciones cinematográficas llevadas a cabo, respectivamente, por Jaime Chávarri en 1984 y Carlos Saura en 1990. Exploramos la forma en que se ve reflejado en estas obras el problemático acercamiento a cuestiones de diferencia sexual por parte de las estructuras de poder, tanto a nivel familiar como estatal.

En la segunda parte de este último capítulo hemos adoptado una perspectiva diferente, partiendo de las teorías feministas que analizan la función de "la mirada masculina" y la representación de la mujer como espectáculo y objeto de consumo. Las obras en que centramos nuestro estudio son *Divinas palabras* (1920) de Ramón del Valle-Inclán (adaptada por José Luis García Sánchez en 1987) y *La guerra empieza en Cuba* (1955) de Víctor Ruiz Iriarte (adaptación de Manuel Mur-Oti en 1956). A pesar de tratarse de dos piezas teatrales de planteamientos estéticos diametralmente opuestos, en las adaptaciones cinematográficas encontramos sorprendentes paralelismos en el proceso de recreación y representación de los personajes femeninos protagonistas.

Como se desprende del resumen expuesto, el acercamiento teórico es ecléctico. Si el segundo capítulo se centra en la teoría general de las relaciones interdiscursivas entre estos teatro y cine, los tres capítulos siguientes adoptan tres perspectivas representativas de las corrientes más importantes dentro de la crítica literaria y cinematográfica: el formalismo, la sociocrítica y el feminismo. No quiere esto decir que, por ejemplo, nuestro análisis de la metatextualidad en las obras de García Lorca, Saura y Sanchis Sinisterra sea puramente formalista. De hecho, la presencia de elementos sociohistóricos y de género es obvia en nuestro estudio. Tampoco nos limitamos a interpretar los textos de Arniches, Bardem, Buero y Molina sólo desde una óptica neohistoricista o ideológica. Ni queda más lejos de nuestra intención presentar las obras de Fernán Gómez, Sanchis Sinisterra, García Sánchez y Mur-Oti como alegatos feministas. Lo que nos ha movido a adoptar una perspectiva teórica determinada ha venido condicionado por los elementos que hemos considerado dominantes en el proceso de adaptación de cada una de estas obras, sin excluir el uso de otros puntos de vista (en especial el de su recepción en distintos momentos históricos), pero sin perder tampoco el foco teórico particular de cada capítulo.

En relación con el marco teórico de cada perspectiva, hemos evitado "hacer decir" a las obras teatrales o cinematográficas los postulados básicos de las teorías usadas. Toda interpretación implica una manipulación, una traición a la obra. No obstante, una interpretación que se olvida del texto, contexto y/o metatexto de una obra se olvida de una parte crucial de la misma y, además de manipular y traicionar, puede llegar a convertir dicha obra en un instrumento de ventriloquía. De ahí, nuestra preferencia por un enfoque ecléctico, flexible y plural. Queremos, ante todo, abrir perspectivas en un campo de análisis que con seguridad recibirá la debida atención en los próximos años.

Capítulo I

LA RELACIÓN TEATRO/CINE EN ESPAÑA: UNA PERSPECTIVA HISTÓRICA

Con el advenimiento del medio cinematográfico, filósofos, sociólogos, teóricos, dramaturgos, directores y críticos de diversas nacionalidades comenzaron a plantearse la compleja relación entre teatro y cine desde diferentes perspectivas, valorándola asimismo desde posturas encontradas. Desde los primeros años del debate teatro/cine a principios del presente siglo, unos defendían la superioridad del primero al considerarlo el pilar de valores culturales y humanos desde los tiempos clásicos, mientras que otros estaban convencidos de que las limitaciones del medio dramático habían sido superadas con la llegada del cine sonoro y aseguraban que sería este arte nuevo el que terminaría por suplantar al más antiguo. Así, mientras los primeros veían el cine como un mero instrumento difusor del teatro, los segundos consideraban la suplantación del teatro por el cine como el resultado inevitable de la evolución de la sociedad moderna.

Aunque el debate teatro/cine se origina en Estados Unidos, también los intelectuales y dramaturgos españoles de principios de siglo participaron en esta polémica y expresaron opiniones a favor o en contra de la interrelación de estas dos artes del espectáculo. [1]

[1] El debate teatro/cine comienza muy pronto en los EE.UU. Véanse al respecto las argumentaciones de Walter Prichard Eaton y George Jean Nathan, dos destacados críticos de teatro. Para defensas de la superioridad del cine sobre el teatro, véanse los estudios de D. W. Griffith, V.I. Pudovkin y Samuel Barron. Para un estudio en profundidad sobre las posturas adoptadas por los intelectuales españoles, véanse las obras de Rafael Utrera *Modernismo y 98 frente al cinematógrafo*, *García Lorca y el cinema* (1982), *Escritores y cinema en España: una aproximación histórica*

Así, lo que en un primer momento no había sido más que un descubrimiento curioso exhibido en barracones de feria, se convierte pronto en un fenómeno artístico y cultural que sirve como motivo de diversas reflexiones estéticas y sociológicas. Los dramaturgos españoles de las primeras décadas de nuestro siglo mostraron un interés especial por el cinematógrafo, bien para exponer su favorable disposición o su repudio del nuevo medio. No es nuestra intención presentar de forma exhaustiva el rumbo que dicha polémica tomó en España, puesto que no se desarrolló partiendo de unas bases teóricas firmes ni de un conocimiento a fondo del medio cinematográfico. En la mayoría de los casos, se trata de comentarios de tipo impresionista, difundidos en artículos de prensa, pero nunca se alcanzó el rigor teórico que el norteamericano Allardyce Nicoll demostrara en su estudio seminal *Film and Theater* (1936).

Entre los cinematófobos más radicales, Antonio Machado y Miguel de Unamuno fueron los que expresaron sus opiniones de forma más vehemente. Antonio Machado analiza el fenómeno cinematográfico en sus ensayos periodísticos no como poeta, sino como dramaturgo. En un artículo titulado "Sobre el porvenir del teatro", publicado en 1928, se revelan una serie de prejuicios contra el cinematógrafo, que nunca superaría a pesar de que por esta época el nuevo arte había evolucionado notablemente y no respondía, por lo general, a las siguientes descripciones de Antonio Machado:

> La acción, en verdad, ha sido casi expulsada de la escena y relegada a la pantalla, donde alcanza su máxima expresión y –digámoslo también– su reducción al absurdo, a la ñoñez puramente cinética. Allí vemos claramente que la acción sin palabra, es decir, sin expresión de conciencia, es sólo movimiento, y que el movimiento no es, estéticamente, nada. Ni siquiera expresión de la vida, porque lo vivo puede ser movido y cambiar de lugar lo mismo que lo inerte. El cine nos enseña cómo el hombre que entra por una chimenea, sale por un balcón y se zambulle después en un estanque, no tiene para nosotros más interés que una bola de billar rebotando en las bandas de una mesa. (Citado por Buñuel 54)

(1985). También de consulta obligada es la antología editada por Carlos y David Pérez Merinero *En pos del cinema* (1974).

La acción trepidante de las primeras creaciones del cinematógrafo sirve también a Unamuno para emitir su juicio de rechazo sobre el nocivo papel del cine en la sociedad y las relaciones que este medio mantiene con la literatura. En "De vuelta al teatro", Unamuno se refiere al cine como un género degradado y manifiesta el daño que le está haciendo al teatro:

> Sé de algunos autores dramáticos que se lamentan de que el cinematógrafo haya quitado no poco público al teatro, y ello es natural . . . , hay más de uno que ha contribuido a ello, acostumbrando al público a un género dramático cinematográfico o pantomímico. Y es cosa sabida que todo género artístico, espurio, falso, antiestético, acaba por morir de su propia exageración . . . , acaba en mudo cinematográfico. (Citado por Utrera en *Modernismo* 135)

Aunque tanto Machado como Unamuno se están refiriendo en sus artículos al cine mudo, ninguno de ellos superó sus prejuicios con la llegada del sonoro. Ambos estaban convencidos de que el cinematógrafo nada tenía en común con la literatura.

Machado y Unamuno son dos cinematófobos recalcitrantes, exponentes de una postura purista que no ve en el cine cualidad estética alguna y que rechaza considerar a este nuevo medio como una modalidad artística válida. La polémica teatro/cine se desarrolla con especial virulencia durante la crisis del teatro español en los años veinte. Los periódicos publicaban a diario las opiniones encontradas de intelectuales y periodistas, quienes, por lo general, se mantenían reticentes al triunfo del cine: "El triunfo del cine no es sino la renunciación de la belleza por la palabra, que es su forma de expresión absoluta . . . Dejemos, pues, que se atenga el cine a sus Charlots, y sigamos nosotros atenidos a nuestros Molières" (Ceferino Rodríguez Avecilla, citado por García Abad 495).

No obstante, a medida que el cinematógrafo desarrolla sus posibilidades artísticas, facilitadas por las rápidas mejoras técnicas que se suceden de forma sorprendente en los primeros años, comienzan a desaparecer los recelos y muchos intelectuales celebran el cinema y auguran una interrelación fructífera de éste con la literatura, especialmente después del advenimiento del cine sonoro. Ramón Gómez de la Serna lo hace en un tono jubiloso en un artículo publicado en 1928: "Alégrese de nuevo la literatura. Los escritores van a ser afortunados y van a viajar en trenes de película constantemente" (92). Gómez de la Serna es uno de los dramaturgos más entusiastas del sonoro; no obstante, es consciente de la compleja relación que se establece entre cine y literatura al poder el primero hacer uso de la palabra:

> Con la palabra vuelven a surgir todos los conflictos de superación, obviados gracias a la distracción en las cosas y a la precipitación aturdidora de los sucesos . . . El supremo artista, el creador literario volverá a ser el jefe, y todo dependerá de su estilo . . . Por hoy, ahí va la prueba de mi admiración de siempre por el procedimiento cinematográfico, mi disconformidad por sus comedias anticuadas y mi fe en el cinematógrafo, reintegrado de lleno al arte y la literatura. (89-92)

Guillermo de Torre, reflexionando sobre este mismo hecho en 1929, percibe la nociva influencia del modelo dramático y apuesta con confianza por un desarrollo del nuevo arte, especialmente en este momento clave en que el sonoro es ya una realidad:

> Queriendo erróneamente hacer arte cinematográfico, no con arreglo a sus propios medios, sino con los del teatro, apareció ese engendro apiadablemente cómico que se llamaba en 1910-1912, el "film de arte", y que consistía en fotografiar escenas teatrales, con decorados, personajes y argumentos del teatro, es decir, el más convencional de los artes. Pero, poco a poco, se fue comprendiendo que el cinema debía bastarse a sí mismo, extrayendo de sus elementos los propios medios expresivos. Advirtiose que el objetivo de la cámara tomavistas podía dejar de ser un simple objeto mecánico, infundiéndosele un alma. (128)

Desde una postura más conciliadora, Valle-Inclán y Azorín ven en el cine la forma de renovar el teatro.[2] Además de aceptar la interrelación teatro/cine, ambos dramaturgos incorporan técnicas cinematográficas en sus obras dramáticas. Esta influencia se hace patente, por ejemplo, en el innovador uso que Valle-Inclán hace del espacio, en las descripciones introducidas en las acotaciones y en la presentación de los personajes.

---

[2] Para un estudio detallado de la postura de Azorín respecto a la interrelación teatro/cine, consúltese el estudio de Antonio Díez Mediavilla *Tras la huella de Azorín*.

Como podemos observar a través de las opiniones emitidas por los intelectuales de las primeras décadas del siglo, el teatro y el cine españoles, siguiendo unas pautas similares a las de otros países, vivieron una extraña relación de atracción y rechazo, de cooperación y de competencia. No obstante, hemos de reflexionar sobre la conexión entre teatro y cine para explorar los motivos que subyacen a lo que en un primer momento bien podría ser denominado un matrimonio de conveniencias. Por otra parte, es preciso examinar los factores estéticos, sociológicos y económicos que determinan esta influencia mutua.

Interrelación teatro/cine mudo: ¿Cooperación o competencia?

Aunque el cine nace sin grandes ambiciones estéticas, pronto comenzó a establecer su lugar y a definirse con respecto a otras artes (fotografía, pintura y literatura). Respecto a la interrelación cine/literatura, no deja de sorprender que la gran mayoría de los estudios realizados hasta la fecha, se centren en el género narrativo, puesto que el cine estableció sus primeros contactos no con la novela, sino con el teatro. Además, desde un punto de vista cuantitativo, no podemos olvidar que las adaptaciones cinematográficas de obras teatrales españolas ascienden a más de quinientas.

Vsevolod Pudovkin describe las relaciones entre el teatro y una cinematografía decididamente primitiva en los siguientes términos: "the first steps of the film producer consisted in attempts to carry plays over on to celluloid. It seemed at that time to be specially interesting to endow the theatrical performance – the work of the actor, whose art had hitherto been but transitory, and real only in the moment of perception by the spectator – with the quality of duration" (52). No se trata pues de adaptaciones propiamente dichas, sino de mera reproducción fotográfica de la representación teatral en vistas a la conservación y difusión de ésta.

Pudovkin explica cómo el director de cine de la primera década del siglo trabaja partiendo de un material teatral que queda reproducido, pero no artísticamente transformado:

> At his disposal was a scenario, exactly resembling the play written for the Theatre by the playwright, only the words of the char-

> acters were missing, and these, as far as possible, were replaced by dumb show, and sometimes by long-winded titles. The director played the scene through in its exact theatrical sequence; he recorded the walkings to and fro, the entrances and exits of the actors. He took the scene thus played-through as a whole, while the cameraman, always turning, fixed it as a whole upon the celluloid . . . the camera served only for the simple fixation of scenes already completely arranged and definitely planned. The pieces of the film shot were stuck together in simple temporal sequence of the developing action, just as the act of a play is formed from scenes, and then were presented to the public as picture. (52-53)

En estos primeros intentos de transformar el teatro en cine, no existía ningún tipo de guión y la labor del realizador poco difería de la de un productor teatral. Es fácilmente comprensible que estos filmes hayan sido duramente criticados por los cinéfilos debido a sus deficiencias técnicas y a su pobreza creativa. La cámara, inmóvil, se limita a reproducir la acción desde la perspectiva de un espectador teatral sin explorar las múltiples posibilidades de representación ofrecidas por códigos específicamente cinematográficos tales como el montaje. Por otra parte, la estilización del decorado pone en evidencia el artificio y la teatralidad de lo observado, a lo cual contribuye también la falta de adiestramiento cinematográfico de unos actores, por lo general, provenientes del mundo escénico.

La huella del teatro en el nuevo arte es visible en otros aspectos que van más allá de la mera filmación de obras teatrales. Como Nicholas Vardac y John Fell demuestran en sus respectivos estudios sobre el influjo del melodrama teatral norteamericano de finales del XIX en el cine, no sólo se trataba de una transferencia al cinematógrafo del contenido melodramático, sino que la influencia tenía lugar también a nivel formal. En *Stage to Screen*, Vardac plantea su tesis mediante la siguiente pregunta: "Can the motion picture, then, be considered as the ultimate aesthetic expression of a cycle of realistic-pictorial theatrical production which had been a part of the rebirth of the objective spirit in the middle of the eighteen century and which was to mature through the nineteenth-century age of invention?" (xviii).

También Fell observa que las innovaciones técnicas que facilitaron los mecanismos de transición espaciotemporal en el teatro son un claro antecedente de las posteriores estrategias cinematográficas.

En contraposición al teatro burgués tradicional, el melodrama teatral estaba escrito "más para el ojo que para el oído" y las emociones se presentaban con frecuencia acompañadas de acción.[3] Fell se fija además en los continuos cambios de decorado que requería el dinamismo de la acción, rasgo típico del melodrama teatral de esta época. Los decorados, cada vez más realistas, eran cambiados entre escenas, sin interrumpir la acción, mediante el uso de telones o bastidores pintados para así mantener una continuidad temporal al mismo tiempo que se creaba una sensación de movimiento, algo indudablemente característico de la narrativa cinematográfica. A su vez, el teatro de fines del siglo XIX se estaba haciendo eco de problemas espaciotemporales que otras formas narrativas de la época estaban también explorando. Algunos de los mecanismos de transición empleados para hacer avanzar la acción en el espacio y el tiempo fueron después desarrollados por el cine.

Las observaciones apuntadas por Fell son también pertinentes en el panorama teatral y cinematográfico español. Teresa García Abad comenta sobre la bidireccionalidad de las relaciones teatro / cine en los años veinte:

> Se hablaba de influencia del cine sobre un teatro de dinamismo más acelerado, desunido, caleidoscópico, que reunía en una obra multitud de cuadros, algunos simbólicos y otros alegóricos, pero ¿no era precisamente éste el teatro precursor del cinematógrafo y el más antiguo de todos los teatros, el de los lugares múltiples de acción, el que rechazaba las limitaciones de tiempo y espacio? (503)

La situación de crisis que sufre el teatro en las dos primeras décadas del siglo va a condicionar la recepción del cinematógrafo. Antonio Díez Mediavilla observa además que la aparición del cine coincide con la de una nueva convención naturalista en el teatro: "El modelo teatral de lo verosímil o adecuado por aproximación, propio del teatro realista y resuelto por la magistral utilización de telones o

[3] Éstas son las observaciones de Owen Davis, autor norteamericano de melodramas a principios del siglo. Teniendo en cuenta que el tipo de público para el que escribía estaba formado en su gran mayoría por inmigrantes que aún tenían problemas en la comprensión del idioma, Owen Davis decidió sacrificar lo verbal por lo visual, favoreciendo sobre todo lo espectacular e incluyendo incluso elementos del *music-hall* (Fell 37).

bastidores pintados, dispuestos sobre la escena de acuerdo con las leyes de la perspectiva, se supera definitivamente por la nueva convención" (21). La convención naturalista conlleva "la progresiva incorporación al desarrollo del arte escénico de los grandes descubrimientos de la técnica" (22). Díez Mediavilla alude a los importantes cambios que se llevan a cabo tanto en la configuración del espectáculo como en la contemplación del mismo gracias al uso de la luz eléctrica. A esto tenemos que añadir la complicada elaboración de escenarios y el uso de efectos especiales que intentaban crear un mayor efecto de realidad. Este tipo de teatro pronto dejó de tener sentido ante la llegada del realismo y naturalismo cinematográficos, ante los cuales no podía competir. Es así como tenemos que entender el giro que dio el teatro de vanguardia hacia formas no representacionales.[4]

Sin embargo, más que en las piezas de vanguardia, o en los dramas poéticos que se pusieron de moda en la segunda década del siglo, el cine dejó su impronta más visible en el teatro popular, el sainete y el género chico. La presencia del cinematógrafo se revela aquí a nivel argumental, estructural y sociológico. Nancy Membrez analiza estos tres aspectos en un estudio sobre las relaciones entre el género chico y el cinematógrafo durante el periodo 1896-1946 y observa que la influencia de tipo argumental es rastreable en unas cuarenta obras, estrenadas dentro de los años que abarca su investigación. Los títulos de varias piezas populares de la época hablan por sí mismos: *Películas madrileñas* (1907), obra en la que "el Cinematógrafo" aparece como uno de los personajes; *¡¡Al cine!!* (1907) cuyo escenario representa el interior de un cinematógrafo de la época; *El fonocromoscop* (1903); *¡¡¡Delírium tremens!!!* (1906); *Cinematógrafo nacional* (1907); *El cine de Embajadores* (1909) y *La última película* (1913) (Membrez 168-70). La intrascendencia y escasa calidad estética de todas estas obras explica su carácter efímero y el hecho de que en la actualidad no interesen más que por su valor anecdótico. Por otra parte, la influencia formal del cinematógrafo

[4] Díez Mediavilla lo plantea de modo inverso: "El nacimiento de los movimientos teatrales de vanguardia sólo podrá entenderse a la luz que el sistema cinematográfico ofrece como paradigma" (22). Según Díez Mediavilla, el modelo de la renovación de la escena hay que encontrarlo en el cine. No obstante, con algunas excepciones, las formas cinematográficas predominantes en esta época poco tienen que ver con "el mundo fantástico, magnífico de lo irreal, del subconsciente" (22).

se deja notar, según Membrez, en la importancia que se da a "la rapidez de la representación, imitando algunas películas extranjeras a lo Keystone y reproduciendo la oscilación y el centelleo de la proyección" (168). De la misma manera, los múltiples cambios espacio-temporales característicos de estas obras tenían como propósito reproducir la agilidad de la acción cinematográfica.

Los aspectos socioeconómicos de la interrelación del teatro y el cinematógrafo en las primeras décadas del siglo constituyen un rico campo de investigación, que en el caso España se a halla prácticamente inexplorado. Se ha culpado repetidamente al cinema de la crisis que el teatro atravesó precisamente al principio del siglo, coincidiendo con el advenimiento del nuevo arte. Ante la llegada de los hermanos Lumière a Madrid en 1896, algunos predijeron el triunfo del cinematógrafo y la inminente muerte del teatro. No obstante, estas predicciones se materializaron de forma inversa en los primeros años, al menos en la capital española. Los empresarios cinematográficos pronto se dieron cuenta de que el negocio no estaba produciendo los beneficios esperados. Ante una pérdida paulatina de público, la producción cinematográfica en la capital fue casi nula durante la primera década del siglo. La situación comenzó a ser alarmante ya en 1903 y los exhibidores enfocaron todos sus esfuerzos en ganarse al público burgués madrileño, cuya desconfianza y desprecio del nuevo arte se hacía cada vez más patente. Si bien en Barcelona el cine había encontrado en esta primera década del siglo el apoyo, aunque muy cauteloso, de la burguesía catalana y había llevado a cabo con éxito adaptaciones de obras teatrales, en Madrid el cine se consideraba un espectáculo eminentemente popular, sin ninguna aspiración artística y cultural. Julio Pérez Perucha explica la situación paradójica que la crisis del cine creó en 1906:

> Si en los primeros tiempos del cinema se alternaba la presentación de películas con algún que otro número de variedades, el proceso se había invertido ahora y bajo la denominación "fin de fiesta" se exhibían todo tipo de espectáculos escénicos (variedades, entremeses cómicos, circo y fieras, sainetes, género chico) amenizados con alguna que otra película en guerrilla, quizá para justificar la denominación del local. De modo y manera que ya en el verano de 1907 la prensa madrileña podía aludir al fin de

> los cines y a la "homeopatía escénica" que en ellos se producía, y a finales de 1908 certificar resueltamente la existencia de los "ex-cines". (45-46)

Es difícil determinar con precisión los motivos de esta crisis. Membrez especula sobre este hecho y apunta como posibles causas por una parte la falta de público y, por otra, los reglamentos del gobierno de Antonio Maura (1907-1909), los cuales prohibían los espectáculos circenses de los barracones, donde todavía se seguían exhibiendo películas (169). La escasez de público fue debida, según Pérez Perucha a la falta de interés por parte de la burguesía madrileña "destilada de las capas funcionariales y burocráticas de la capital del reino y que debía su estatus a la frondosa presencia de la corte alfonsina" (46). La crisis del cine en Madrid se explica también por otros aspectos de signo sociológico, entre los que destacan el insuficiente desarrollo del proletariado industrial en la capital española y el gusto generalizado por el género chico, el sainete y la zarzuela:

> Su extensión y arraigo evitó que fueran desplazadas por el emergente cinematógrafo . . . Por si todo ello fuera poco, las salas cinematográficas madrileñas habían acumulado un descrédito del que no era fácil desprenderse. Situados los locales en el centro de la ciudad, los estrepitosos orquestriones y las desaforadas voces de explicadores turbaban el relativo sosiego de unos apacibles ciudadanos que desconocían aún la agitación propia de la ciudad industrial moderna y que sufrían el cinema con crispación. A lo que se añadía además el que no fueran infrecuentes los incendios en las salas cinematográficas. (46-47)

Mientras esto ocurre en Madrid, Barcelona se constituye en la capital de una producción cinematográfica incipiente y de baja calidad estética.[5] El teatro jugó un papel importante en la producción de las primeras películas catalanas. El público, eminentemente popular, estaba acostumbrado al tipo de humor que le proporcionaban los sainetes, género que alcanza su apogeo a finales del siglo

[5] La otra capital del cine mudo, además de Barcelona y Madrid, es Valencia, donde la producción se especializa en adaptaciones de sainetes, zarzuelas y dramas, entre los que destacan *El idiota* (1924) de Emilio Gómez de Miguel y *La alegría del batallón* (1925) de Carlos Arniches, dirigidas por Juan Andreu y Maximiliano Thous, respectivamente, en sus versiones cinematográficas.

XIX y principios del siglo XX. Esto explica el auge de la comedia y que el género dramático apenas se cultivara en esta primera década. No obstante, cuando se hizo, se recurrió a obras teatrales cuyo éxito había sido probado en las tablas. Este es el caso de las adaptaciones de *Terra baixa* (1907) y *María Rosa* (1909), ambas del dramaturgo en lengua catalana Ángel Guimerá, con las que su realizador, Fructuoso Gelabert, intenta entroncar con las aspiraciones populares del teatro del momento y vincular al cine con una tradición cultural proletaria, alejada de la estética burguesa. *Terra baixa*, la primera adaptación en la historia del cine español, fue interpretada íntegramente por una compañía teatral, un hecho que, lejos de ser insólito, encontramos repetido en múltiples versiones cinematográficas de obras dramáticas, sobre todo en la primera mitad del siglo.

Otros dramas adaptados por productoras barcelonesas durante este periodo son: *El alcalde de Zalamea* de Pedro Calderón de la Barca (1914) y *Misteri de dolor* (1914) de Adrià Gual, quien dirige ambas cintas. Pero es Ricardo Baños el realizador catalán más prolífico de esta época. En un breve periodo de tiempo (1908-1921) lleva a cabo numerosas adaptaciones de obras teatrales, entre las que destacan: dos versiones de *Don Juan Tenorio* de José Zorrilla, la primera en 1908 y la segunda en 1921; *Locura de amor* (1909) de Manuel Tamayo y Baus; *Don Juan de Serrallonga* (1910) de Víctor Balaguer; *Don Pedro el Cruel* (1912) de José María Huici; *Los amantes de Teruel* (1912) de Juan Hartzenbusch; *La malquerida* (1914) de Jacinto Benavente y *Juan José* (1917) de Joaquín Dicenta.

En la segunda década del siglo, Madrid comienza a recuperarse de la crisis cinematográfica por la que atravesara durante la primera, creándose una situación paradójica: "Las condiciones que obstaculizaron en la anterior década el surgimiento de una producción cinematográfica madrileña (e, incluso, la misma supervivencia del cinema como espectáculo), fueron las que . . . impulsaron su desarrollo" (Pérez Perucha 81). La crisis teatral de los años veinte fue, en parte, debida a la forma en que el sainete, los pequeños melodramas y las piezas de variedades que se ofrecían para atraer a los espectadores a las proyecciones cinematográficas, modificaron los gustos del público de forma definitiva. Difícilmente se podía esperar de este público habituado a las modalidades de espectáculo descritas que asistiera a los dramas poéticos, casi siempre de tipo histórico, que comienzan a resurgir en la primera década del siglo.

El cinematógrafo comenzó a gozar de mayor aceptación y a ser frecuentado por una población proletaria creciente. El teatro no podía competir con los precios de las entradas del cinematógrafo y éste se convirtió en un espectáculo económicamente más rentable. Es más, pronto adoptó el papel de redentor financiero del teatro, haciendo posible que muchas salas siguieran funcionando alternando piezas teatrales con la exhibición de películas. Así lo manifiesta el empresario madrileño Antonio Méndez Laserna: "El cinematógrafo es el que suele conciliarnos con el otro espectáculo. El déficit que nos produce el teatro lo enjuga el cinematógrafo . . . Por lo cual, se cambian los términos de la crisis. Eso es: que el cinematógrafo no la ha producido, sino que está siendo el remediador de la misma" (citado por Utrera en *Escritores* 54). Se observa, por tanto, una inversión de lo que unos años antes había sido habitual. Si en la primera década del siglo XX las salas de cine madrileñas hubieron de ser convertidas en teatros donde extemporáneamente se proyectaban películas, en la segunda los teatros se convierten en cines de forma que en "junio de 1913 sólo dos locales ofrecían teatro sin necesidad de apoyarse en aditamentos fílmicos o de *music-hall*" (Pérez Perucha 82).

La producción madrileña de cine mudo tiene su apogeo en los años 20 y, al igual que ocurriera con la catalana, prefirió no embarcarse en empresas arriesgadas, sino basarse en argumentos que ya habían dado resultados positivos en el teatro. Es así como comienzan a proliferar las adaptaciones de zarzuelas, cuyos libretos estaban, a su vez, basados en argumentos asainetados, con los que el público estaba familiarizado. Entre los autores teatrales que gozan de más éxito en la escena madrileña del momento, Carlos Arniches, Jacinto Benavente, José Echegaray y los hermanos Álvarez Quintero son los favoritos de las productoras cinematográficas. Es significativo que Cantabria Cines decida inaugurar su producción con la adaptación de *Los intereses creados* (1918) de Benavente. Irónicamente, el fracaso de la, hasta entonces, segunda adaptación cinematográfica de las obras del prestigioso dramaturgo, condicionó su decisión de fundar un año más tarde la productora Madrid Cines. El propio Benavente se convierte en 1919 en director de cine y estrena *La madona de las rosas* con argumento original suyo, y más tarde colabora con el realizador Benito Perojo en la filmación de su drama *Más allá de la muerte* (1924). Pero es Carlos Arniches, cuya obra se halla instalada mayoritariamente en el género chico, quien permanece a la cabeza en cuanto a adaptaciones cinematográficas de sus obras no sólo en la época del cine mudo, sino a lo largo de toda la historia del cine español. Con más de cuarenta obras adaptadas, catorce de ellas se realizan entre 1915 y 1927. Destaca *Don Quintín el Amargao* (1925), una obra favorita de Luis Buñuel con la que inaugura la productora Filmófono, y que después adaptará de nuevo en 1950 durante su estancia en México. Entre las obras de Arniches más conocidas adaptadas durante el periodo mudo se encuentran *El pollo tejada, Noche de Reyes, Alma de Dios, Doloretes, Los guapos o gente brava, El pobre Valbuena, Los granujas, La alegría del batallón, Los chicos de la escuela, La sobrina del cura, La chica del gato, Los aparecidos, Es mi hombre* y *Las estrellas.*

Antes de cerrar este apartado dedicado a la etapa del cine mudo, es conveniente hacer una aclaración que nos ayudará a comprender cómo el público podía disfrutar las adaptaciones de obras dramáticas cuyo componente verbal era en el escenario uno de sus mayores atractivos, o incluso un elemento imprescindible para la comprensión de la acción. Pensemos, por ejemplo, en los filmes de Ricardo Baños basados en dramas históricos con una trama a menudo compleja. No olvidemos tampoco la función esencial que cumplen los juegos lingüísticos y las dislocaciones expresivas del lenguaje arnichesco en sus sainetes y las tragicomedias grotescas. Finalmente, ¿no resulta absurdo, o en el mejor de los casos extraño, que el apogeo de la filmación de zarzuelas coincida precisamente con las tres primeras décadas del cine mudo? Para poder entender lo que a primera vista parecen despropósitos, tenemos que tener en cuenta que el espectáculo cinematográfico fue casi siempre sonoro, aunque la pantalla fuera muda. En las proyecciones fílmicas no faltaba la figura del "explicador", quien, como su propio nombre indica, se encargaba de comentar la acción y ampliar el contenido de los rótulos, los cuales además de insuficientes para argumentos intrincados, resultaban en muchos casos inútiles debido al alto grado de analfabetismo prevalente entre la población. En su *Historia y anécdota del cine español*, Fernando Vizcaíno Casas describe al explicador como "un sujeto de fácil verbo, voz potente y gran capacidad de imaginación, que acompañaba las secuencias de cada film dándoles su particular interpretación y llevando prendido al público en su *versión oral* del tema. El explicador es, a veces, pianista, en un singular pluriempleo" (19). El acompañamiento musical ayudaba al espectador a un mayor goce del clímax de las películas, y podía variar en número, de un solo pianista a una orquesta completa, como ocurría en el caso de las zarzuelas. Otra razón de peso para filmar dramas teatrales, zarzuelas y sainetes populares era que el público estaba ya familiarizado con el argumento, con lo que la ausencia de la palabra no resultaba tan problemática como en el caso de guiones originales.

La mayoría de los críticos e historiadores del cine español coinciden en la pobreza artística de su etapa muda. No obstante, desde el punto de vista de la adaptación es uno de los periodos más fecundos, debido a la estrecha relación que en las primeras décadas del siglo existió entre teatro y cine. Esta fecundidad es, por desgracia, tan sólo numérica, ya que la falta de creatividad que caracteriza a gran parte del cine español mudo, se hace patente con especial agudeza en las adaptaciones de obras teatrales.

PRIMERAS ADAPTACIONES DEL CINE SONORO

En 1929 se exhibe en España el primer film sonoro norteamericano *Innocents of Paris* y este mismo año se rueda en Madrid el largometraje *El misterio de la Puerta del Sol* (1929), el cual nunca se puede proyectar con normalidad debido a incompatibilidades técnicas con el equipo de las salas. Comienza para España una etapa de transición plagada de contratiempos y de dificultades técnicas y económicas, en la que se produce una emigración a EE.UU. de realizadores, dramaturgos, dialoguistas, guionistas y ayudantes. Las empresas norteamericanas les contratan para filmar guiones originales en español o bien para las versiones hispanas de filmes angloamericanos. Varios dramaturgos españoles ven sus obras adaptadas en los estudios de Hollywood o en los de la Paramount en Joinville. Benito Perojo inaugura esta tendencia con la adaptación para la Fox de la comedia de Gregorio Martínez Sierra *Mamá* (1931). Este último, junto con Edgar Neville, Enrique Jardiel Poncela y José López Rubio, son algunos de los dramaturgos más conocidos que en estos años buscan fortuna en Hollywood. Completan la nómina de emigrantes algunos de los realizadores más importantes del momento: Benito Perojo, Florián Rey y Eusebio Fernández Ardavín, todos ellos, por otra parte, entusiastas adaptadores de obras literarias.

Los problemas por los que atraviesa el cine sonoro en España coinciden con un periodo de grandes cambios sociales y de agitación política. No obstante, el cine de la Segunda República, al contrario de lo que ocurre en el campo dramático y de la narrativa, no se preocupa especialmente por servir de testimonio de los conflictos sociales del momento.[6] La comedia sigue imperando en las pantallas y también la mayoría de las adaptaciones que comienzan a hacerse encuentran en este género la materia prima de que alimentarse. Benito Perojo lleva a cabo en 1933 la primera adaptación sonora de una obra teatral, basada en *Susana tiene un secreto* de Honorio Maura y Gamazo. El otro gran éxito de este mismo año, a pesar de la baja calidad técnica de la cinta, es la película valenciana *El faba de Ramonet*, dirigida por Juan Andreu y basada en el popular sainete del mismo título de Luis Martí. Cuando el cine español termina por recuperarse totalmente de la crisis que acarreara el sonoro, los mayores éxitos de la temporada 1935-1936 los consiguen las populares adaptaciones de *Es mi hombre, Nobleza baturra*, *Morena Clara*, *La señorita de Trevélez* y *El bailarín y el trabajador*, además de la versión cinematográfica de la zarzuela *La verbena de la Paloma*. Los realizadores –Benito Perojo, Florián Rey, Edgar Neville y Luis Marquina– han tomado ya cierta conciencia de que el cine habla un idioma diferente que el teatro. Aunque las obras de estos dramaturgos se caracterizan sobre todo por el ingenio verbal de los diálogos y por el uso de convenciones dramáticas típicas de la comedia, estos realizadores buscan el modo de conjugar el elemento verbal con el visual, el cual cobra una importancia hasta estos momentos insospechada.

Sin embargo, el cine sonoro sigue siendo, en gran medida, patrimonio de los hombres de teatro. Los hermanos Álvarez Quintero, Carlos Arniches, Jacinto Benavente, Jacinto Guerrero, Juan Ignacio Luca de Tena y Pedro Muñoz Seca entran a formar parte del consejo de administración de la sociedad CEA (1932), Cinematografía Española Americana, y colaboran con directores y productores cinematográficos bien en la adaptación de sus obras teatrales, bien escribiendo guiones.[7]

---

[6] Curiosamente, uno de los escasos exponentes de cine social estrenado en estos años, lo tenemos en la adaptación de la obra de José María de Sagarra *El café de la Marina* (1933), rodada por Doménec Pruna en catalán y castellano. No obstante, hay que esperar a la guerra civil, para ver una proliferación del género testimonial, y obviamente propagandista, en el cine.

[7] Entre estos dramaturgos, es sin duda Arniches no sólo el mayor entusiasta del cine –fuente de inspiración, según sus propias declaraciones, de varias situaciones y

La última película española producida en España antes del comienzo de la guerra civil es *El bailarín y el trabajador* (1936). Su director, Luis Marquina, transforma ese mismo año la comedia de Jacinto Benavente *Nadie sabe lo que quiere* en un atractivo musical que deleitó al gran público. Otra adaptación de 1936 es *Nuestra Natacha*, basada en la polémica obra homónima de Alejandro Casona, en la que se denuncian los métodos pedagógicos deshumanizados de los reformatorios del momento. El realizador de la cinta, Benito Perojo, comienza a filmar al amparo del gobierno del Frente Popular una versión fílmica en la que, al igual que en la versión dramática se combinaban elementos críticos a la moral burguesa antiprogresista con aquellos característicos de la pieza rosa y del musical. Este film fue incautado por las autoridades franquistas y después de que su proyección fuera prohibida, la única copia de la cinta desapareció en un misterioso incendio.

El teatro y el cine en la España franquista

En los difíciles años de la posguerra, el escapismo en el cine se refleja en el cultivo de la comedia rosa, el melodrama y el género folclórico. Ante esta situación, no es de extrañar que en los años cuarenta y cincuenta se realicen múltiples adaptaciones de las comedias de los hermanos Álvarez Quintero. Apenas acabada la guerra se estrenan tres filmes basados en sus obras: *Cancionera* (1939) de Julián Torremocha, *El genio alegre* (1939) de Fernando Delgado y *Mariquilla Terremoto* (1939) de Benito Perojo. La visión acrítica y ahistórica de la sociedad española, la eliminación de todo conflicto ideológico, y la superficialidad de la conducta de los personajes de estas comedias, parecen ser los lemas de los hermanos Álvarez Quintero y sus adaptadores los transcriben sin añadir ni quitar

diálogos de sus obras–, sino también el predilecto de directores y productores que, al igual que ocurriera en la época del cine mudo, siguen adaptando y readaptando sus mayores éxitos. Entre las readaptaciones, ahora en versión sonora, encontramos: *Noche de Reyes* (1947), realizada por Luis Lucía para Cifesa; *Es mi hombre* (1965) de Rafael Gil; *Las estrellas* (1960) de Miguel Lluch. Pero es *La señorita de Trevélez*, una de sus "tragedias grotescas", la obra de mayor mérito y la que ha encontrado transposiciones cinematográficas realmente acertadas. Después de la fiel versión de Edgar Neville (1935), Juan Antonio Bardem la lleva a la pantalla con el título de *Calle Mayor* (1956), haciendo del drama íntimo de la solterona de provincias y de su falta de libertad, un comentario político contra la sociedad de la España franquista.

nada.[8] En los tres filmes citados se presenta una visión idílica y mistificada de Andalucía que según José Monleón "se ha impuesto en la medida en que ha sido la imagen más plácida y confortable de España" (*Teatro* 10). La supuesta euforia reinante en esta región se contrapone con la realidad de miseria en la que vivía el campesinado andaluz. Monleón advierte que la utilidad para el régimen franquista de este mito creado en torno al carácter y modo de vida andaluces, condujo al intento de inculcarlo en un mayor número de españoles a través del cine, mediante la creación de la "españolada":[9]

> El "cliché" andaluz, en definitiva, ha operado de un modo casi milagroso. Ha hecho felices a muchos pobres y ha tranquilizado a muchos ricos. Ha soslayado muchas cuestiones, remitiéndolas al más allá de la juerga de los toros o del vino. . . Forma parte, en suma, de nuestros valores más decadentes e inmovilizadores, justamente por su capacidad de destrucción o degradación de expresiones y actitudes racionales, críticas y creadoras. (10)

Este andalucismo tópico y gastado queda, no obstante, superado en la adaptación de una de las obras en que los Álvarez Quintero abandonan la comedia para abordar el drama. Se trata de *Malvaloca*, dirigida con acierto en 1942 por Luis Marquina, después de que Benito Perojo llevara a cabo una versión muda en 1926.[10] Es también Luis Marquina quien realiza en 1961 la adaptación de *Ventolera*, el último intento de llevar a la pantalla una dramaturgia que, por estas fechas, había quedado ya definitivamente agotada.[11]

[8] El peculiar concepto de la estética realista que comparten los Álvarez Quintero lo expresan al escribir sobre una de sus comedias que "cuanto más naturales sean las cosas que pasen en las comedias, tanto más se parecerán las comedias a la vida, que es de lo que se trata. El interés subsistirá por sencilla que sea la acción que se forje, siempre que haya un poco de arte en la composición" (citado por Ruiz Ramón 49).

[9] También en la línea del género folclórico musical o "españolada" tenemos que situar las adaptaciones de dos obras de Manuel y Antonio Machado: *La Lola se va a los puertos* (1947) de Juan de Orduña y *La duquesa de Benamejí* (1948) de Luis Lucía.

[10] La tercera versión de *Malvaloca*, la dirige Ramón Torrado en 1954.

[11] Entre los directores que adaptaron las obras de los hermanos Álvarez Quintero destaca Fernando Delgado, hijo del dramaturgo Sinesio Delgado. Antes de dedicarse a su irregular carrera de realizador, es actor de cine y teatro, y ayudante de dirección de Jacinto Benavente. De las cinco adaptaciones de obras de los Álvarez Quintero destaca la versión muda de *Cabrita que tira al monte* (1926). El rodaje de

Otro de los maestros de la comicidad y el melodrama escénicos es Adolfo Torrado, con numerosos guiones y piezas teatrales que se llevaron al cine sin apenas ningún cambio. A pesar de que ninguna de sus obras destaca por su calidad estética, algunas obtuvieron gran éxito en las tablas y fueron inmediatamente adaptadas. Éste es el caso de dos de sus más conocidos melodramas *El famoso Carballeira* y *Manolenka*, llevadas a la pantalla en 1940 por Fernando Mignoni y Pedro Puche, respectivamente. El *boom* de Adolfo Torrado en el escenario en los años más oscuros de la posguerra queda reflejado en el cine a través de varias adaptaciones entre las que cabe mencionar *La madre guapa* (1941) de Félix Pomés, *Mosquita en palacio* (1942) de Juan Parellada, *Un caradura* (1943) de Ignacio Iquino, *El hombre que las enamora* (1944) y *Sabela de Cambados* (1948) de Ramón Torrado. Además de estas producciones españolas, se producen en Argentina *Siete mujeres* (1944) y *Chiruca* (1945) de Benito Perojo, y en México *¡Qué verde era mi padre!* (1945) de Ismael Rodríguez, *El gran calavera* (1949) de Luis Buñuel, *Un gallo en corral ajeno* (1951) de Julián Soler y *Mamá nos quita los novios* (1951) de Roberto Rodríguez.

Una de las películas cómicas de mayor éxito en los años 40 es *Pepe Conde* (1941), dirigida por el realizador y dramaturgo José López Rubio y basada en *El mentir de las estrellas* de Pedro Muñoz Seca. El actor Miguel Ligero, especializado en el género, se hizo con su papel de tal manera que la película tuvo una segunda parte con el mismo protagonista. [12] La popularidad que alcanza Ligero, quien empieza debutando como actor teatral, es en parte debida a su actuación estelar en adaptaciones de gran éxito comercial: *Susana tiene un secreto* de Perojo; *Malvaloca* de Ramón Torrado; dos versiones de *Nobleza baturra* a cargo de Florián Rey y Juan de Orduña; otras dos de *Morena Clara*, dirigidas por Florián Rey y Luis Lucía, así como la última adaptación de *La verbena de la paloma* de José Luis Sáenz de Heredia.

El género histórico, o para ser más exactos "pseudohistórico", se cultivó con cierta recurrencia durante la posguerra. Juan de Or-

---

El genio alegre comienza en 1936, pero queda paralizado con la guerra y finalmente se puede finalizar en 1939, usando dobles. Realiza sus últimas adaptaciones –*Fortunato* (1941), *La patria chica* (1942) y *La calumniada* (1947)– durante el periodo que la crítica está de acuerdo en considerar como la decadencia del realizador.

[12] El argumento de esta segunda parte, *El crimen de Pepe Conde* (1946), corrió a cargo de Francisco Ramos de Castro y José López Rubio.

duña consiguió su fama como realizador con este género producido bajo la firma Cifesa, especialmente con la adaptación del melodrama decimonónico de Manuel Tamayo y Baus *Locura de amor* (1948). Este film paradigmático de la historiografía franquista resulta hoy en día un tanto arcaico por su estética teatralizante y actuación histriónica, especialmente en el caso de Aurora Bautista, quien no obstante se consagra como actriz cinematográfica con este papel de Juana la Loca. Igual que ocurriera con otros de sus filmes épicos, el contexto histórico se desdibuja casi por completo, ya que el guión se desarrolla alrededor de dos líneas argumentales recurrentes: el amor de la reina por Felipe el Hermoso y las maniobras de sus ministros, encaminadas a pasar el poder de la corona de Castilla a manos extranjeras, una vez certificada la incapacidad mental de la reina. En vez de crear un film al servicio de la historia, Juan de Orduña se preocupa más por ajustarlo a la ideología franquista, al género melodramático y al dudoso gusto del público. En vistas del éxito conseguido con *Locura de amor*, Juan de Orduña continúa cultivando el cine histórico con filmes como *Agustina de Aragón* (1950), *Alba de América* (1951) y *La leona de Castilla* (1951), esta última basada en la obra homónima del dramaturgo Francisco de Villaespesa, pero el milagro de *Locura de amor* nunca se volvió a repetir.

A pesar de la decadencia del cine histórico y de la desaparición de la productora que lo hiciera popular, se sigue cultivando dicho género de forma esporádica incluso en los años cincuenta. Las dos crónicas históricas que el dramaturgo Luca de Tena estrena a finales de los cincuenta *¿Dónde vas Alfonso XII?* (1957) y *¿Dónde vas, triste de ti?* (1959) son llevadas a la pantalla en años consecutivos por Luis César Amadori y Alfonso Balcázar, respectivamente, llegando a ser la primera uno de los mayores éxitos comerciales de la década. Tanto el dramaturgo como los directores presentan un melodrama basado en una serie de anécdotas relacionadas con el rey Alfonso XII y su prometida Mercedes, pero si el espectador busca en ellas un reflejo o recreación del momento histórico y social, la decepción está asegurada. Ruiz Ramón califica a ambas obras teatrales como "un grato espectáculo para monárquicos, pero sólo un espectáculo superficial para quienes nada signifique la monarquía" (*Historia* 341) y José Enrique Monterde explica que el éxito de público de estas películas es debido a una revitalización del espíritu monárquico y a la proliferación de la prensa rosa (269). De hecho, si tuviéramos que encuadrar a estas obras dentro de un subgénero, la etiqueta de cuento de hadas melodramático le vendría mejor que la de teatro o cine histórico. [13]

Dentro de las adaptaciones de obras teatrales de prestigio, Benavente sigue siendo en los años cuarenta y bien entrados los cincuenta, uno de los dramaturgos más populares entre el público burgués y esto explica las varias adaptaciones llevadas a cabo en estos años: *¡No quiero, no quiero!* (1939), *La malquerida* (1940), *Vidas cruzadas* (1942), *Lecciones de buen amor* (1943), *Rosas de otoño* (1943), *La mariposa que voló sobre el mar* (1948), *La honradez de la cerradura* (1950), *La noche del sábado* (1950), *De mujer a mujer* (1950), *Señora ama* (1954) y la ya tardía *Pepa Doncel* (1970), uno de los trabajos más desafortunados de Luis Lucía. El estilo y la ideología de gran parte de estas películas quedan resumidos en la siguiente frase del cartel publicitario de *Vidas cruzadas*: "El amor, la hombría y el orgullo de raza cruzan entre sí unas vidas paralelas". El amor, el orgullo y el sentimentalismo son tres de los ingredientes de los que Benavente se vale tanto para crear sus personajes rurales de *Señora ama,* como para los cosmopolitas multimillonarios de *La mariposa que voló sobre el mar* y los príncipes y princesas de *La noche del sábado.* Por supuesto, Benavente sabe mezclar bien sus ingredientes para darles distintos matices y llegar a distintos desenlaces. Así, si en *Señora ama* una mujer se siente orgullosa de las infidelidades de su marido, en *La mariposa* el orgullo lleva a otra al suicidio y en *La noche* a materializar el sueño de su vida: reinar.

Inaugurando en 1949 un tipo de teatro social que alcanzaría su apogeo en los años 50, *Historia de una escalera* de Antonio Buero Vallejo es adaptada con rigurosa fidelidad por Ignacio Iquino en 1950, quien recrea sin gran originalidad pero de forma bastante realista, las frustraciones de unos personajes de clase obrera, quienes no logran alcanzar sus ideales de superación material y espiritual, debido a su propia falta de voluntad y a las condiciones sociales en que se ven inmersos. Tanto la obra teatral como la película rompen con la tendencia escapista predominante en el escenario y el mundo fílmico de los años 40 y constituyen el preludio de un cambio estético e ideológico abanderado en el cine por Juan Antonio Bardem y Luis García Berlanga. Esta ruptura, promovida desde 1951 por el

[13] Ésta es la calificación que Marvin D'Lugo da a la obra de Amadori en *Guide to the Cinema of Spain* (15).

nuevo ministro de Información y Turismo José María García Escudero, aunque importante, fue minoritaria, ya que el continuismo de las tradiciones cinematográficas de la época anterior, sobre todo en cuanto al cine popular y folclórico, sigue siendo un hecho especialmente visible en el campo de la adaptación. Esto explica que de Buero Vallejo, quizás el más importante dramaturgo de esta época, sólo se adapten en España dos obras: *Historia de una escalera* y *Madrugada* (1957). Otra de las obras teatrales comprometidas con la realidad inmediata es *La muralla* (1955) de Joaquín Calvo Sotelo, sin duda la pieza de mayor éxito de público de la temporada, con más de seiscientas representaciones en el teatro Lara de Madrid.[14] Aunque no se trate de una obra de denuncia social explícita, *La muralla* constituye un testimonio de la sociedad católica burguesa y de las diferentes reacciones que ocasiona el problema de conciencia de un terrateniente de Badajoz, quien ante una muerte inminente decide restituir las tierras usurpadas a sus verdaderos dueños. La adaptación que Luis Lucía hace de esta obra en 1958, muy contrariamente a lo que ocurriera con la pieza teatral, no fue un gran éxito en su momento y es hoy en día un film casi totalmente ignorado por la crítica.

No obstante, el realismo social o neorrealismo, estética imperante en el cine y la literatura europeas, no cuaja en el cine español de la primera mitad de los años 50. A pesar de que unos cuantos cineastas y críticos ven la necesidad de un compromiso social en el cine y crean revistas como *Objetivo* y *Cinema Universitario*, la mayor parte del público no está dispuesto a renunciar al tipo de películas escapistas que se le habían venido ofreciendo durante los años cuarenta. Tal y como explica Monterde "el musical folclórico fue el género más resistente a la renovación, al tiempo que alcanzaba en la primera mitad de los cincuenta su mayor esplendor" (269). El éxito lo garantizaba una estrella de la canción. Al ir dirigida a un público de bajo nivel cultural, la trama era poco complicada e invariablemente cómica o melodramática. Dos de los mayores éxitos del cine folclórico de esta época los constituyen las adaptaciones de *Morena Clara* de Antonio Quintero y Pascual Guillén y *El genio alegre* de los hermanos Álvarez Quintero, llevadas a cabo por Luis Lucía y Gonzalo Delgrás, respectivamente.

---

[14] Sáinz de Robles nos habla además "de las varias compañías formadas exclusivamente para explotarla por provincias, de cinco o seis traducciones a distintos idiomas, de quince o dieciséis ediciones en libros" (13).

En la misma línea continuista y conformista encontramos muchas otras comedias basadas en las obras de Víctor Ruiz Iriarte, José López Rubio, Joaquín Calvo Sotelo y José María Pemán que empiezan a estrenarse en la década de los cuarenta y continúan adaptándose hasta bien entrados los años sesenta. Se trata de piezas bien hechas, con tramas de enredo y diálogos, aunque superficiales, impecablemente construidos. Los protagonistas, invariablemente burgueses, quedan retratados sin gran intencionalidad crítica, mientras los vemos envueltos en situaciones equívocas y picantes, líos amorosos, e infidelidades o adulterios que suelen resolverse felizmente. A todo esto, se suele añadir en las adaptaciones cinematográficas algún número musical, para darle el toque folclórico que el público esperaba encontrar. En definitiva, seguimos con la comedia rosa, el melodrama, el juego y el escapismo como tendencias dominantes. Dentro de este tipo de comedia ligera, adaptada al cine sin grandes aspiraciones artísticas se encuentran, por citar tan sólo un ejemplo de los autores arriba mencionados: *Una muchachita de Valladolid* (1958) de Calvo Sotelo, dirigida por Luis César Amadori; *La guerra empieza en Cuba* (1956) de Ruiz Iriarte, dirigida por Manuel Mur-Oti; *Don José, Pepe y Pepito* (1959) de Luca de Tena, dirigida por Clemente Pamplona; *La viudita naviera* (1961) de Pemán, dirigida por Luis Marquina y *Una madeja de lana azul celeste* (1964), de López Rubio, dirigida por José Luis Madrid.

En los años sesenta somos pues testigos del auge de un tipo de comedia muy popular y taquillera, pero denostada por toda la crítica, tanto teatral como cinematográfica. El éxito comercial de este tipo de comedia banal y de entretenimiento explica que en esta década se adapten un extraordinario número de obras de Alfonso Paso, pertenecientes casi todas a una etapa en la que Paso había comenzado a abandonar casi por completo el compromiso social para atender a su compromiso con el público. [15] Además de las producciones extranjeras, en España se adaptan veintitrés obras de Paso en menos de diez años: *Hay alguien detrás de la puerta* (1960), *Navidades en junio* (1960), *Adiós, Mimí Pompón* (1960), *Cuidado con las*

[15] Ruiz Ramón se lamenta del progresivo escapismo de la obra de Paso y le acusa de no haber sabido mantener su principal meta de ganarse al público al mismo tiempo que creaba un teatro de denuncia social: "hechas sus primeras concesiones, se dio cuenta de que era imposible retroceder y siguió adelante, concediendo más y más, víctima ya de su público, aunque víctima culpable" (*Historia* 461).

personas formales (1961), *Prohibido enamorarse* (1961), *Usted puede ser un asesino* (1961), *Suspendido en sinvergüenza* (1961), *El sol en el espejo* (1962), *Vamos a contar mentiras* (1962), *Los derechos de la mujer* (1963), *Una tal Dulcinea* (1963), *El pecador y la bruja* (1964), *Los palomos* (1965), *Sí, quiero* (1965), *Querido profesor* (1967), *Las que tienen que servir* (1967), *Ese cura* (1967), *Educando a un idiota* (1967), *Una señora estupenda* (1967), *¡Cómo está el servicio!* (1968), *Vamos por la parejita* (1969), *Enseñar a un sinvergüenza* (1969) y *No somos ni Romeo ni Julieta* (1969). Entre todas estas obras, la más distinta es quizás *El sol en el espejo* de Antonio Román, quien después de las mediocres adaptaciones de *Fuenteovejuna* (1947) de Lope de Vega, *La fierecilla domada* (1955) de Shakespeare y *Madrugada* (1957) de Buero Vallejo, tampoco acierta con esta película basada en *Los pobrecitos* (1957) de Paso. En esta obra tragicómica se presenta una crítica de las injusticias sociales y se desenmascaran los mitos oficiales que las esconden bajo una retórica populista. En el resto de las obras, sobre todo a partir de 1960, el espíritu de renovación que impulsara a Paso a escribir deja de existir casi por completo y muchas de sus obras se contagian del optimismo de la retórica franquista que él mismo denunciara en sus primeras obras.

La película más taquillera de la década de los 60, *La ciudad no es para mí* (1966), dirigida por Pedro Lazaga y basada en la comedia homónima de Fernando Lozano, es representativa de este subgénero de comedia "a la española" que explota hasta la saciedad el arquetipo del "paleto", protagonizado por el popularísimo actor teatral Paco Martínez Soria, el rey del género, junto con José Luis López Vázquez y Alfredo Landa. Después del gran éxito alcanzado por *La ciudad no es para mí*, Lazaga se convierte en un cultivador prolífico de un género cómico zafio y sin interés estético alguno. Rueda más de noventa "comedietas" en un periodo de treinta años, llegando a estrenar hasta seis al año. Entre las que están basadas en obras teatrales se encuentran *Hay que educar a papá* (1971), *El padre de la criatura* (1972), *El amor empieza a medianoche* (1974) y *El alegre divorciado* (1975), adaptaciones de las respectivas comedias *La educación de los padres* de José Fernández del Villar, *La cigüeña dijo sí* de Carlos Llopis, *Juegos de medianoche* de Santiago Moncada y *Anacleto se divorcia* de Pedro Muñoz Seca.

Siguiendo una trayectoria similar a la de Pedro Lazaga, Mariano Ozores comienza realizando películas con un mensaje político reaccionario, para especializarse después en comedias de bajo presupuesto pero de clara aceptación popular, sobre todo en el periodo de la transición. Entre los filmes basados en obras teatrales cabe señalar *El calzonazos* (1974) y *Los pecados de una chica decente* (1975), adaptaciones de *La locura de don Juan* de Carlos Arniches –la última realizada hasta la fecha– y *Balada de los tres inocentes* de Pedro Mario Herrero, respectivamente.

De las obras de Miguel Mihura se adaptan sobre todo las comedias más inocuas de su última época. Así, mientras su obra maestra *Tres sombreros de copa* nunca llega a captar la atención de productores y directores de cine, Mihura consigue que en un solo año (1960) se estrenen en el cine cuatro de sus obras más taquilleras: *Maribel y la extraña familia* de José María Forqué, *Melocotón en almíbar* de Antonio del Amo, *Ninette y un señor de Murcia* de Fernando Fernán Gómez, quien adapta también *Sublime decisión*, bajo el título de *Sólo para hombres.* Tanto los filmes de Lazaga como los de Ozores son claro paradigma de un tipo de cine, en auge durante el franquismo, cuya función principal residió en embrutecer a las masas y alienarlas de todo tipo de reivindicación social o aspiración intelectual.

La adaptación en el cine postfranquista

La época de transición a la democracia no supone una radical e inmediata transformación del cine español. Los filmes de calidad siguen conviviendo con los subproductos domésticos de bajo presupuesto, a los que ahora se pueden añadir más desnudos y escenas sexuales explícitas. La época del destape comienza a principios de los años setenta y tiene su apogeo en los primeros momentos de la transición. Las adaptaciones de Vicente Escrivá *El virgo de Visenteta* (1978) y su continuación *Visenteta esta-te queta* (1979), ambas del dramaturgo Bernat y Baldoví, son el epítome de este tipo de cine chabacano y pseudoerótico.[16]

Paralelamente, con la desaparición de la censura comienza a cultivarse una cinematografía con marcado énfasis en la revisión política e histórica. El cine de recuperación histórica, como reconoce Esteve Riambau, mantiene su hegemonía no sólo durante los prime-

[16] Dentro de este mismo estilo tenemos otras dos adaptaciones anteriores *La Lozana Andaluza* (1976) y *Niñas . . . ¡al salón!* (1977).

ros años de la transición, sino también a lo largo de las dos décadas siguientes. Esta vinculación entre cine e historia se produce con "la interposición de textos literarios llamados a desempeñar la función de filtros dramáticos. Algunos cineastas se amoldaron a esa tendencia reemplazando sus orígenes no precisamente formalistas por un aplicado caligrafismo" (Riambau 426). Éste es el caso de Jaime Chávarri, en su adaptación de *Las bicicletas son para el verano* de Fernando Fernán Gómez, una obra cuya acción se centra en la vida cotidiana de una familia madrileña de clase media durante los años de la guerra civil.

La guerra civil española, uno de los temas de inspiración de gran número de cineastas españoles y extranjeros, aparece de forma metafórica en muchas de las películas de Carlos Saura rodadas durante el franquismo, y sus consecuencias son recreadas en forma de parábola en *La caza* (1965). [17] Con la adaptación que hace de la exitosa obra de José Sanchis Sinisterra, *¡Ay, Carmela!,* Saura trata el tema de forma directa con el propósito de recuperar un hecho histórico que, en su opinión, sigue en 1990 repercutiendo en las vidas de los españoles. [18] En su film Saura adopta la perspectiva de la gente del pueblo que padeció las consecuencias de la guerra y se propone hacer justicia a la memoria de todos aquellos silenciados por los vencedores.

La administración socialista no sólo auspicia obras basadas en ciertos acontecimientos históricos, recreados ahora desde perspectivas más abiertas, sino también la recuperación del olvido de ciertas épocas históricas, que el franquismo había declarado malditas. Éste es el caso de la adaptación que Josefina Molina hace de *Un soñador para un pueblo* de Antonio Buero Vallejo y que estrena en 1988 con el nombre de *Esquilache*, ambientada en el periodo de la Ilustración. Este film constituye un claro ejemplo del cine institucional que durante la década de los ochenta recibe fuertes subvenciones estatales, hechas posibles gracias a la famosa Ley Miró. [19]

---

[17] Véase la colección de ensayos editada por Kathleen Vernon y su valiosísima bibliografía comentada.

[18] Éstas fueron las declaraciones hechas a la prensa tras el estreno de la película: "Yo soy de los que creen que no hay que olvidar nada y para mí es como una obligación moral hablar de lo que he vivido, en este caso una guerra civil que no debemos olvidar porque, de alguna manera, todavía repercute en nuestras vidas" (Andrada n. pag.).

[19] En 1982, con la llegada al gobierno del partido socialista, la realizadora Pilar Miró es nombrada directora de la sección de cinematografía del Ministerio de

También dentro del género de cine histórico, pero enfocado ahora desde el mundo de la homosexualidad y el travestismo, aparece en 1977 *Un hombre llamado Flor de Otoño*, de Pedro Olea, basada en *Flor de Otoño* de José María Rodríguez Méndez. La tarea emprendida por Olea, ayudado en la creación del guión por Rafael Azcona, era arriesgada, sobre todo teniendo en cuenta que Rodríguez Méndez, al igual que le ocurriera con otras muchas obras, aún no había conseguido estrenar *Flor de Otoño*. La acción se sitúa a finales de los años veinte y el protagonista es un joven catalán de clase media con una triple personalidad: abogado, anarquista y travestí. La adaptación de Pedro Olea se recrea en una visión un tanto estereotipada del travestismo sin presentar una reflexión crítica sobre la historia. Además de deshacerse del interesante efecto que produce el bilingüismo y de los rasgos esperpénticos de la obra –especialmente obvios en las acotaciones–, elimina también algunos episodios sociohistóricos importantes, como el referente a la Cooperativa Obrera de Poble Nou. Se echa en falta, en resumidas cuentas, un mayor rigor en la contextualización del film.

Otros temas antes considerados tabú comienzan a tratarse abiertamente en los años setenta y aún en los ochenta. Así la sexualidad es uno de los componentes principales de un nuevo tipo de comedia de costumbres conocida como la "comedia madrileña", que muestra los rápidos cambios de costumbres que están teniendo lugar en la sociedad española. Dentro de este subgénero se apoya la producción antes marginal de directores como Pedro Almodóvar, Fernando Trueba y Fernando Colomo. Entre los numerosos filmes de estos directores destaca la adaptación de la obra de José Luis Alonso de Santos *Bajarse al moro*, llevada al cine por el propio Colomo.[20] *Bajarse al moro* es una obra sobre la solidaridad y la traición, la amistad y el desengaño. Sus protagonistas son unos jóvenes marginales del barrio madrileño de Lavapiés, dedicados al tráfico de la droga blanda a pequeña escala y a cultivar amistades que ter-

Cultura y consigue que se apruebe un decreto por el que se le conceden subvenciones anticipadas a proyectos de interés, independientemente de su éxito en taquilla. Sigue manteniéndose el 15% de subvención automática sobre la recaudación en taquilla, con posibilidades de aumentar hasta un 25% para los filmes de calidad, y se plantea el apoyo a los directores jóvenes y a los proyectos experimentales.

[20] Fernando Colomo había inaugurado con *Tigres de papel* el mencionado subgénero de la "comedia madrileña". A este título le seguirán en su filmografía otros parecidos como *¿Qué hace una chica como tú en un sitio como éste?*, *La mano negra*, *Estoy en crisis* y *La vida alegre*.

minan traicionándoles para integrarse a una vida convencional. En la adaptación de Colomo, aun siguiendo de cerca su modelo teatral, se subraya el tema de la desinhibición sexual, llegándose incluso a incorporar, de forma un tanto forzada, escenas de desnudos ausentes en el texto original.[21]

En la misma línea de la tragicomedia costumbrista, desgarrada y sentimental al mismo tiempo, tenemos que encuadrar otra obra de Alonso de Santos, *La estanquera de Vallecas* adaptada al cine un año antes por Eloy de la Iglesia, especializado en filmes sobre la delincuencia juvenil, entre los que se encuentran *Los placeres ocultos* (1976), *Navajeros* (1980), *Colegas* (1982) y *El pico* (1983).[22] Al igual que *Bajarse al moro*, esta obra tiene un marcado sabor agridulce y el espectador está llamado a simpatizar con sus protagonistas marginales, esta vez un obrero y un joven, ambos desempleados, que asaltan un estanco. Aunque la película trabaja con los mismos ingredientes de humor y denuncia social que la obra de Alonso de Santos, el realizador ha intentado convertir una obra de cuatro personajes en una película de masas. Así a la acción del interior del estanco se intercalan escenas del exterior, en las que se presentan los conflictos del barrio madrileño de Vallecas con las fuerzas del orden público. El resultado final carece de la fuerza dramática del original y no es mínimamente convincente.

Dentro de la estética esperpéntica tan definidora del realizador José Luis García Sánchez, nos encontramos durante esta época con las adaptaciones de *Hay que deshacer la casa* de Sebastián Junyent y *Divinas palabras* de Ramón del Valle-Inclán, realizadas en años consecutivos (1986 y 1987). La primera fue premio Lope de Vega de Teatro en 1982 y el gran éxito de la temporada teatral 1985-86. El propio García Sánchez confiesa haber convertido "una comedia dulce de costumbres en un sainete esperpéntico de malas costumbres" (Carlos Ferrando n. pag.).[23] Lo consigue con situaciones es-

---

[21] En cualquier caso, la fidelidad, como el propio Alonso de Santos reconoce irónicamente, no es esencial ni en el matrimonio ni en la adaptación cinematográfica: "el problema de fidelitat és com en els matrimonis, no és essencial" (Montse Sala n. pag.).

[22] A partir de la llegada de la democracia casi todos los filmes de Eloy de la Iglesia incluyen un componente sexual fuerte. Éste es el caso de *Juego de amor prohibido* (1975), *La otra alcoba* (1976), *Los placeres ocultos* (1976), *El sacerdote* (1978), los cuales se unen a contenidos políticos en *El diputado* (1978) y *La mujer del ministro* (1981).

[23] En las declaraciones incluidas en la reseña de Ana García Rivas para *Diario 16*, García Sánchez califica a su obra de "esperpento cómico" y a la de Junyent de "comedia dramática" (35).

perpénticas, algunas de ellas favorecidas por la inclusión de una pareja de homosexuales (un travestido y un ex cura obrero) que funciona como contrapunto marginal al drama intimista de las dos mujeres burguesas. [24] Al igual que hiciera Eloy de la Iglesia con *La estanquera de Vallecas*, García Sánchez pasa de una obra de pocos personajes (dos en la pieza de Junyent) a una película coral, que parece inspirada en la tradición de Luis García Berlanga. [25]

En consonancia con las aspiraciones culturales que han caracterizado a una buena parte del cine de las dos últimas décadas se han adaptado varias obras canónicas del teatro contemporáneo y se ha probado suerte de nuevo con los clásicos. Además de la mencionada adaptación de *Divinas palabras*, Valle-Inclán sirve de inspiración a Miguel Ángel Díez para su versión de *Luces de Bohemia*. Siguiendo un criterio de adaptación excesivamente literal, el film de Díez no parece aportar nada sustancial al original. Esta misma apreciación podría aplicarse a la adaptación que Mario Camus hace en 1981 de *La casa de Bernarda Alba* de Federico García Lorca.

Saura había probado fortuna un año antes con otra obra de Lorca, *Bodas de sangre*, pero con un acercamiento muy diferente al de Camús, al presentar la obra dramática a través del baile y el cante flamencos. Sigue en la misma línea con su versión de *El amor brujo*, basada en la obra teatral de Gregorio Martínez Sierra e inmortalizada por la música de Manuel de Falla. Saura comienza con estas adaptaciones una tendencia revitalizadora del cine folclórico, dentro de la cual tenemos que encuadrar otras dos adaptaciones: *Montoyas y Tarantos* (1989) de Vicente Escrivá y *La Lola se va a los puertos* (1993) de Josefina Molina. La primera está basada en *Historia de los Tarantos* de Alfredo Mañas, una especie de *Romeo y Julieta* en versión gitana, que también inspiró a Francisco Rovira Beleta para crear su popularísima *Los Tarantos* en 1963. [26] De forma simi-

[24] García Sánchez explica esta visión más sociológica de las relaciones de los personajes con las siguientes palabras: "En definitiva, del teatro de Benavente pasamos al de Arniches". Estas declaraciones aparecen sin firma en una pequeña nota en el diario *El País*, el 4 de octubre de 1986.

[25] El personaje de Laura es encarnado por Amparo Rivelles, la misma actriz que tantos éxitos conquistara con este mismo papel en los escenarios. No deja de ser irónico que una de las llamadas "chicas Cifesa", convertida en una de las estrellas del cine español de los años cuarenta, termine trabajando con García Sánchez, situado en las antípodas de lo que Cifesa representó, tanto desde un punto de vista estético como ideológico.

[26] El éxito de *Los Tarantos* probablemente es uno de los factores que influyeron en la decisión de Rovira Beleta de adaptar unos años después *El amor brujo*.

lar, la versión de la obra de los hermanos Machado realizada por Juan de Orduña en 1947 tiene más resonancia que la versión de Molina, una fallida adaptación sin demasiado interés para el público contemporáneo.

Los dos últimos intentos de llevar el teatro al cine, realizados ambos en 1996, son *La Celestina* de Gerardo Vera, y *El perro del hortelano* de Pilar Miró.[27] Decepcionante y truculenta la primera por haber convertido la obra de Fernando de Rojas en una mala versión de *Romeo y Julieta*, pero decididamente sugerente la obra de Miró, quien sabe captar el espíritu de la obra de Lope de Vega. La recién fallecida realizadora reproduce íntegramente el texto original en verso con una asombrosa naturalidad y traslada las escenas teatrales a imágenes cinematográficas de gran belleza plástica.

Finalmente, merece una mención especial *Sí, Bwana* (1995), el film de Imanol Uribe, basado en *La mirada del hombre oscuro* de Ignacio del Moral, tanto por su denuncia de la creciente oleada de racismo que ha sufrido Europa en los últimos años, como por su aguda radiografía de la clase media española. A su tratamiento del problema del racismo y la xenofobia (tema en el que se encuadran otros filmes coetáneos como *Taxi* de Carlos Saura y *El día de la bestia* de Alex de la Iglesia) se une también una exploración de la condición subalterna de la mujer. Tanto la obra teatral de Del Moral como la película de Uribe conjugan su denuncia abierta del racismo con un discurso feminista subliminal. En ambos textos los inmigrantes africanos y las mujeres, dos grupos subyugados por distintas razones, están representados por dos personajes emblemáticos: Ombasi, un inmigrante africano, y la madre de una típica familia española. En ambas obras se examinan de forma crítica las políticas de la diferencia sexual y racial para plantear una paradójica articulación entre diferencia y unidad.

En los años ochenta y noventa el cine español ha perseguido un refinamiento estético, potenciado en gran parte por la administración socialista, que ha traído como consecuencia un especial interés en la adaptación de obras literarias. No obstante, de nuestro análisis se desprende un hecho paradójico: el receso numérico de las adaptaciones cinematográficas tiene como contrapartida el aumento en los índices de calidad. Al margen de las cuestiones de fidelidad al original, las adaptaciones producidas en las últimas décadas aspiran

[27] *La Celestina* había sido llevada ya a la pantalla por César Ardavín en 1968.

a mantener, cuando no superar, el nivel de excelencia de los textos transpuestos a la pantalla.

A pesar de ciertas premoniciones fatalistas, la mutua influencia entre teatro y cine no ha sido nociva ni destructora, sino que por lo general ambos géneros han seguido en su desarrollo caminos diferentes. En algunos momentos estos senderos convergieron, en otros se bifurcaron, pero los lazos de parentesco nunca se han roto, ni la continuidad histórica entre ambos ha llegado a interrumpirse por completo. Así, podemos observar que la práctica escénica actual ha sido indudablemente enriquecida por el cine. Se trata no sólo de la proyección de secuencias filmadas en representaciones teatrales –estrategia innovadora con la que había ya experimentado Muñoz Seca–, sino también de técnicas cinematográficas que, según había premonizado Valle-Inclán, suponen una renovación del teatro. El cine, a su vez, se sigue alimentando de textos teatrales y compartiendo, en muchos casos, actores y directores.

A lo largo del siglo estas formas de arte han ido desarrollando una relación de cooperación fácilmente verificable, al menos cuantitativamente, en los más de quinientos filmes inspirados en obras teatrales españolas. Sin embargo, la polémica teatro/cine con la que se abriera el siglo, sigue candente en la actualidad y las posturas siguen siendo divergentes. Mientras unos ven a ambos medios como vasos comunicantes, otros opinan que son dos mundos autónomos que han de mantenerse separados. [28] En el siguiente capítulo reflexionaremos sobre las diferencias y afinidades entre el teatro y el cine, y las implicaciones que se derivan de éstas en el campo de la adaptación.

[28] Sirvan como ejemplo las declaraciones de dos de las directoras de más renombre en los años ochenta y noventa: Josefina Molina y Pilar Miró. Ambas han llevado a cabo adaptaciones, han dirigido obras teatrales y cinematográficas y, aunque cercanas en múltiples cuestiones ideológicas y estéticas, se muestran en desacuerdo en cuanto a la relación teatro/cine. Mientras Josefina Molina no duda en afirmar que "son realmente como vasos comunicantes" (29), Pilar Miró, por el contrario, confiesa no utilizar técnicas cinematográficas en ninguna de las obras de teatro que ha dirigido: "He visto mucho teatro que quiere imitar al cine y me parece absurdo e innecesario. Cuando hay un texto de peso, todo lo que esté alrededor sobra" (Rosana Torres 27).

Capítulo II

LA DINÁMICA DE LA ADAPTACIÓN: DE LA TEORÍA A LA PRÁCTICA

Para una mejor comprensión del proceso de adaptación de la obra dramática al cine, es preciso reflexionar sobre las semejanzas y diferencias existentes entre el medio teatral y el cinematográfico, así como revisar algunos de los aspectos teoricoprácticos que deben tenerse en cuenta en tal transposición: relación actor-espectador, impresión de realidad en teatro y en cine, punto de vista, caracterización de los personajes, elementos espaciotemporales, recreación de diálogos, así como otros cambios argumentales y estructurales. Además de estos elementos formales, consideraremos otros de tipo extratextual que abarcan no sólo cuestiones ideológicas determinadas por un contexto sociohistórico concreto, sino también aspectos económicos relacionados con la producción de las obras.

El problema metodológico básico que se nos plantea al analizar el fenómeno de la adaptación teatral tiene su raíz en una cuestión terminológica. En el sentido más amplio, cuando nos referimos a una obra de teatro concreta no estamos aludiendo exclusivamente al texto dramático, ni tampoco a una representación específica. La obra dramática existe en todas y cada una de las interpretaciones que del texto teatral se han hecho al llevarlas al escenario. Cuando leemos en el periódico una crítica sobre una película, sabemos que los comentarios sobre la dirección, el reparto o el valor estético de la misma, se refieren a un único film. Por el contrario, el éxito o fracaso de una representación teatral no determina el valor de la obra en sí, puesto que obra y representación, a diferencia del cine, no coinciden. En los análisis comparativos que llevaremos a cabo se utilizará como referente de la obra teatral el texto dramático, ya que sería imposible comparar los filmes con las múltiples puestas en escena que de cada obra se han realizado.

DEFINICIÓN

En el sentido más amplio, la adaptación es una interpretación; es decir, el análisis y presentación de una obra de arte a través de otra. Como apunta Dudley Andrew, desde el punto de vista de los teóricos marxistas, toda obra de arte, incluso las obras representacionales, serían "adaptaciones" de concepciones anteriores, ya que nuestra conciencia no está abierta al mundo, sino que filtra este mundo de acuerdo con su ideología (97). Esta amplia noción del proceso de adaptación, explica Andrew, está estrechamente relacionada con la teoría de la interpretación, ya que se trata de una apropiación del significado de un texto anterior:

> The hermeneutic circle, central to interpretation theory, preaches that an explication of a text occurs only after a prior understanding of it, yet that prior understanding is justified by the careful explication it allows. In other words, before we can go about discussing and analyzing a text we must have a global conception of its meaning. Adaptation is similarly a leap and a process. It can put into play the intricate mechanism of its signifiers only in response to a general understanding of the signified it aspires to have constructed at the end of its process. (97)

Puesto que todo film conlleva una interpretación de un aspecto de la realidad, las adaptaciones cinematográficas de obras dramáticas responden a un proceso de adaptación de segundo grado. La dialéctica interpretativa creada en torno a la relación del texto cinemático con el teatral por una parte y la realidad misma por otra, alumbrará una multiplicidad de significaciones que enriquecen la comprensión de la obra teatral original y la obra adaptada.

André Helbo, uno de los pocos teóricos que específicamente tratan la adaptación de obras dramáticas al cine, define este proceso como "an operation consisting in imagining signifiers and integrating them in a semiotic (cinematic) system with a view to transpose the overall significance (dramaturgy, theatricality) from another original system. It is through the dynamics of filmic signifiers that isomorphic effects would be given to theatrical dynamics" (610). El reto de la adaptación consiste, pues, en encontrar en la retórica cinematográfica estrategias análogas a los significantes y significados teatrales. No se persigue tan sólo la transposición de unas funciones de significado en otras, sino también la creación de nuevos significantes que restauren el espíritu de la obra original.

VIEJOS PREJUICIOS Y CONCEPTO DE REALIDAD

Es bien sabido que algunos críticos con prejuicios en contra de la adaptación han observado, reiteradamente, que se trata de un reto imposible. La desconfianza respecto a la adaptación de textos literarios, se hace especialmente patente cuando se trata de una obra teatral. Así, una entusiasta de las adaptaciones de obras narrativas como Joy Boyum, no es capaz de apreciar la dinámica de la adaptación de obras teatrales y no duda en afirmar que una pieza teatral se puede trasladar al medio cinematográfico sin que se lleve a cabo una verdadera adaptación. En su opinión, no es necesaria la imaginación creativa ni la capacidad de interpretación que se requiere para la adaptación de obras narrativas. Para corroborar tal afirmación nos ofrece como ejemplo las primeras películas basadas en obras de teatro o incluso otras más actuales de resultados claramente cinematográficos, como *Marat/Sade* de Peter Brook (39-40).

En nuestra opinión, la adaptación de obras de teatro implica una ardua tarea de reelaboración que puede resultar más problemática que la de novelas, ya que en este último caso se trata de pasar de un modo narrativo verbal a otro visual. En cambio, desde un punto de vista estructural, para convertir una acción dramática en una narración, se requieren cambios sustanciales que complican la labor del adaptador. Una buena adaptación no consiste en una reproducción mecánica de la pieza teatral en cuestión, como ocurriera en las primeras décadas del cine español. Por el contrario, se ha de aprovechar al máximo la riqueza de posibilidades del medio cinematográfico para sugerir relaciones originales a través del montaje, enfocar la atención del espectador resaltando detalles mediante primeros y primerísimos planos, y explotar de forma creativa las ilimitadas posibilidades espaciotemporales que hacen posible la expansión de la acción de la obra original.

¿En qué consiste pues una buena adaptación? ¿Es posible establecer una ecuación entre fidelidad y calidad? ¿Dónde están los límites entre la adaptación creativa y el llamado "teatro enlatado"?

Uno de los temas más discutidos en relación a la adaptación es el grado de fidelidad de la película al texto dramático en que se inspira. El problemático concepto de la fidelidad ha sido el causante de muchas críticas desencaminadas que valoran el resultado de la adaptación cinematográfica en función del acercamiento puntual o el alejamiento desleal respecto a la obra original. No obstante, la coherencia y valor estético de una adaptación no guardan una relación directa con el grado de fidelidad. Así, no se puede hacer una crítica negativa de una película por el simple hecho de que tenga demasiados diálogos siempre que éstos estén efectivamente conjugados en su contrapartida visual. Por otra parte, tampoco se puede exigir a un film que siga de cerca la estructura y el texto de la obra teatral para mantener esa tensión dramática que tanto nos impresionó en la representación. Ambos medios hablan lenguajes distintos y así lo deben entender no sólo todos los que participan en la producción de una película –director, productor, guionista, actores, directores artísticos, etc.–, sino también los espectadores.

Aunque no se debe caer en el error de asociar distintos tipos o modos de adaptación con evaluaciones estéticas, la indagación en el concepto de fidelidad nos sirve para hacer una primera clasificación de las adaptaciones basándonos en su relación con el referente dramático. A pesar de que se han propuesto diversas taxonomías generales para determinar la relación de los filmes con las obras de arte que le sirven de inspiración, nunca se han estudiado los distintos modos de adaptación específicos al medio teatral. En *Concepts in Film Theory*, Dudley Andrew distingue tres modos de adaptación: préstamo, intersección y transformación (98-104). El préstamo consiste en tomar ideas, materiales o formas de obras, generalmente famosas o que han llegado a constituir un arquetipo en la cultura donde se produce la adaptación. En el segundo modo, la intersección, el medio cinematográfico confronta un texto que se resiste a ser adaptado, y por lo tanto la obra original se refracta y no queda asimilada en la adaptación. Andrew cita como ejemplos *Diario de un cura de aldea* de Robert Bresson, así como *Medea, Los cuentos de Canterbury* y *El Decamerón* de Pier Paolo Pasolini, películas que quedan encuadradas dentro de una estética modernista muy opuesta a la estética cinematográfica conservadora en que, según algunos críticos, desembocan la mayoría de las adaptaciones. Por último, la transformación es una reproducción más o menos fiel de uno o varios aspectos del texto original. Es este modo de adaptación en el que se plantea reiteradamente la tan discutida cuestión de fidelidad:

> Here it is assumed that the task of adaptation is the reproduction in cinema of something essential about an original text. Here we have a clear-cut case of film trying to measure up to a literary work, or of an audience expecting to make such a comparison. Fidelity of adaptation is conventionally treated in relation to the 'letter' and the 'spirit' of the text, as though adaptation were the rendering of an interpretation of a legal precedent. The letter would appear to be within the reach of cinema for it can be emulated in mechanical fashion . . . More difficult is fidelity to the spirit, to the original's tone, values, imagery, and rhythm, since finding stylistic equivalents in film for these intangible aspects is the opposite of a mechanical process . . . It has been argued variously that this is frankly impossible, or that it involves the systematic replacement of verbal signifiers by cinematic signifiers, or that it is the product of artistic intuition. (100-01)

La casi totalidad de las adaptaciones que se estudiarán en los siguientes capítulos son transformaciones, puesto que intentan reproducir, con mayor o menor éxito, no sólo esos aspectos que Andrew califica de "mecánicos" –caracterización y relaciones entre personajes, argumento, información geográfica, sociológica y cultural que proporciona el contexto, etc.–, sino también el espíritu de la obra dramática. La única excepción sería *Bodas de sangre* de Carlos Saura, un caso claro de préstamo, al tratarse de la filmación de una coreografía del ballet de Antonio Gades.

Otra de las preguntas que hemos de plantearnos respecto al grado de fidelidad es sobre qué bases podemos establecer un criterio de evaluación de este concepto. ¿Es el guionista, el realizador, o más bien el productor quien determina uno u otro acercamiento? La respuesta varía según los casos. En muchas ocasiones, la última palabra la tiene el productor, en otras el director y en las menos existe un estrecho trabajo de cooperación entre estas tres figuras con la del dramaturgo. Como quiera que sea, el concepto de fidelidad está sujeto a una serie de variables estéticas, sociales y económicas que dificultan el establecimiento de patrones fijos o de predicciones sobre el proceso de adaptación.

SEMEJANZAS PARADÓJICAS ENTRE TEATRO Y CINE

Una de las paradojas fundamentales de la adaptación cinematográfica de obras teatrales reside en el hecho de que pueden ser precisamente algunos de los elementos expresivos comunes a ambos medios, los que, mal entendidos, dificulten o hagan fracasar la adaptación. Martin Esslin clasifica en cinco grupos los sistemas de signos comunes a las artes dramáticas: (1) sistemas de signos externos: marco arquitectónico, título, descripción genérica, prepublicidad, etc.; (2) sistemas de signos a disposición de los actores: reparto, expresiones faciales, gestos, lenguaje corporal, movimiento en el espacio, maquillaje y vestuario; (3) signos visuales: configuración espacial, esquema de colores, decorado y luz; (4) el texto: uso del lenguaje, estilo, individualización de los personajes, estructura general, ritmo y acción; y (5) signos auditivos: musicales y no musicales (103-105).[1]

Cuando el cine daba aún sus primeros pasos, se apoyó con demasiada frecuencia en el teatro sin explorar a fondo sus propias posibilidades artísticas. Como ya se apuntó en el capítulo anterior, en las primeras adaptaciones de obras teatrales ni directores ni actores eran muy conscientes de que teatro y cine hablaban idiomas diferentes. No era extraño que las productoras contrataran a toda una compañía de teatro, sobre todo si la obra que representaban había tenido éxito, para rodar su versión fílmica. Al no tener una noción clara de los diferentes códigos de actuación del medio cinematográfico, los actores mostraban ante la cámara las mismas expresiones y gestos que tanto conmovieron a su público teatral y que en la pantalla resultaban un tanto histriónicos. Es más, durante el periodo del cine mudo, los actores suplieron la ausencia del mensaje verbal con una gesticulación exagerada que desde un punto de vista actual resulta, en el mejor de los casos, cómica.[2] De la misma manera, se

[1] Los sistemas de signos específicos del cine y la televisión se limitarían a aquellos que tienen que ver con el movimiento de la cámara, el montaje y la unión de las secuencias.

[2] La competencia entre teatro y cine es uno de los temas subyacentes en *El viaje a ninguna parte* (1986) de Fernando Fernán Gómez, un homenaje a la figura, tradicionalmente menospreciada, del cómico. Al perder paulatinamente a un público que sustituye el teatro por el cine, los actores de una pequeña compañía de teatro itinerante pasan hambre y son objeto de todo tipo de humillaciones. Una de las más

solían aprovechar muchos decorados teatrales para la filmación de sus respectivas adaptaciones cinematográficas. Los diálogos y la caracterización de personajes, así como la estructura general, el ritmo y la acción permanecían, por lo general, intactos.

El concepto de adaptación, y también sus resultados, han ido evolucionando con el tiempo y son reflejo de un mejor entendimiento de los diferentes códigos formales, estéticos y sociológicos que rigen el teatro y el cine. A continuación se analizarán algunos de los elementos más importantes que han de ser considerados a la hora de llevar a cabo la adaptación de una obra teatral al medio cinematográfico.

Las modalidades psicológicas de la recepción y el concepto de presencia

Aunque tanto en el teatro como en el cine nos encontramos con la actuación de un grupo de actores ante un público, la naturaleza efímera y la singularidad de la representación teatral constituyen dos de las diferencias de mayor trascendencia, no sólo a la hora de definir lo específicamente teatral, sino también de adoptar un acercamiento metodológico determinado para estudiar el fenómeno de la adaptación. El teatro pertenece al género del espectáculo y por tanto cambia su naturaleza en cada representación, mientras que el cine se presenta tal y como sus creadores la han acabado y perfeccionado.[3] Así, mientras la comunicación es unidireccional en el cine, el teatro está basado en un intercambio intensivo entre actores y espectadores y en una conciencia recíproca de su presencia. Jerzy Grotowski, después de muchos años de investigación con el Laboratorio de Teatro Polaco, llegó a la conclusión de que para hacer teatro se puede prescindir de casi todos los elementos teatrales –escenario, utilería, luces, efectos de sonido, vestuario, maquillaje, etc.– excepto de la presencia física del actor y de su contacto vital con los

significativas la sufre el director de la compañía, cuando al presentarse para una pequeña prueba para el rodaje de una película, es rechazado categóricamente en medio de insultos por resultar su dicción y actuación claramente teatrales y poco aptas en el medio cinematográfico.

[3] Por supuesto, el texto dramático en sí también puede considerarse como una obra acabada y perfeccionada por el dramaturgo. Sin embargo, nos estamos refiriendo aquí al carácter efímero de la representación teatral en general.

espectadores (13). Los defensores de la superioridad del teatro respecto al cine han subrayado que la representación escénica es una experiencia única e irrepetible, y que la relación espiritual que se establece entre el público y los actores nunca se conseguirá mediante la mera observación de las imágenes en movimiento que el cine reproduce de forma mecánica para las grandes masas.

Otros críticos plantean, por el contrario, que las imágenes cinematográficas suplen la presencia física de los actores con un tipo de presencia peculiar que constituye un punto intermedio entre la presencia y la ausencia. André Bazin argumenta que el cine tiene la capacidad de poner ante el espectador la presencia de un actor, ya que la pantalla es en realidad "a mirror with a delayed reflection" (95). Si tenemos en cuenta que el concepto de presencia tiene que ser definido en términos de tiempo y espacio, Bazin apunta la paradoja del cine: "It makes a molding of the object as it exists in time and, furthermore, makes an imprint of the duration of the object" (94). Consiguientemente, la emoción que el espectador siente al presenciar, por ejemplo, la representación de una muerte en el escenario es equiparable en intensidad y naturaleza a la que experimenta observándola en la pantalla. La magia de la relación directa entre actor y espectador de que carece el cine vendría compensada por la proximidad –aunque artificial– que provee el enfoque de la cámara, mediante primeros o primerísimos planos.

La problemática presentada por Bazin ha sido retomada por otros teóricos que han aportado nuevas visiones respecto al concepto de presencia partiendo de perspectivas fenomenológicas y psicoanalíticas. Entre ellos, Christian Metz, al igual que Bazin, opina que es precisamente en esa "impresión de realidad" que produce el cine donde reside su éxito y su poder de atracción de público: "films have the *appeal* of a presence and of a proximity that strikes the masses and fills the movie theater. This phenomenon, which is related to the impression of reality, is naturally of great aesthetic significance, but its basis is first of all psychological" (Metz, *Film* 4). Tanto Bazin como Metz analizan las diferentes modalidades psicológicas de la recepción teatral y cinematográfica, así como las implicaciones sociológicas que se derivan del concepto de presencia. Según Bazin, en una representación teatral existen una serie de condiciones que impiden al espectador una participación activa. Son estos elementos los que han de ser tenidos en cuenta a la hora de entender las diferencias en la percepción de obras teatrales y fílmicas: "The theater is indeed based on the reciprocal awareness of the presence of audience and actor, but only as related to performance. The theater acts on us by virtue of our participation in a theatrical action across the footlights and as it were under the protection of their censorship" (98). El espacio físico de una sala de cine y la ausencia de actores de carne y hueso favorecen, en cambio, la identificación con los personajes y la historia sin que sea necesario adoptar una postura crítica: "There is nothing to prevent us from identifying ourselves in imagination with the moving world before us, which becomes the world" (98). La adhesión pasiva del espectador a lo observado tiene como resultado la uniformización de las emociones del público. Por el contrario, la experiencia teatral exige una participación activa y consciente, y por tanto favorece una percepción individualizada. Así, mientras en una obra teatral tendemos a oponernos al protagonista, en el cine normalmente nos identificamos con éste (97). Bazin termina suavizando una postura que, a primera vista, podría parecer demasiado radical afirmando que la separación estética entre estos modos psicológicos de representación no es definitiva puesto que los directores de cine pueden desarrollar los elementos que sirvan para estimular la conciencia del espectador y en el teatro también se puede disminuir la tensión psicológica entre actor y espectador (96).

También reflexiona Metz sobre la mayor o menor identificación de los espectadores con lo observado y la impresión de realidad que se produce en el teatro y el cine. Para ello se basa en la teoría que Jean Leirens desarrolla en su libro *Le Cinéma et le temps,* que, a su vez, coincide con la de Rosenkrantz. Para estos teóricos, el personaje de una obra teatral es primordialmente un objeto de disociación, mientras que el del cine es un objeto de identificación. La presencia física de los actores juega un papel importante al respecto:

> The spectator is summoned to take a position in relation to [the] real actors, rather than to identifiy himself with the characters they embody. The actor's bodily presence contradicts the temptation one always experiences during the show to perceive him as a protagonist in a fictional universe, and the theater can only be a freely accepted game played among accomplices. Because the theater is too real, theatrical fictions yield only a weak impression of reality. Conversely, according to Jean Leirens, the impression of reality we get from a film does not depend at all on the strong presence of an actor but, rather, on the low degree of

> existence possessed by those ghostly creatures moving on the screen and, they are, therefore, unable to resist our constant impulse to invest them with the "reality" of fiction. (*Film* 9)

Según Metz el cine produce una fuerte impresión de realidad, precisamente por estar conformado de una materialidad no real o físicamente palpable. Por el contrario, el espectáculo teatral no puede ser una duplicación convincente de la vida, porque en sí mismo constituye, y de forma demasiado visible, un pedazo de vida: "It is indeed because the art of theater is based on means that are too real that the belief in the reality of the diegesis finds itself compromised. And it is the total unreality of the filmic means . . . which allows the diegesis to assume reality" (*Film* 13).

En uno de los ensayos más recientes sobre las relaciones entre teatro y cine, Herbert Blau recuerda que en la representación escénica, además de la presencia de actores, hay que tener en cuenta otros elementos como la compleja relación entre artificio y presencia, escenario y actores, y la interacción entre representación y público en un espacio participativo (51). Blau observa que el concepto de presencia sigue siendo de vital importancia en el cine donde se ofrece, tal y como argumentara Bazin, una forma propia de presencia en ausencia, y un modo especial de participación que resulta en una mezcla de intimidad y distancia característica del medio cinematográfico (60-61).

Concluiremos afirmando que los espectadores de una obra de teatro y de un film están sujetos a dos modalidades psicológicas de recepción que vienen prefijadas no sólo por el concepto de presencia, sino también por las condiciones físicas del espacio de la representación teatral y la sala de cine. La experiencia cinematográfica es, por lo general, más privada, ya que el espectador puede observar sin ser observado; esto es, introducirse en el mundo de ficción aislándose de todo lo que le rodea y perdiendo, hasta cierto punto, conciencia de sí mismo, lo cual explica la sensación de desorientación que nos invade al abandonar una sala de cine. En "Ideological Effects of the Basic Apparatus", Jean-Louis Baudry compara este ambiente al del seno materno: en la oscuridad de la sala, inmóvil y pasivo, aislado de ruidos y presiones exteriores, el espectador fácilmente se sumerge en un estado de regresión similar al engendrado por los sueños. El espectador de una obra de teatro, en cambio, es más consciente del contexto social que le rodea –por ejemplo, los actores y los otros espectadores– y de sí mismo y es más difícil, por tanto, que se produzca una identificación con los personajes. Como quiera que sea, las múltiples y diversas manifestaciones y modalidades del medio teatral y cinematográfico invalidan cualquier propuesta de un modelo único de recepción teatral y fílmica.

EL PUNTO DE VISTA Y LA ILUSIÓN DE REALIDAD EN TEATRO Y EN CINE

Un aspecto íntimamente relacionado con el concepto de presencia es la relación espacial entre los espectadores y la representación, así como la forma en que ésta determina el punto de vista. A pesar de todos los elementos dramáticos de que consta el cine, nos encontramos ante una forma más narrativa que dramática. La mirada del espectador no tiene la libertad de fijarse en cualquiera de los elementos de la obra en el orden apetecido y durante el tiempo apetecido. La presencia de la cámara y el montaje, tropo cinematográfico por excelencia, mediatizan y dirigen la percepción del espectador. Algunos críticos han examinado en profundidad este aspecto, que a primera vista parece algo obvio, para llegar a diferentes conclusiones.

George Garret comenta lo que, en su opinión, constituye una de las diferencias más obvias entre teatro y cine en los siguientes términos:

> What is seen and shown, whether large or small, is perfectly controlled. By the camera. When something happens on stage we may look at it and react if we choose, but we don't have to. We can look at the set, at other actors, or anything else. Which means, among other things, that the playwright and-or the director have got to focus the audience attention in a different way. One of the simplest problems of drama, getting people on and off stage credibly and reasonably, simply does not exist for the screenwriter. In that medium he need only put the camera on what he wants the audience to see, and all else vanishes. It is in the nature of the rethoric of the medium that *nothing except what we see (and whatever is evoked by that sight) exists at any given moment*. (107; énfasis del autor)

Aunque existe un consenso generalizado en que las diferencias más significativas entre teatro y cine se derivan de las condiciones formales que rodean a cada una de las representaciones, teóricos y críticos han intentado ir un poco más allá de lo que, a primera vista, pudiera resultar obvio. Béla Balázs (48) y Haig Khatchadourian (176) plantean que el espectador fílmico no sólo imagina la acción que se desarrolla en la pantalla, sino que imagina que él mismo está dentro del espacio de la historia. Por el contrario, durante una pieza escénica, el espectador ocupa un mismo lugar y, por tanto, la distancia respecto al escenario y el ángulo de visión permanecen invariables. Es cierto que en el teatro contemporáneo encontramos puestas en escena que contradicen tal afirmación. Pensemos, por ejemplo, en *Historias para extranjeros* de la dramaturga argentina Griselda Gambaro, donde el escenario se extiende por las distintas habitaciones de una casa por las que el espectador se va desplazando, o en varias de las producciones de grupos catalanes como Els Joglars y Els Comediants en que continuamente se rompe la barrera entre escenario y público. Sin embargo, incluso en las obras más experimentales, cada espectador tiene un punto de vista diferente, el cual en ningún caso puede cambiar con la rapidez que facilita la cámara. Cada toma cinematográfica tiene una perspectiva única e invariable, la cual viene determinada no por la posición del espectador, sino por la de la cámara. Por consiguiente, la perspectiva del espectador de una obra de teatro es primordialmente extrínseca, mientras que la cinematográfica es intrínseca. No obstante, en el ámbito de la producción teatral, se puede manipular también el punto de vista a través de los efectos de luces y sonido, el movimiento de los actores en escena y el diseño de la escenografía.

Los primeros teóricos de las relaciones entre teatro y cine subrayan la multiplicidad de perspectivas que facilita el cine en oposición al espacio estático del teatro y a la relación espacial fija del público respecto al escenario. Panofsky observa que aunque el espectador cinematográfico ocupe un lugar fijo, lo hace sólo físicamente, no como sujeto de una experiencia estética (252). Estas afirmaciones han sido rebatidas recientemente por Gregory Currie (137), quien problematiza el tan repetido tópico de que el espectador cinematográfico ocupa imaginariamente el lugar de la cámara. Para Currie, tanto el espectador teatral como el fílmico mantienen una relación básicamente idéntica respecto a la acción y a los personajes, ya que la perspectiva intrínseca de lo observado no es determinada por la posición desde la cual el espectador imagina estar situado observando la acción: "What I make-believe in the context of a theatrical performance or movie concerns the events of the fiction, not any supposed perceptual relations I bear to those events" (138).

Nick Browne, a su vez, hace una interesante aportación a la crítica cinematográfica al distinguir entre un punto de vista literal, el cual coincidiría con la posición física del que observa, y un punto de vista figurado que estaría relacionado con la identificación emocional del espectador (458). Así, a pesar de que en muchas ocasiones la acción se desarrolla desde la perspectiva de un personaje al que se confiere autoridad y el control de la situación, el espectador se identifica emocionalmente con el objeto de la mirada, el cual suele ser un personaje que carece de poder. La distinción entre punto de vista literal y figurado es aplicable también a las representaciones teatrales.

Así pues, parece claro que independientemente de la posición del espectador a lo representado y de su perspectiva extrínseca o intrínseca, en la recepción de una obra, teatral o cinematográfica, hay que tener en cuenta, sobre todo, el tipo de "perspectiva imaginada" (Currie) o "punto de vista figurado" (Browne).[4] Los planteamientos de Bazin sobre el teatro y el cine como dos modalidades de representación psicológicamente distintas que conllevan un cambio drástico de percepción, quedarían así invalidados por las teorías de Currie y Browne, quienes sustituyen las teorías con base psicológica de Bazin por planteamientos ontológicos.

ESPACIO DRAMÁTICO Y ESPACIO FÍLMICO

Una de las cuestiones más debatidas respecto a la relación teatro/cine es la forma de dependencia que ambos medios mantienen en relación con la realidad ficticia y con la realidad extratextual. La asunción generalizada es que la ilusión dramática no es nunca una ilusión de realidad, sino una ilusión imaginativa. En su trabajo seminal sobre las relaciones entre teatro y cine, Allardyce Nicoll argumenta que los espectadores teatrales aceptan el artificio y las convenciones automáticamente de forma que, por lo general, no persi-

[4] En el ámbito de la producción, el punto de vista intratextual es quizás uno de los ingredientes más importantes tanto en teatro como en cine. La integración de los puntos de vista de dramaturgo / guionista y director se refleja en elementos como el diálogo, el movimiento de los actores, el diseño de la escenografía, el vestuario y los efectos de luz y sonido.

guen en su percepción de la pieza escénica una ilusión de realidad: "Dramatic illusion is never (or so rarely as to be negligible) the illusion of reality: it is always imaginative illusion, the illusion of a period of make-believe" (166). Según Nicoll, al tener siempre presente la "falsedad" de la producción teatral, el espectador no requiere sino una verdad teatral, mientras que en el cine espera encontrar, no artificio, sino una verdad "real".

En su análisis práctico de los ingredientes necesarios para llevar a cabo una buena adaptación a la pantalla, Linda Seger afirma:

> Theatre doesn't need realism to work . . . When we enter the theatre we know that we have entered an artificial, symbolic space. The three walls clearly are not a house, the two flags represent the whole army, and the three boxes only suggest a carriage. When we enter the theatre, we have already suspended our disbelief. We are already making a leap of imagination. (37)

Estos decorados abstractos o simbólicos se dan incluso en el teatro realista, ya que la representación teatral está siempre supeditada a la previa aceptación de convenciones dramáticas por parte del espectador. El realismo cinematográfico sería, por el contrario, consecuencia de la naturaleza fotográfica del medio.

A pesar de todos los adelantos técnicos y del continuo uso de recursos específicamente cinematográficos, el espacio teatral nunca puede llegar a recrear fielmente la realidad física. [5] Los pequeños detalles –gestuales o de decorado– se pierden fácilmente en la totalidad de la acción o del escenario. Por otra parte, también existen limitaciones en el escenario para las grandes multitudes o paisajes naturales, por citar tan sólo dos ejemplos. Existen réplicas o sustitutos de la realidad y es por esta razón que la reacción estética en el medio dramático ante la llegada del realismo cinematográfico, fue la de renunciar a las convenciones realistas que requerían la aceptación de unos cuantos indicios escénicos como realidad efectiva:

> Está claro que, en este terreno, el teatro perdió tiempo ha la partida en favor del cine: difícilmente el mismo espectador que puede ver en la pantalla un campo de batalla real o unos árboles

---

[5] Los pequeños detalles (gestuales o de decorado) se pierden fácilmente en la totalidad de la acción o del escenario. Por otra parte, tampoco caben en el escenario grandes multitudes, ni mucho menos los paisajes naturales.

> verdaderos cambiará su mentalidad hasta el punto de darlos por buenos en escena. Es otro el terreno donde puede dar juego el teatro: no sugiriendo o suplantando la realidad –aquí el cine lleva siempre las de ganar–, sino proponiendo, como tal, la realidad escénica, esto es, una acción que se desarrolla ante el espectador verdaderamente en el mismo momento en que es percibida, y, en tal sentido, es aún más concreta y tangible que la realidad filmada. (Gimferrer 94)

Así, cuando algunos dramaturgos y directores introducen reproducciones del mundo real, a través de proyecciones cinematográficas, paradójicamente, se produce un distanciamiento que rompe con la ilusión de realidad.

Vsevolod Pudovkin apunta que la diferencia entre un director teatral y uno de cine es que el primero trabaja con elementos reales y los moldea, aunque siempre esté sujeto a las leyes de espacio y tiempo reales; el director de cine, en cambio, no adapta la realidad sino que crea una nueva, rompiendo las barreras entre espacio y tiempo: "the most characteristic and important aspect of this process is that, in it, laws of space and time invariable and inescapable in work with actuality become tractable and obedient. The film assembles the elements of reality to build from them a new reality proper only to itself" (61-63). El espacio teatral es, por el contrario, más estático y, a pesar de los usos innovadores que de éste se pueden hacer, nunca dejan de ser más lógicos y continuos que los conseguidos por la cámara.

Varios teóricos han estudiado el concepto de mímesis en teatro y cine. Panofsky, Krakauer y Bazin pronto se definen para considerar al cine como "el arte de la realidad", ya que los medios mecánicos de reproducción fotográfica garantizarían la esencial objetividad del film. Metz comienza analizando la impresión de realidad producida por una obra teatral y por un film desde un punto de vista fenomenológico para después conjugarlo con teorías psicoanalíticas. En *The Imaginary Signifier* Metz resume en los siguientes términos la relación del teatro y el cine con sus referentes reales:

> In cinema as in the theatre, the represented is by definition imaginary, that is what characterises fiction as such, independently of the signifiers in charge of it. But the representation is fully real in theatre, whereas in the cinema it too is imaginary, the material being already a reflection. Thus the theatrical fiction is experienced

> more . . . as a set of real pieces of behaviour actively directed at the evocation of something unreal, whereas cinematic fiction is experienced rather as the quasi-real presence of that unreal itself. (67)

Otros críticos han observado que la práctica significante dominante en el cine oculta el sujeto de la enunciación y potencia una imagen nítida eminentemente icónica que remite al espectador a un referente de forma que el signo se convierte en un vehículo de estructura imperceptible.[6] La elaboración del sentido, partiendo de estas imágenes referenciales y de una consiguiente narración transparente conforma un efecto de ilusión. Al presentar el sujeto de la enunciación una mirada omnisciente y omnipresente, su carácter de mirada queda anulado y el espectador se enfoca solamente en el objeto de la mirada; se sumerge en la historia sin plantearse las funciones, relaciones y estructuras motivadas por el sujeto de la enunciación. Al quedar negado el sujeto de la enunciación –la mirada que mira por nosotros– el espectador tiende a aceptar como valor un referente ficticio cuya significación está al servicio de la ideología burguesa (Hernández Esteve 207).

En una línea de pensamiento similar, Baudry observa que el potencial del cine para la producción de conocimiento puede ser impedida por la naturaleza misma del medio cinematográfico. Baudry plantea que el punto de vista presentado por la cámara no es objetivo sino cómplice de la ideología burguesa y de las convenciones de representación pictórica heredadas del Renacimiento humanista. Baudry enfoca además la cuestión del realismo no ya en el campo de la mímesis, sino también en relación a la posición del espectador y a sus deseos dentro del aparato cinematográfico. La estética ilusionista que promueve el cine ha de ser estudiada como un aspecto de la identificación del espectador. Según Baudry, el cine constituiría la materialización de un deseo quizás inherente a la psique humana: el de retornar a un estado previo de desarrollo psíquico en el

[6] Véanse el estudio de Jean-Louis Baudry y el capítulo de Vicente Hernández Esteve dedicado a la semiótica del cine en la antología de Jenaro Talens. Hernández Esteve observa que el sujeto de la enunciación es algo más complejo que la simple mirada de la cámara como instrumento de reproducción técnica. El sujeto de la enunciación es así "el sujeto de la producción del texto fílmico, es decir, la consciencia que ha formalizado semejante estructura y que, por consiguiente, asume tanto la mirada y el ángulo de vista como las motivaciones que constituyen el punto de vista" (207).

cual el deseo podría ser satisfecho a través de una realidad simulada en que no existe una separación definida entre el propio cuerpo y el mundo exterior (40-43).

El concepto de ilusión de realidad tiene otras implicaciones ideológicas, además de las apuntadas por Baudry y Hernández Esteve. Ante el ataque de críticos como Panofsky y Krakauer a toda película que presentara una realidad estilizada, ya que la misión del cine es la de "redimir" la realidad física, Susan Sontag nos advierte de los peligros de tales presupuestos estéticos que equiparan realismo con valor artístico:

> And it is helpful to notice how the apotheosis of realism in cinema, which gives the greatest prestige to "unstylized reality", covertly advances a definite political-moral position. Films have been rather too often acclaimed as the democratic art, the preeminent art of mass society . . . Cinema, at once high art and popular art, is cast as the art of the authentic. Theatre, by contrast, means dressing up, pretense, lies. It smacks of aristocratic taste and the class society. (78)

Según Sontag, detrás de las críticas de desaprobación de la estilización en el cine se esconde un rechazo a lo que estos críticos consideraban una sensibilidad pretenciosa y reaccionaria, fuera de lugar en el mundo democrático moderno (78). Los comentarios de Sontag resultan reveladores y nos ayudan a comprender que aún no hayan desaparecido los prejuicios contra la adaptación y que se hayan criticado las películas que no han sabido sacudirse una estilización que se considera inapropiada en el cine.

Acción y personajes

Después de analizar las posibilidades de la adaptación de obras teatrales, Krakauer llega a la conclusión de que se trata de un dilema insoluble: "The theatrical story stems from formative aspirations which conflict irrevocably with the realistic tendency. Consequently, all attempts to adjust it to the cinema by extending its range into regions where the camera is at home result at best in some compromise of a sort" (230). Para Krakauer, las añadiduras a que con tanta frecuencia se recurre para "abrir" los textos teatrales, desmoronan la intriga y son, además, ineficaces. La clave está en reestructurar la acción dramática en forma de narración con una consiguiente transformación de los diálogos, de forma que éstos suenen naturales sin que se pierda toda la carga significativa que tenían en la pieza teatral. Así, una acción y un diálogo que funcionan a la perfección en el escenario pueden resultar en el cine artificiales o recargados, sonar falsos o ridículos.

Según Seger, el teatro tiende a ser más temático que el cine, el cual necesita una buena historia. Por lo general, el guionista partirá de una historia con una línea narrativa definida, mientras que el dramaturgo frecuentemente comienza con una temática que quiere explorar y crea a los personajes que se ajusten y expongan esta idea. Es quizás por esto que la historia teatral suele ser más personal y en muchas ocasiones se centra en la intimidad, mientras que en el cine es necesario ensancharla introduciendo un panorama social más amplio (Seger 36).

En relación a la recreación de personajes, Nicoll estudia las diferentes características de personajes teatrales y cinematográficos, llegando a la conclusión de que los primeros son, por lo general, tipos, mientras que los segundos necesitan mayor individualización: "We recognize stage figures as types and impute greater power of independent life to the figures we see on the screen" (165). Entre los críticos que plantean una perspectiva diferente, Panofsky es quien lo hace de una manera tan radical y generalizadora como Nicoll, planteando simplemente una afirmación opuesta; esto es, que el cine, por su naturaleza, se alimenta de tipos (253). A su vez, Seger está de acuerdo en que los conflictos, las pasiones humanas, las creencias, la ideología y la psicología de los personajes, están por lo general enfocadas de forma más compleja en una obra teatral (34). En nuestra opinión, aunque esta menor complejidad está en relación directa con la necesaria simplificación de los diálogos que requiere el guión cinematográfico, puede ser compensada por el elemento visual. Es decir, la actuación y la percepción psíquica más detallada que los primeros y primerísimos planos nos ayudan a conseguir el equilibrio de la balanza.[7]

---

[7] Metz apunta que la relación del espectador con los personajes teatrales y cinematográficos es distinta ya que "fictional theatre tends to depend more on the actor (representer), fictional cinema more on the character (represented)" (*The imaginary* 67). Según Metz, incluso cuando el espectador cinematográfico se identifica con el actor, lo hace en su categoría de estrella, es decir la identificación sigue siendo con un personaje.

ELEMENTOS EXTRATEXTUALES

Existen también algunos elementos extratextuales que influyen, directa o indirectamente, en el resultado estético de la obra adaptada. Varios de estos recursos caen dentro de lo que se puede denominar sociología de la adaptación. Tanto el teatro como el cine mantienen estrechos lazos con realidades económicas muy concretas. Éstas determinan, por ejemplo, el hecho de que, por lo general, los productores y directores tengan muy presentes los gustos del público a la hora de elegir y transformar una obra de teatro. En la actualidad, en el caso del cine español, al depender fuertemente de las subvenciones estatales, la elección y tratamiento de la obra teatral adquiere también tintes políticos. Los guionistas, a su vez, tienen menos libertad artística de la que tradicionalmente se le aseguraba a un dramaturgo, y con frecuencia se ven forzados a llevar a cabo cambios exigidos por los directores de producción.[8] Las obras dramáticas, por lo general, se publican, pero los guiones no, de forma que los guionistas quedan en el anonimato, y su figura es ensombrecida por la del director, a quien se atribuye la mayor parte del mérito.

En conclusión, creemos que el estudio comparativo que en los siguientes capítulos vamos a llevar a cabo, es enriquecedor para la comprensión de la obra teatral y la cinematográfica. La relación dialéctica que se establece entre la instancia enunciativa teatral y la cinematográfica y sus respectivos contenidos semánticos nos descubre nuevos matices de significado, nos sugiere asociaciones previamente insospechadas y nos abre nuevas perspectivas de análisis.

---

[8] También es cierto que los jóvenes dramaturgos y dramaturgas españoles, con el objeto de ver sus obras representadas, se han visto obligados a hacer cada vez más concesiones a las exigencias de los directores de teatro.

Capítulo III

METATEXTUALIDAD EN EL TEATRO Y EL CINE

La autorreferencialidad es sin duda una característica común a todas las artes. Como han sugerido los críticos estructuralistas, toda obra contiene en algún momento una reflexión sobre sí misma ó sobre el arte o la literatura en general. Sin embargo, la operatividad de determinados recursos metatextuales varía en función del contexto en el que se utilizan. Tal contexto abarcaría tanto las condiciones sociohistóricas y estéticas de producción de la obra como el horizonte de expectativas de los lectores o espectadores. El tema es desde luego mucho más complejo de lo que pueda parecer a primera vista y cualquier interpretación deberá tomar en cuenta los numerosos niveles de análisis implicados.

En el presente estudio se explora el uso de técnicas metatextuales en dos obras dramáticas –*Bodas de sangre* (1933) de Federico García Lorca y *¡Ay, Carmela!* (1987) de José Sanchis Sinisterra– y en sus respectivas adaptaciones cinematográficas llevadas a cabo por Carlos Saura. A pesar de haber sido realizadas por el mismo director, estas adaptaciones ejemplifican dos procesos diferentes de transposición en los que el grado de autorreflexión se presenta en relación inversa a los originales. En *Bodas de sangre,* Saura convierte una obra con ciertos rasgos metateatrales (aunque no principalmente autorreferencial) en uno de sus filmes más autorreflexivos. En *¡Ay, Carmela!*, en cambio, asistimos a un proceso inverso: una obra profundamente autorreferencial es transformada en un texto cinematográfico lineal de corte realista.

Antes de pasar al análisis de las obras mencionadas, es necesario establecer el marco teórico de los estudios sobre la metatextualidad. En el ámbito teatral, una de las fuentes principales es la obra de Richard Hornby *Drama, Metadrama, and Perception* (1986). En su estudio, Hornby parte de la base de que toda obra teatral es en cierto sentido metateatral, ya que no refleja directamente la vida, sino que ante todo se refleja a sí misma y al complejo entramado intertextual del que forma parte: "a play is first and foremost what the New Critics described as 'autotelic': it reflects no external reality (at least not directly), but instead reflects inward, mirroring itself" (20).

Al margen de lo cuestionable que puedan parecernos los términos en que se expresa tal afirmación (especialmente, en su alineamiento con el formalismo puro del *New Criticism*), el estudio de Hornby ofrece la que hasta el momento es sin duda la clasificación más comprensiva de las técnicas y manifestaciones metateatrales. Hornby alude concretamente a cinco de tales manifestaciones: 1) el teatro dentro del teatro, 2) la ceremonia dentro de la obra, 3) la interpretación de papeles dentro de los papeles dramáticos, 4) la referencia en la obra a lo literario y lo real, y 5) la autorreferencialidad.

El teatro dentro del teatro presenta dos variaciones principales, en función de la relación entre los niveles estructurales: la obra inscrita puede ser secundaria o principal con respecto a la obra enmarcadora. Si bien esta distinción se puede trazar a lo largo de la historia, en el teatro moderno resulta cada vez más difícil establecerla, ya que a veces no se manifiesta con nitidez cuál de los niveles estructurales es principal y cuál secundario. En cualquier caso, el carácter plenamente metadramático de la obra viene determinado no tanto por cuál de los niveles tiene más importancia, sino por el desarrollo consistente de dos niveles de representación.

Por lo que se refiere a la autorreferencialidad, ésta constituye la forma más agresiva y extrema del metateatro, ya que tiene un efecto desfamiliarizador en el público. Si bien el efecto es similar al del teatro dentro del teatro –en ambos casos se recuerda al espectador que lo que está contemplando es una obra y no la realidad misma–, dicho efecto es mucho más inmediato e impactante en el caso de la autorreferencialidad explícita. Al interrumpir la acción y la identificación con los personajes, al espectador se le obliga a reconsiderar racionalmente lo que está contemplando y a cuestionar tanto el mundo dramático representado como sus propios mecanismos de respuesta.

A pesar de que la metatextualidad es un fenómeno igualmente extendido en el ámbito cinematográfico, no existe ningún estudio que, a la manera del de Hornby sobre el metateatro, analice este fenómeno de forma sistemática en el cine. En el libro de Robert Stam, *Reflexivity in Film and Literature: From Don Quixote to Jean-Luc Godard* (1985), encontramos algunos aspectos que nos parecen especialmente relevantes para nuestro estudio: 1) la reflexión sobre el papel del espectador en el teatro y el cine; 2) la dramatización del proceso de producción de la obra; 3) las estrategias narrativas y retóricas de lo que Stam, siguiendo a Robert Alter, llama el "género autoconsciente"; 4) la tradición antiilusionista dentro de la vanguardia carnavalesca y sus antecedentes en la sátira menipea y en Rabelais; y 5) la trascendencia de la obra de Bertolt Brecht para el teatro y cine autorreflexivos de orientación política.

Además de la útil clasificación de Hornby y de los sugestivos comentarios de Stam, completaremos nuestro análisis con los diferentes tipos y niveles de autorreflexión estudiados por Lucien Dällenbach. En su ya clásico ensayo *The Mirror in the Text* (1977), Dällenbach ha creado toda una gramática de la metatextualidad. El concepto que ha dado mayor notoriedad a su obra es el de *mise en abyme.*[1] Con tal término, que podríamos traducir como "puesta en abismo", Dällenbach se refiere a aquel elemento dentro de la obra que la refleja en su conjunto. Aunque el esquema de Dällenbach es profundamente complejo, nos limitaremos en nuestro análisis a la exploración de los tres tipos de reflexión que distingue en función de las características intrínsecas del elemento reflejado. Desde esta perspectiva, la puesta en abismo puede ser del enunciado, de la enunciación y del código. La puesta en abismo del enunciado se produce cuando el elemento especular comprime el desarrollo anterior o posterior de la historia. El movimiento puede ser proléptico –cuando anticipa los acontecimientos– o analéptico –cuando resume la historia previa– y se manifiesta a través de autocitas o resúmenes intratextuales. La puesta en abismo de la enunciación tiene lugar cuando la producción o recepción de la obra –o del teatro dentro del teatro como en el caso de *¡Ay, Carmela!* de Sanchis Sinisterra– es comentada explícita o implícitamente dentro de la misma. Por último, la puesta en abismo del código se manifiesta cuando es el código mismo, es decir el conjunto de normas que configuran la estética de la obra, lo que aparece reflejado.

---

[1] Aunque el término fue acuñado por André Gide, es Dällenbach quien lo desarrolla en profundidad desde un punto de vista teórico.

La ceremonia de los espejos: La adaptación cinematográfica de *Bodas de sangre*

El estudio de la autorreflexividad en las diferentes versiones de *Bodas de sangre* implica un análisis metatextual múltiple. A los elementos metateatrales de la tragedia de García Lorca, se suman las interpretaciones igualmente autorreflexivas de Antonio Gades y Carlos Saura en dos medios artísticos distintos, como lo son el ballet y el cine. Una gran parte de los cambios que podemos observar en estas recreaciones del texto original vendrán determinados por las características propias del medio. Pero en otros muchos casos son el resultado de la particular visión de la obra que proponen sus autores. Estudiaremos, a continuación, estos niveles de análisis, centrando nuestra atención en el modo en que se traduce el componente metatextual del escenario a la pantalla.

Bodas de sangre de Federico García Lorca

Como ha observado Phyllis Zatlin, la totalidad de la producción dramática de Federico García Lorca presenta, en mayor o menor medida, diversos rasgos metateatrales ("Metatheatre" 65). Éstos son especialmente evidentes en sus obras vanguardistas de carácter surrealista. La más abiertamente metateatral es, sin duda, *El público* (1930). Como cabría esperar de una obra con semejante título, en ella García Lorca explora una semiótica de la recepción y expone una teoría realmente provocativa sobre la función del teatro en la sociedad. Al plantearse en *El público* un paralelismo entre libertad de inclinaciones sexuales y libertad para la creación dramática, en esta obra el espectador se ve inmerso en un mundo de intensas pasiones humanas, pero distanciado de ellas mediante recursos antiilusionistas y alusiones autorreferenciales a dos tipos de teatro: el convencional ("teatro al aire libre") y el teatro prohibido ("teatro bajo la arena") tras el que se esconde "la verdadera realidad".

Escrita tan sólo tres años después que *El público*, *Bodas de sangre* (1933) es concebida como parte de una trilogía dramática, junto a *Yerma* (1934) y otra tragedia *–La destrucción de Sodoma–* que quedó truncada con la muerte del dramaturgo en 1936.[2] Su aspiración a un realismo fotográfico aleja hasta cierto punto a estas obras de los experimentos metateatrales. No obstante, a pesar de tratarse de un planteamiento estético aparentemente opuesto, *Bodas de sangre* no constituye una ruptura formal y temática con obras como *El público*, sino más bien la culminación y puesta en práctica de la teoría dramática propuesta en tal obra. El cambio de rumbo hacia posiciones más realistas es un paso lógico en su trayectoria dramática, ya que García Lorca es consciente de que estas nuevas obras constituyen un vehículo de comunicación más efectivo que aquellas otras que él mismo calificó de irrepresentables. Sus propias reflexiones sobre la función didáctica del teatro son reveladoras:

> El teatro es una escuela de llanto y de risa y una tribuna libre donde los hombres pueden poner en evidencia morales viejas o equívocas y explicar con ejemplos vivos normas eternas del corazón y del sentimiento del hombre . . . En este momento dramático del mundo, el artista debe llorar y reír con su pueblo. Hay que dejar el ramo de azucenas y meterse en el fango hasta la cintura para ayudar a los que buscan las azucenas. (*Obras completas* 151 y 1815)

Aunque la estructura dramática de *Bodas de sangre* se desenvuelve en gran medida dentro de postulados aristotélicos, existe también un elemento didáctico que la acerca al teatro político de Brecht. Al fatalismo característico de la tragedia clásica se une una crítica de los rígidos códigos sociales, causantes en último término del trágico desenlace. Se conjugan así, de una forma singular, el didactismo brechtiano con la poesía ("fango" y "azucenas"), al mismo tiempo que se parodian los patrones de la tragedia clásica, bajo los cuales se conforma la obra.

Sin embargo, estos elementos paródicos no hacen de *Bodas de sangre* una obra abiertamente metateatral. Al compararla con la adaptación de Saura, descubrimos una curiosa paradoja: mientras la

---

[2] En 1933 Lorca afirma que "*Bodas de sangre* es la primera parte de una trilogía dramática de la tierra española. Estoy, precisamente estos días trabajando en la segunda . . . La tercera está madurando ahora dentro de mi corazón. Se titulará *La destrucción de Sodoma*" (*Obras completas* 1724). La crítica actual estudia *Bodas de sangre* junto con *Yerma* y *La casa de Bernarda Alba*, incluidas dentro de lo que se ha dado en llamar "la trilogía rural de Lorca".

obra dramática es predominantemente antiilusionista, aunque no abiertamente autorreflexiva, el film es, por el contrario, profundamente autorreflexivo y autorreferencial, aun siendo sus pretensiones realistas tan marcadas que lo emparentan con el subgénero del documental.

A pesar de que en la obra de García Lorca no encontramos ningún elemento autorreferencial, existen ciertos rasgos autorreflexivos dignos de consideración: 1) el alto grado de estilización del lenguaje cuyo efecto desfamiliarizador se manifiesta en la combinación de diálogos poéticos con la dicción popular, 2) las "puestas en abismo" prolépticas y analépticas para anticipar el desenlace de la historia o hacer comentarios sobre la misma a través de canciones tales como la nana o de espectadores internos como los leñadores, 3) representación de papeles prescritos por los rígidos códigos sociales y transgresión de los mismos, y 4) intervención de los personajes alegóricos de la Luna y la Mendiga como símbolos de la fatalidad y la muerte.[3]

La "puesta en abismo" del código se puede observar en el estilo del lenguaje dramático de García Lorca, calificado repetidamente con el apelativo de poético. En obras como *Yerma* o *La casa de Bernarda Alba* la estilización del lenguaje y el uso del verso en los diálogos es mínimo si lo comparamos con la fuerza trágica que adquiere en *Bodas de sangre.* La casi totalidad del tercer acto adopta la forma versificada, la cual produce un efecto de extrañamiento en el lector/espectador al subrayar el artificio del lenguaje dramático en una obra cuyos dos primeros actos se desenvuelven dentro de convenciones dramáticas realistas. A partir del tercer acto la obra crea su propia realidad poética de acuerdo con unas reglas de verosimilitud ajenas a la realidad externa.[4]

---

[3] Hasta la fecha, no se ha llevado a cabo ningún estudio sobre los rasgos metateatrales en esta obra de Lorca. En "Nanas, prisión y deseo en *Bodas de Sangre*", Miriam Balboa Echevarría distingue "tres textos superimpuestos, un texto poético, un texto semántico y uno metateatral" (101), pero no llega a definir ninguno de ellos con claridad. A pesar de prometer hacer referencias esporádicas al texto metateatral al comentar los otros dos, no llegamos a encontrar en su artículo ningún tipo de alusión sobre la metatextualidad.

[4] En una entrevista realizada después del estreno de *Bodas de sangre*, el mismo García Lorca nos advierte de esta radical ruptura del código realista en el último acto, al mismo tiempo que manifiesta su satisfacción respecto a esta parte de la obra: "El realismo que preside hasta este instante la tragedia se quiebra y desaparece para dar paso a la fantasía poética, donde es natural que yo me encuentre como pez en el agua" (*Obras completas* 1721).

Aunque en nuestra opinión el uso del elemento poético contribuye a realzar la fuerza climática, para otros críticos representa una añadidura artificial que hace que el drama pierda coherencia:

> El verso marca, en efecto, una cima trágica: aquella en que la Novia encuentra su destino y en la que los amantes se ven cara a cara. Pero el símbolo permanece lejano y exterior al drama: fuga lírica y no evasión poética en el sentido en que lo entiende su autor, significa un fracaso que es el de los amantes, pero también en parte el del dramaturgo.[5] (Laffranque 69)

Quizás las objeciones de Laffranque sean debidas precisamente al efecto desfamiliarizador producido por el elemento poético, el cual sin duda puede perturbar y desconcertar por no encuadrar dentro de las convenciones dramáticas realistas.

Aunque concentrada en el tercer acto, la fantasía poética no queda reducida a éste, sino que aparece también en el segundo cuadro del primer acto como nana infantil, cantada en forma dialogada por la mujer y la suegra de Leonardo. Esta canción de cuna funciona como una puesta en abismo del enunciado al anticipar, combinando imágenes surrealistas con otras provenientes del folklore popular, las muertes con que culmina la acción dramática: "Las patas heridas, / las crines heladas, / dentro de los ojos / un puñal de plata. / Bajaban al río. / ¡Ay, cómo bajaban! / La sangre corría / más fuerte que el agua" (25).

Por lo general, los presagios de un desenlace trágico se presentan en esta obra bien mediante elementos desfamiliarizadores tales como la nana, o bien a través de rasgos metateatrales, como ocurre en el primer cuadro del tercer acto con la introducción de los tres leñadores. Su función de espectadores internos, que comentan y justifican la acción de los amantes, nos recuerda a la de los atemporales y misteriosos duendes de *Don Perlimplín*, los cuales cierran el telón y se dirigen al público para comentar el encuentro de Belisa con sus amantes. Aunque la intervención de los leñadores no llega a tomar forma explícitamente autorreferencial, al igual que los duendes aparecen en la penumbra (la misma que envuelve a los especta-

[5] Como respuesta a las numerosas críticas respecto a la lógica y continuidad dramática de este tercer acto, Andrew Anderson escribe un interesante artículo –"García Lorca's *Bodas de Sangre*: The Logic and Necessity of Act Three"– en el que, como su propio título indica, justifica la lógica y necesidad del mismo.

dores externos) para comentar una acción en la que no son protagonistas y para expresar su compasión e identificación con los amantes:

> LEÑADOR 2: Debían dejarlos.
> LEÑADOR 1: El mundo es grande. Todos pueden vivir en él.
> LEÑADOR 3: Pero los matarán.
> LEÑADOR 2: Hay que seguir la inclinación: han hecho bien en huir. (94)

En estas expresiones de tolerancia y defensa del instinto y la pasión se refleja sin duda la voz del dramaturgo y probablemente la de los espectadores externos, quienes, a su vez, en este momento de la acción se hacen la misma pregunta formulada por uno de los leñadores: "¿Crees que ellos lograrán romper el cerco?" (96).

Los leñadores aparecen en escena envueltos en un halo de irrealidad y cumplen una función bisagra a varios niveles: son personajes fronterizos entre la realidad de los espectadores externos y la ficción dramática por un lado, y entre los personajes alegóricos y el resto de personajes que protagonizan la tragedia. En su función de espectadores internos, los leñadores son un reflejo de la recepción externa. Al no participar plenamente ellos en la acción dramática, sienten la misma impotencia que el espectador externo ya que no pueden impedir la tragedia advirtiendo a los amantes de la presencia de la Mendiga. Por otra parte, su primera aparición sirve para enlazar el elemento realista de los hombres armados para la persecución con el poético-alegórico introducido por la Muerte y la Mendiga, figuras que van claramente en detrimento de la noción de la obra como fiel reflejo de la realidad. Con la segunda entrada de los leñadores se separa el diálogo teñido de odio de los perseguidores –el Novio y la Mendiga– del apasionado diálogo de los amantes perseguidos, al mismo tiempo que, mediante una recurso proléptico, se anuncia y lamenta la inminente tragedia: "¡Ay muerte que sales! / Muerte de las hojas grandes . . . ¡Ay muerte mala! / ¡Deja para el amor la verde rama!" (104). Con estas palabras, el Leñador 1° da paso a los amantes y une en una sola figura simbólica los personajes de la Luna y la Mendiga, los cuales son a su vez el contrapunto de la compasión y la tolerancia que los leñadores representan.

La aparición de estos leñadores constituye uno de los elementos autorreflexivos más significativos, al incluir, como hemos visto, puestas en abismo de la enunciación, ya que son reflejo especular de los espectadores externos, y del enunciado, pues anticipan acontecimientos y comentan la acción. Sin embargo, la función metateatral más frecuente es la de representación de un papel dentro de otro. Uno de los principales ejes estructurales y temáticos de *Bodas de sangre* se desenvuelve en torno a la tensión existente entre los papeles prescritos por la sociedad y la transgresión de los mismos por personajes que luchan por tener y vivir su propia individualidad.[6] Como en las otras tragedias del ciclo rural –*Yerma* y *La casa de Bernarda Alba*– los personajes son conscientes de estar representando papeles que les han sido asignados por normas sociales que coartan su libertad. Al sentirse observados por la comunidad, adoptan actitudes fingidas en busca de la aprobación social. En *Bodas de sangre*, García Lorca plantea que todos (tanto vigilantes como vigilados) son víctimas potenciales del perpetuo acecho que rige la vida de las comunidades rurales andaluzas. Aunque los ejemplos abundan en la obra, comentaremos uno de los más significativos, no sólo por su recurrencia, sino también por sus evocaciones simbólicas. Nos referimos aquí al caballo de Leonardo como signo emblemático de la pasión incontrolable que domina al personaje. El caballo es por tanto símbolo del verdadero Leonardo y de los sentimientos que intenta esconder tras la máscara de frialdad adoptada ante su mujer y el resto de la comunidad:

> MUJER: Ayer me dijeron las vecinas que te habían visto al límite de los llanos.
> LEONARDO: ¿Quién lo dijo?
> MUJER: Las mujeres que cogen las alcaparras. Por cierto que me sorprendió. ¿Eras tú?
> LEONARDO: No. ¿Qué iba a hacer yo allí, en aquel secano?
> MUJER: Eso dije. Pero el caballo estaba reventado de sudor.
> LEONARDO: ¿Lo viste tú?
> MUJER: No, mi madre. (28)

Estos reproches de la mujer de Leonardo tienen su raíz en la vigilancia a que se ven sometidos los movimientos de éste tanto dentro como fuera de su casa, noche y día.[7] La insistencia de estos perso-

[6] Este conflicto autoridad / libertad está presente a lo largo de toda la dramaturgia lorquiana y culmina en la última de sus obras, *La casa de Bernarda Alba*.

[7] La simbología sexual del caballo garañón en *La casa de Bernarda Alba* es una

najes guardianes sobre el poder omnipotente de la mirada llega a ser obsesiva y así lo manifiestan en varios momentos:

> CRIADA: ¿Sentiste anoche un caballo?
> NOVIA: ¿A qué hora?
> CRIADA: A las tres.
> NOVIA: Sería un caballo suelto de la manada.
> CRIADA: No. Llevaba jinete.
> NOVIA: ¿Por qué lo sabes ?
> CRIADA: Porque lo vi . . . Era Leonardo. (46-47)

Mediante el paralelismo de las situaciones arriba citadas, García Lorca subraya las acciones de ver y decir como las armas principales de la comunidad para ejercer su control. Aunque de manera indirecta, este énfasis en la autoridad de la mirada y la palabra pueden también considerarse comentarios autorreflexivos sobre el acto mismo de la representación teatral, igualmente basada en los elementos visual y verbal.

Las rígidas normas sociales que fijan los papeles que cada personaje se ve forzado a representar, toman en varias ocasiones una forma ritualizada. Como ya apuntamos, las más significativas en esta obra son: la pedida de mano, la boda y la muerte de Leonardo y el Novio. Las dos primeras se desarrollan de manera convencional, siguiendo tradiciones a las que García Lorca añade connotaciones negativas por lo que conllevan de falta de libertad en la expresión de los sentimientos individuales. Destacan sobre todo los formalismos de la pedida de mano, en la cual el Padre del Novio y la Madre de la Novia, vestidos para la ocasión y presentando los regalos de rigor discuten el futuro matrimonio. Para ellos se trata de una transacción comercial pues sus tierras se verán unidas. La Novia, obediente a la autoridad paterna, se dispone a cumplir los términos del contrato: "Yo sabré cumplir" (43).

Estas referencias directas al ámbito de lo económico y a su impacto en el comportamiento de los personajes contribuyen a la creación de un nuevo nivel de interpretación en la obra, el cual se suma al trágico y al metatextual, transformando a ambos. Al presentar el

---

clara alusión intertextual a *Bodas de sangre*. La persistente vigilancia de Bernarda, sus hijas e incluso de Poncia ante las visitas de Pepe el Romano y sus comentarios sobre éstas se hacen siempre en relación al caballo, con quien se asocia a este personaje.

fatal desenlace como el resultado de unas fuerzas sociales en conflicto y no como el inevitable resultado del sino trágico de los protagonistas, García Lorca transforma la concepción aristotélica de la tragedia, enmarcándola en un contexto socioeconómico específico: la sociedad rural andaluza a comienzos de siglo. Por otro lado, la profunda estilización que se lleva a cabo en la obra y que podría haber llevado a un esteticismo solipsista es aquí empleada como efecto potenciador de la crítica implícita en la obra. Los tres niveles interpretativos –trágico, metatextual y socioeconómico– se entremezclan magistralmente sin que sea posible privilegiar exclusivamente ninguno de ellos.

Bodas de sangre de Carlos Saura

Salvo raras excepciones, la obra cinematográfica de Carlos Saura presenta un carácter marcadamente metatextual, ya que muchos de sus filmes revelan abiertamente los materiales y el proceso de producción cinematográficos. Esta tendencia autorreflexiva se acentúa paradójicamente en aquellas de sus producciones que aspiran a representar el folklore popular. Nos referimos aquí a su llamada trilogía flamenca. En sus tres películas rodadas en colaboración con el coreógrafo y bailarín Antonio Gades –*Bodas de sangre* (1980), *Carmen* (1983) y *El amor brujo* (1986)– asistimos a un complejo maridaje de cine, baile y otras artes del espectáculo tales como el teatro, la opera y la música. La complejidad de estas producciones radica principalmente en la cadena interpretativa que se establece entre los filmes de Saura, las coreografías de Gades y los intertextos previos en los que ambos se inspiran: las obras de Federico García Lorca, Prosper Mérimée, André Bizet y Manuel de Falla.

De los tres filmes que forman su trilogía flamenca, *Bodas de sangre* fue el primero en realizarse. Desde el punto de vista de la adaptación, esta obra constituye uno de los aciertos más arriesgados e innovadores, ya que Saura ha conseguido reproducir el mundo poético de Lorca mediante encuadres y tomas realmente evocadores, una fotografía de gran plasticidad y una economía de medios fílmicos que nos revelan un buen conocimiento de su oficio de director.[8] En

[8] John Hopewell subraya uno de los elementos formales que contribuyen a

este film se incorporan gran cantidad de recursos metatextuales mediante los que llega a ponerse en entredicho la línea divisoria entre representación y mundo representado, entre actores y espectadores, texto y metatexto. Bajo la presencia omnímoda de los espejos, los personajes evolucionan en una ceremonia de duplicaciones y reflejos que explora y lleva hasta el límite las posibilidades autocontemplativas del drama original de Lorca. La incorporación de un prólogo documental en el que los actores se preparan para la representación y verbalizan sus miedos y expectativas añade al film un marcado tono especular poco frecuente en el medio cinematográfico.

El proyecto original del film consistía en la filmación del ballet de Gades basado en la obra homónima de Lorca. Sobre la base de entrevistas personales con Saura, Wendy Rolph (1986) ofrece una información crucial sobre el proceso de producción del film. Cuando la coreografía de Gades había recorrido ya medio mundo con su espectáculo, el productor y distribuidor cinematográfico Emiliano Piedra invitó a Saura a asistir a uno de los ensayos de la compañía. Saura quedó tan impresionado con el ballet, que Emiliano Piedra le propuso que lo filmara en forma de mediometraje. Sin embargo, vistas las posibilidades del proyecto, Saura decidió incorporar nuevas escenas que permitieron su comercialización como largometraje. Se añadió para ello un prólogo en el que se presenta a los actores preparándose para la representación y que constituye la fuente principal del poder autorreflexivo del film.

La versión cinematográfica de *Bodas de sangre* aparece enmarcada por una foto de la boda. Esta imagen, que capta un momento de la representación, abre y cierra el film, otorgándole un efecto de clausura global. En la foto se muestra al Novio sentado en el centro exacto de la imagen y flanqueado por la Madre y la Novia. A su alrededor aparecen los invitados adoptando diferentes posturas de baile. Los personajes posan para la foto y en su actitud anuncian y resumen elementos importantes del conflicto al que asistiremos durante la representación: la actitud posesiva y dominante de la Madre, la frialdad de la Novia hacia su prometido y el papel socialmente privilegiado de los tres dentro del mundo en el que viven. La

crear el mundo poético de *Bodas de sangre*: "La 'poesía' de Saura consiste en establecer una relación de danza entre la cámara y el bailarín, de modo que los movimientos de uno determinen las posibilidades del otro. Si en el campo hay movimiento, la cámara suele permanecer fija; si un bailarín se queda en un sitio, tiende a moverse" (270).

centralidad de estas tres figuras es reforzada por el *zoom* de la cámara que las aproxima al espectador. El punto de vista adoptado por la cámara contribuye, por otro lado, a establecer una analogía que habrá de desarrollarse a lo largo del film: la correspondencia entre la perspectiva del espectador externo, es decir el espectador en la sala de cine, y la del interno, formado por la comunidad representada en el film. Su pose orgullosa, casi arrogante, parece subrayar el valor que estos tres personajes centrales otorgan a la opinión que de ellos tiene el resto de la comunidad. Al igual que en la obra de Lorca, los personajes se saben observados, ahora también a otros niveles, y actúan en consecuencia movidos por una obsesiva preocupación por el qué dirán. Por otra parte, todos los personajes son conscientes de estar posando ante el espectador. Esto es particularmente obvio en el caso de los invitados a la boda, los cuales mantienen forzadas poses de ballet ante la cámara.

La dificultad en establecer una clara distinción entre la sociedad como espectador inscrito en la obra y el espectador externo propiamente dicho, viene dada por el carácter de representación dentro de la representación que define la estructura en cajas chinas del film. A la conciencia que los personajes tienen de estar representando papeles –algo que, como hemos visto, caracteriza a la obra de Lorca– se suma ahora su inscripción dentro de un ballet, el espectáculo de Gades igualmente llamado *Bodas de sangre* que, a su vez, se inscribe en la película del mismo nombre. Muchos de estos rasgos autorreflexivos no son obvios en los momentos iniciales, pero van adquiriendo consistencia a medida que son confirmados por la representación misma. De hecho, la importancia especular de la instantánea de la boda adquiere relieve cuando, en medio de la representación, durante la escena de la boda, los personajes adoptan las mismas posturas. En una simulación fotográfica reminiscente de la que aparece en *Viridiana* de Luis Buñuel, la acción y la música del film quedan brevemente suspendidas ofreciendo la ilusión de que los personajes que están posando se han convertido en la fotografía misma. De esta forma, el mundo representado –las celebraciones de la boda– se confunde intencionalmente con la representación –la instantánea que capta un momento de tales celebraciones–, en lo que es tan sólo uno de los muchos niveles reflexivos de la obra de Saura.

Tras la foto fija de la boda, el espectador es introducido en los camerinos de los actores. Un empleado de la compañía ilumina los espejos que habrán de servir a los personajes para maquillarse antes de la representación. El efecto perturbador que podemos intuir en estas dos filas de espejos enfrentados consolida la dimensión especular anunciada por la fotografía inicial. Con la llegada de los actores, los camerinos se convierten pronto en el escenario ritual del maquillaje, de ponerse la máscara que los transforma en personajes de ficción.

En estos momentos iniciales es particularmente importante, desde un punto de vista autorreflexivo, el soliloquio mental de Gades ante el espejo. A través de los pensamientos del bailarín, expresados mediante su *voz en off*, conocemos la trayectoria profesional de Gades y, en particular, sus difíciles comienzos. De sus palabras, y en especial del panegírico a su maestro Vicente Escudero, se desprende también una particular visión del arte, una visión en la que la autenticidad y la entrega a un público popular adquieren un valor de primer orden. Para corroborar tal concepción del mundo del arte y la cultura, el espacio que Gades ocupa en el camerino aparece dominado por una fotografía de Lorca y su grupo "La Barraca". Se establece así una clara analogía entre los proyectos artísticos de Lorca, Gades y Saura que habrá de reforzarse en numerosos momentos del film.

A la ya de por sí notable autorreferencialidad del discurso del personaje, se suma el carácter reflexivo de la enunciación. La *voz en off* del monólogo interior es superpuesta a la imagen del propio Gades maquillándose frente al espejo, con la particularidad de que no es el personaje mismo sino su imagen reflejada lo que capta la cámara. Al adoptar esta perspectiva, la lente de la cámara, de por sí un espejo del mundo representado, implica al espectador en la representación y socava una de las normas más básicas del realismo cinematográfico. Nuestras miradas y la de Gades se cruzan a menudo, convirtiéndonos en testigos privilegiados de sus pensamientos y acercando nuestra realidad a las otras realidades inscritas en los múltiples niveles de representación, entre ellos la obra de Lorca, la coreografía de Gades y la película de Saura.

El resto del prólogo se divide entre la sala de ensayos y los camerinos. La primera es en realidad un decorado cinematográfico y ofrece una sugestiva disposición. Caracterizada ante todo por una gran sobriedad y simetría, la sala presenta tres grandes ventanas al fondo y un enorme espejo en la pared contigua. El juego reflexivo que establece la cámara entre estos escasos elementos alcanza, sin embargo, una gran complejidad. Como veremos más adelante, la perspectiva de la cámara (y por extensión la del espectador) coincide a menudo con la perspectiva del espejo, la cual a su vez se corresponde también con la de la comunidad en la que viven los protagonistas de la tragedia.

De este ámbito especular, la atención vuelve de nuevo a los camerinos donde los actores se visten para el ensayo general. En estos instantes continúa la exhibición de elementos de gran relevancia simbólica para la representación. Al velo de la Novia, que había sido introducido anteriormente, se suman ahora las navajas de Leonardo y del Novio que dan así todo su sentido al título de la obra. En las conversaciones que los personajes mantienen en el momento de elección de las navajas, anticipan información sobre un posible problema técnico en la representación que va a tener lugar. El actor que representa el papel de El Novio manifiesta su temor de que en el silencio de la escena climática –su lucha con Leonardo–, se oiga el chasquido de su rodilla, como al parecer ha ocurrido en otras ocasiones. Tales comentarios, al igual que la red de símbolos mencionada, actúan como "puestas en abismo" del enunciado, las cuales subrayan el efecto igualmente proléptico de la foto inicial.

La representación propiamente dicha se divide en cinco escenas que desarrollan la trama principal de la tragedia: 1) el mudo diálogo entre la Madre y el Novio en vísperas de la boda –Cuadro I, Acto Primero en la obra de Lorca–, 2) la nana llena de presagios funestos y la disputa entre Leonardo y su mujer en presencia de su hijo recién nacido –Cuadro II, Acto Primero–, 3) el encuentro de Leonardo con la Novia antes de que lleguen los invitados (Cuadro I, Acto Segundo), 4) la fiesta que sigue a la boda y que termina con la huida de Leonardo y la Novia –Cuadro II, Acto Segundo–, y 5) la persecución y fatal encuentro entre Leonardo y el Novio, sugeridos en los dos Cuadros del Acto Tercero. La naturaleza ambigua y mixta de los medios implicados –baile y cine sobre una obra dramática– explica gran parte de los cambios en relación con el texto original. Por un lado, se eliminan personajes importantes y cuadros completos. En otros casos, por el contrario, se incorporan escenas y personajes nuevos.

La transición del prólogo a la representación propiamente dicha se lleva a cabo a través de las instrucciones que Gades da a la compañía. Antes de dar comienzo, el coreógrafo asegura a los bailarines que "no va a cortar". Las palabras de Gades parecen apropiadas para un ensayo general como el que tiene lugar a continuación, pero adquieren un ambiguo significado al formar parte de una película en la que el coreógrafo tiene un papel protagonista. Gades, director de escena, parece asumir aquí también el papel de director del film, lo que confirma su caracterización inicial como figura autorial, como ser omnisciente que dirige los movimientos de los actores. A lo largo de la representación, esta función autorial restrictiva se mantiene, como veremos, en tensión con la función transgresora que caracteriza al personaje de Leonardo en la obra de Lorca.

La primera escena del ensayo general presenta básicamente la misma situación que el Cuadro I del Acto Primero en el texto original: el encuentro de la Madre y el Novio en vísperas de la boda. Hay, sin embargo, varios detalles que se alejan significativamente de su modelo. Algunos vienen dados por la naturaleza misma del ballet, pero otros implican una interpretación particular de la tragedia lorquiana. El personaje de la Madre en estos momentos iniciales se comporta de una manera menos hostil que en la obra de Lorca. La Madre en Lorca evoca la figura que Hornby denomina *would-be dramatist,* pues adopta funciones propias de un dramaturgo o director, específicamente la asignación de papeles. A pesar de presentir la tragedia, la Madre encamina a su hijo hacia ella: "¡Anda! ¡Detrás! . . . ¡No. No vayas. Esa gente mata pronto y bien; pero sí, corre, y yo detrás!" (90).

Desde el Cuadro I, la tragedia de Lorca está plagada de imágenes que en boca de la Madre nos llevan a presentir el trágico desenlace. En la versión de Gades, por el contrario, la Madre adopta inicialmente una actitud conciliadora. Esta disposición se manifiesta a través de su deseo de evitar la desgracia –simbolizado al arrojar al suelo la navaja– y de su aprobación de los planes matrimoniales. De hecho, en la segunda parte de esta primera escena los dos personajes escenifican la boda que habrá de tener lugar después. La Madre hace el papel de la Novia y baila despreocupadamente con su hijo. Esta escena, adquiere así una doble complejidad. Por un lado, da lugar a una estructura abismal proléptica en la que asistimos a una representación –la que Madre y Novio hacen de la boda– dentro de otras representaciones –la del ensayo general de la compañía y la del film. Por otra parte, la eliminación del diálogo entre los bailarines obliga a hacer un uso ingenioso de recursos alternativos. Cuando en su boda simulada, el Novio y la Madre murmuran "sí, quiero", la voz que oímos no es la de estos actores, sino la del propio

Gades, quien refuerza de esta forma guiñolesca su poder omnisciente.

La segunda escena se abre con la mujer de Leonardo cantando una nana. Al igual que en la anterior, el discurso verbal es desplazado a un agente exterior, en este caso, Pepa Flores, la mujer de Antonio Gades, quien interpreta la canción. El parentesco de la cantante con el coreógrafo supone otro elemento metatextual puesto que se refuerza la duplicidad del personaje Antonio Gades / Leonardo. Aunque tomada de la obra de Lorca, la nana cantada es tan sólo un fragmento de la original. De hecho se trata de las estrofas en las que el presagio de la tragedia es menos evidente. Entre otros versos, se eliminan aquellos que hemos citado anteriormente y que, como decíamos, tienen un claro valor premonitorio. Como resultado, el ballet de Gades desvía su atención del sino trágico para centrarse en el conflicto entre el individuo y la sociedad. A este foco central de la coreografía representada se suma en el film de Saura una reflexión metatextual en torno a la tensión entre libertad creativa y disciplina artística: la necesidad de someter la expresión individual a los códigos de representación. Este doble dilema es encarnado en la figura de Gades como Leonardo y como coreógrafo de la compañía.

La escena tercera del film se aparta substancialmente del original. En esta parte asistimos al deseo mutuo de los dos amantes en vísperas de la boda. Aunque separados en la distancia –cada uno, al parecer, en su propia casa–, Leonardo y la Novia fingen abrazarse. Mediante movimientos paralelos de una bella simetría se expresa un deseo insatisfecho que parece llegar a convertirse en realidad por un breve instante. En lugar de las visitas del Novio y la Madre, por una parte, y de Leonardo, por otra, a la casa de la Novia, Gades prefiere insistir una vez más en lo que, como hemos indicado, es el motivo central de su adaptación: la lucha entre los instintos y la sociedad. Se pierde, sin embargo, el componente socioeconómico de la obra. No olvidemos que el Cuadro III del Primer Acto presenta la pedida de mano de la Novia, momento en el que se discute el rango social de las dos familias y el interés económico de la boda.[9]

---

[9] Como en el caso de *La casa de Bernarda Alba*, es éste un aspecto importantísimo de la obra de Lorca que no ha sido suficientemente estudiado. Una de las razones que podrían explicar las dispares interpretaciones de estas dos obras radica en la problemática articulación de un discurso trágico en el que el destino de los personajes parece estar prefigurado por fuerzas más allá de su alcance y las presiones del medio socioeconómico que determinan igualmente sus acciones.

Tanto el ballet de Gades como el film de Saura atenúan la importancia de ambos factores determinantes y subrayan, en cambio, el conflicto pasional en el que los personajes actúan condicionados por el código del honor. A este nivel literal de interpretación se suman otros de orden metatextual que habrán de ser desarrollados en la siguiente escena.

La cuarta escena es sin duda la más elaborada y compleja. En ella se representan las celebraciones de la boda y se dan cita los conflictos subyacentes a las tres anteriores. La entrada de una banda popular añade un nuevo contraste a la representación. En este caso se trata de un contraste musical, pues a los acordes de la guitarra flamenca, que habían dominado hasta ese momento, se añaden ahora los de un famoso pasodoble. La música es brevemente interrumpida para hacer la foto nupcial de rigor, exactamente la misma con que se abre y cierra el film. El baile espontáneo y despreocupado que se inicia a continuación se presta a nuevas lecturas metafóricas. Los invitados forman una masa compacta que, aunque de forma desorganizada, evoluciona circularmente en torno a los novios. Alrededor del torbellino de las parejas que bailan se desplaza Leonardo a quien mira fijamente la Novia. La escena sugiere poderosamente la atracción de los amantes y la imposibilidad de satisfacer su deseo. Marvin D'Lugo ofrece esta sugestiva interpretación:

> This scene is a key moment in both the Lorca story and Saura's narration. Within the Gades staging of Lorca's scenario, the dance of the wedding couples embodies the obstacles the community erects to constrain renegade desire. Leonardo's circling movement underscores that communal interdiction. In order to achieve his union with his lover he must therefore somehow disrupt the conventions of the dance. (*The Films* 200)

El aislamiento de los amantes es vencido al penetrar Leonardo el círculo que atrapa a la Novia.[10] Aprovechando un cambio de pare-

[10] Hopewell observa que el círculo es una figura clave en *Bodas de sangre* y comenta su significado estético y social en relación a los lazos que unen a la Madre y al Novio tanto en la coreografía como en la trama: "El novio toma a su madre en brazos y danza con ella dando vueltas; la película traza un círculo al comenzar y acabar con una imagen congelada de la fotografía de la boda. Desde el punto de vista estético, tales repeticiones resultan sumamente bellas. Sin embargo, el significado social de estos círculos es absolutamente negativo: el mundo del novio gira de un modo malsano alrededor de su madre" (271).

jas en el baile, Leonardo llega hasta su amada y en ese instante lo que había sido un baile espontáneo se transforma en una perfecta coreografía en la que todos ejecutan los mismos pasos. La relevancia de esta escena radica en la confluencia simultánea de las dos funciones que Gades había venido desempeñando en el film de Saura. Al Gades / Leonardo que vive al margen y que atenta contra el orden social se suma aquí el Gades / coreógrafo que domina los movimientos de los demás personajes y les da significado. La irrupción en el círculo social supone así paradójicamente una ruptura de las normas morales por las que se rige esa sociedad, pero también una consolidación de las normas estéticas que gobiernan la compañía de ballet. Hopewell ha observado que existe una cierta semejanza entre la actitud artística de los bailarines y la actitud social de los personajes de la obra ya que tanto el ballet como las ceremonias sociales conllevan restricciones y un ritual determinado. Sin embargo, como Hopewell muy acertadamente explica "*Bodas de sangre* deja claro que la importancia social de los acontecimientos o las figuras difiere substancialmente de su importancia artística. El autocontrol y la disciplina de los bailarines da lugar a un ballet de gran belleza; la continencia de Leonardo y de la novia genera el mayor de los tormentos" (271). Esta ambivalencia pone en primer plano un dilema estético que domina el film de Saura: toda obra de arte, por transgresiva que sea, responde a un código restrictivo y es el resultado de la manipulación autorial.

Esta escena de gran valor metafórico termina con la huida de los amantes. Alertada por la ausencia de Leonardo y la Novia, la Mujer da la alarma. El movimiento instintivo de la Madre ante la noticia es darle una navaja al Novio, que se lanza en su persecución. Por unos instantes, los invitados quedan paralizados por los acontecimientos. La desorientación de sus miradas –cada uno mira en una dirección distinta con movimientos de autómata– adquiere de nuevo la función ambivalente que hemos venido apuntando. Por un lado, sus miradas perdidas muestran el desconcierto ante la transgresión de Gades / Leonardo: la comunidad parece haber perdido así el objeto de su función vigilante. Pero, por otra parte, la actitud de los invitados muestra la desorientación ante la ausencia del Gades / coreógrafo sin el cual estos personajes guiñolescos sienten que han perdido su razón de ser. Tras salir de su estupor, los hombres se suman a la persecución. En el centro queda La Madre enmarcada por el ventanal del fondo y con una mirada de odio y pánico contenidos.

La persecución de los amantes, en la que los bailarines simulan ambos movimientos de caballo y jinete, constituye la más breve de las escenas. Se trata, más bien, de una transición a la escena final, en la que Leonardo y el Novio se enfrentan mortalmente. Este encuentro, que en la tragedia de Lorca es presentado fuera de escena, marca el clímax de la adaptación de Gades y de ahí el carácter profundamente estilizado de la escena. En su fatal enfrentamiento, los movimientos de los personajes aparecen relentizados, en una simulación de la cámara lenta cinematográfica. Si bien este recurso estaba ya presente en la versión coreográfica de Gades, su inclusión en el film adquiere una nueva dimensión, puesto que se trata de un recurso propiamente cinematográfico. Si el director se hubiera valido de la cámara lenta, rodando a una velocidad superior a la habitual, el efecto no habría sido tan impactante y sugestivo, ya que la ralentización de las escenas de lucha y muerte es una de las convenciones más explotadas del medio. Sin embargo, la simulación de la cámara lenta por parte de los bailarines dirige la atención del espectador hacia los mecanismos de ilusión cinematográfica. Cuando contemplamos esta escena somos conscientes de la simulación de los actores y, en medio del silencio dominante, esperamos llegar a escuchar el anunciado chasquido en la rodilla de uno de ellos. De esta forma, el referente se desplaza una vez más del mundo representado a los agentes y mecanismos intermediarios de la representación. Al drama social central se suma así la focalización del proceso artístico de su puesta en escena.

Como sugeríamos, algunos de los cambios introducidos en la coreografía de Gades y en su adaptación cinematográfica son resultado de las características específicas de cada medio. La coreografía de Gades busca representar la tragedia de García Lorca mediante el baile, de ahí que elimine todos los diálogos y se limite al uso del mimo, la música y la expresión corporal. Las únicas partes habladas se limitan a la nana –que no cantan la Mujer y la Suegra como ocurre en la obra original, sino un personaje anónimo exterior– y a las canciones de los invitados a la boda. La necesidad de comunicar la trama básica al espectador sin el soporte de la comunicación verbal explicaría también la eliminación de personajes tan ambiguos como los leñadores. Se suprime también el elemento alegórico, a pesar de que la Luna y la Mendiga son personajes que estéticamente encajarían en una coreografía de ballet.

Sin embargo, estos y otros cambios apuntan hacia una interpretación personal de la tragedia de Lorca. En este nivel interpretativo la coreografía de Gades centra su atención en el conflicto entre instinto y moral social, conflicto determinado por el código del honor en las sociedades rurales andaluzas de principios de siglo. Este nivel interpretativo, como hemos venido señalando, está presente en la obra de García Lorca pero convive con otros que han quedado más diluidos en el ballet y en el film. En ninguno de los dos se concede una importancia especial al impacto de la esfera económica en el destino de los personajes. De hecho, el cuadro en que el dramaturgo presenta este tema ha sido totalmente eliminado en las adaptaciones. También queda atenuado el fatalismo trágico del original al eliminarse una gran parte de los presagios funestos presentes en la obra dramática, así como los personajes alegóricos que subrayan la inevitabilidad de la tragedia. Por el contrario, la coreografía de Gades atribuye tal desenlace a la transgresión de los amantes.

Pero aunque las interpretaciones de Gades y Saura difuminen algunos de los niveles presentes en el original, desarrollan otros que la tragedia de García Lorca sólo presenta oblicuamente. El ballet dramatiza la tensión entre la expresión individual y las necesarias constricciones del medio artístico. Si bien la coreografía de Gades exalta la pasión libre y desatada, lo hace valiéndose de los códigos del ballet. Esta idea es retomada en el film de Saura que concede a Gades un papel ambivalente: el personaje de Leonardo como símbolo del instinto liberado y el personaje de Antonio Gades como coreógrafo responsable de la puesta en escena de la obra. El film de Saura se presenta en última instancia como crónica de los mecanismos de representación en teatro, ballet y cine. En concreto, dramatiza el proceso de creación colectiva del objeto estético, detallando la interacción tanto entre los participantes como entre los niveles de interpretación inscritos en la obra.

En la encrucijada de la realidad y el deseo: La adaptación cinematográfica de *¡Ay, Carmela!*

En 1987, José Sanchis Sinisterra se revela al gran público con una obra marcadamente autorreflexiva, *¡Ay, Carmela!* Las numerosas producciones de la pieza, tanto en España como en el extranjero, así como su traducción y publicación en varios idiomas, confirman su popularidad. El éxito de esta obra supuso la concesión de una tregua al teatro comercial, del cual Sanchis Sinisterra, fiel a un espíritu fronterizo de la actividad teatral, se había mantenido siempre voluntariamente alejado en su labor de investigador, autor y director dramático. Pero *¡Ay, Carmela!* llegó a un público aún más amplio cuando Carlos Saura la llevó a la pantalla en 1990. Esta adaptación supuso para Carlos Saura un doble reto: por una parte, tenía que mantenerse a la altura de una obra muy popular y satisfacer a un público exigente con unas expectativas previas de lo que la película debería ser; por otra parte, después del rotundo fracaso de *El Dorado* (1988, la película más cara del cine español) y de *La noche oscura* (1988), el realizador tenía que asegurarse un triunfo comercial y el apoyo de los productores en su futura carrera directiva. Saura logró al menos superar el aspecto material del reto. Sin embargo, a pesar del éxito de taquilla y de los premios conseguidos en varios festivales de cine internacionales, la recepción de la crítica española y extranjera ha sido muy desigual. [11]

Como el mismo Saura confiesa, de *¡Ay, Carmela!* le interesó el tratamiento que Sanchis Sinisterra hace de la guerra civil española y los elementos que la obra comparte con el musical español (Gil 72). Así, en vez de reproducir con fidelidad la estilización del texto dramático y transponer los elementos autorreflexivos del medio teatral al cinematográfico, opta por "apoderarse" de ella,"vampirizarla" o, en palabras de Andrew, establecer una relación de "préstamo". [12] Así, en el guión que prepara junto con Rafael Azcona simplifica la

[11] Andrés Pajares consiguió el premio al mejor actor del Festival de Montreal y Carmen Maura el Félix a la mejor actriz (1991). Un comité cinematográfico español eligió *¡Ay, Carmela!* para presentarla a la Academia de Artes Cinematográficas de Hollywood esperando que fuera nominada para el Oscar 1990 a la mejor película de habla no inglesa. Por lo general, las reseñas publicadas como reacción a la presentación del filme a la prensa son neutrales o favorables. Tan sólo las reseñas en *Diari de Tarragona* ofrecen un elogio entusiasta de todos los aspectos de *¡Ay, Carmela!* La mayoría de los críticos norteamericanos tan sólo encuentran aceptable la actuación de Carmen Maura. Véanse las reseñas cinematográficas de Glaessner en *Sight and Sound*, Kauffmann en *The New Republic* y Butt en el suplemento literario del *New York Times*.

[12] En una entrevista para el periódico madrileño *Ya*, Saura hace las siguientes declaraciones: "Tanto Rafael Azcona como yo cuando hicimos la adaptación de la obra nos apoderamos totalmente de la obra, la hicimos nuestra y hasta la vampirizamos" (Gil 72).

estructura espaciotemporal de la pieza escénica, y las ambigüedades que ésta crea, para desarrollar de manera estrictamente lineal los elementos básicos de una trama bastante simple: en una de sus giras por el frente republicano, dos humildes artistas de variedades –Carmela y Paulino– pasan por equivocación a la zona nacional donde, a cambio de su libertad, se ven obligados a improvisar una "Velada Artística, Patriótica y Recreativa" que termina trágicamente con la muerte de Carmela.

Si bien es cierto que el medio cinematográfico se ve abocado a acercamientos por lo general más realistas, la linealidad del film creado por Saura elimina la compleja y enriquecedora estructura temporal de la pieza escénica, así como un elemento muy importante de indeterminación que da interés a la obra teatral. Se suprime así la participación directa y activa del espectador, con el objeto de dirigirla ahora a un tipo de público más amplio y, por lo general, menos exigente. Por otro lado, al desarmar la estructura autorreflexiva que da forma y sentido a la pieza de Sanchis Sinisterra, Saura varía en gran medida el contenido de la misma. *¡Ay, Carmela!* de Sanchis Sinisterra es una reflexión sobre el teatro *bajo* la guerra; *¡Ay, Carmela!* de Saura es una reflexión *sobre* la guerra civil.[13]

¡AY, CARMELA! DE JOSÉ SANCHIS SINISTERRA

En varios de sus ensayos críticos, Sanchis Sinisterra ha hecho alusión a la tradición autorreferencial que ha dominado todas las formas de arte y muy especialmente el teatro.[14] En su opinión la metateatralidad no es un mero juego formal, sino que tiene una función ideológica: "El arte más progresivo de nuestro tiempo habla fundamentalmente de sí mismo, se interroga sobre su especificidad, discute sus procedimientos, cuestiona sus convenciones, desorganiza sus códigos, defrauda sus expectativas, proclama sus límites" (141). Al igual que Brecht, Sanchis Sinisterra concede al metateatro una función política. El teatro tiene que revelar los principios de su

---

[13] Me he permitido parafrasear el juego de palabras que el propio dramaturgo hace en el texto introductorio al programa de mano de *¡Ay, Carmela!*, reproducido en la edición de Cátedra (295-97).

[14] Véanse sus artículos "Personaje y función dramática" (97-115) y "Teatro en un baño turco".

propia construcción para evitar esa impresión de naturalidad de los hechos representados en el escenario. Se trata, en último término, de alertar al espectador no sólo de la invisibilidad de los códigos dramáticos, sino también de los sutiles hilos de manipulación usados por el poder político y económico.

¡Ay, Carmela! pone en práctica esta teoría metateatral, continuando así una trayectoria autorreflexiva que caracteriza la mayoría de sus obras de los años 80. La más marcadamente autoconsciente es *Ñaque o de piojos y actores* (1980) en la que el dramaturgo "pretende suscitar una reflexión *in situ* sobre la condición del actor y sus relaciones con el público, sobre la naturaleza de ese fugaz encuentro que el hecho escénico propicia" ("Itinerario fronterizo" 28).

Los actores y el público son también los protagonistas de *¡Ay, Carmela!* donde, al igual que en *Ñaque* y en *El Retablo de El Dorado*, se propone una reflexión sobre la condición social marginal del teatro, ya sea en el Siglo de Oro o en pleno siglo XX, sobre "sus peligros y poderes".[15] Los dos únicos personajes físicos de la obra forman un ñaque, o mejor dicho, una compañía de variedades "a lo fino". La acción transcurre en su totalidad en un escenario vacío, en un teatro ideal o metafórico donde las leyes de la causalidad y la lógica no tienen vigencia. La magia del teatro hace posible que Carmela, fusilada por las tropas nacionales, pueda volver del más allá para comunicarse con un Paulino vivo y en progresiva degradación como artista y también como ser humano, y volver a vivir de nuevo aquella "Velada Artística, Patriótica y Recreativa" que les llevó al trágico desenlace.

Se trata de un teatro fronterizo no sólo en el sentido que el dramaturgo da a este término, sino también por la confusión entre los tiempos –el presente situado en marzo de 1938 se mezcla con un tiempo pasado– y los límites que demarcan los distintos niveles de realidad.[16] Lo sobrenatural se desarrolla a la par con lo real y el

---

[15] En el texto introductorio al programa de mano de *¡Ay, Carmela!,* Sanchis Sinisterra apunta que la obra trata sobre "los peligros y poderes del teatro, de un teatro ínfimo, marginal, en medio de la más violenta conflagración de nuestra historia contemporánea. ¿Qué poderes? ¿Qué peligros? Aquellos que detenta y comporta ese ámbito de la evocación y la invocación, esa encrucijada de la realidad y del deseo, ese laberinto que concentra y dispersa voces, ecos, presencias, ausencias, sombras, luces, cuerpos, espectros".

[16] Véanse las reflexiones del dramaturgo sobre el teatro fronterizo en "El Teatro Fronterizo. Manifiesto (latente)" y "El Teatro Fronterizo. Planteamientos. Trayectoria" publicados en *Primer Acto* 186 (1980): 88-89 y 96-107. Estos escritos han sido incluidos también en la edición de Cátedra de *¡Ay, Carmela!* (267-271).

mundo de la representación con los otros mundos reales. Así, el escenario metafórico, invocado por Paulino mediante un acto de deseo, convive con el ficticio del teatro Goya de Belchite y con el real del local donde se represente la obra *¡Ay, Carmela!* La desnudez escénica posibilita la captación, por parte del espectador, de la compleja confluencia de los niveles de realidad apuntados, siendo reflejo además de la estética –no del esteticismo– teatral por que aboga Sanchis Sinisterra.[17]

Ante estas coordenadas, la relación actor/espectador se funcionaliza, adquiere relieve a nivel temático y estructural. Pero antes de pasar a explorar la importancia de esta relación, parece conveniente recordar algunas notas sobre semiótica de la recepción apuntadas por el mismo dramaturgo. En su ensayo "Teatro en un baño turco", Sanchis Sinisterra distingue entre dos tipos de receptores: el espectador empírico y el receptor implícito. Si tomamos la obra que nos ocupa, el público que se congregó, por ejemplo, en el Teatro Principal de Zaragoza, en el Fígaro de Madrid o en la Sala Villarroel de Barcelona en las distintas funciones, pertenece evidentemente a esta primera categoría de espectador empírico. Su función de participación activa en el proceso creativo de la representación a que asiste, tiene que ver con la construcción de un significado y también con la desconstrucción o ruptura de esquemas y códigos de recepción y percepción de la obra. Así lo expresa el propio Sanchis Sinisterra en una entrevista con Patricia Gabancho:

> Jo busco la participació en l'imaginari, treballo sobre els codis que tenim esclerotitzats i que són els que ens fan moure d'una manera o altra en la vida. Poso l'accent en modificar aquests codis de percepció, de recepció, a través d'aquest dispositiu ficcional que és el teatre. (328)

La segunda categoría –el receptor implícito– se refiere a un receptor ideal con características semejantes al "lector implícito" de Iser, que Sanchis Sinisterra caracteriza como "un conglomerado de

[17] En una entrevista con Joan Casas, Sanchis Sinisterra critica las tendencias teatrales postmodernas basadas meramente en la espectacularidad y defiende otro tipo de teatro en que "la desnudez escénica, la búsqueda de los límites de la teatralidad, es una opción estética y también ideológica" (Aznar Soler 36).

deseos, presuposiciones y cálculos que nace, esta vez, del lado de la escena; destinatario ideal, prefigurado por todos los componentes de la representación" y cuya importancia le convierte en "eje de nuevas articulaciones de la relación teatral" (142). *¡Ay, Carmela!*, en cuanto obra metateatral, que ofrece el teatro dentro del teatro, incluye un tercer tipo de espectador, configurado, al igual que el espectador implícito, por la obra misma, ya que los mismos actores cuentan explícitamente con su presencia. Se trata de un tipo de público al que llamaremos ficticio, físicamente ausente como personaje, pero recreado verbalmente en el diálogo de Carmela y Paulino. El público ficticio de *¡Ay, Carmela!* está constituido por un grupo heterogéneo de personas, con distintas jerarquías e ideologías, que incluye a: 1) el grupo de soldados de las Brigadas Internacionales condenados a muerte, 2) generales y altos mandos del ejército nacional, 3) soldados españoles, marroquíes, italianos y alemanes, y 4) el teniente italiano Amelio Giovanni di Ripamonte quien, además de espectador, desempeña los papeles de autor, director e incluso técnico de iluminación.

A través de la perspectiva de estos dos artistas populares, de sus diálogos –ya desenfadados, ya cargados de patetismo–, Sanchis Sinisterra recrea en la práctica una semiótica de la recepción que implica además una denuncia política. Los comentarios que Carmela y Paulino hacen sobre su relación con el público revelan en gran medida la diferente personalidad de los artistas y es precisamente esta distinta actitud ante esos espectadores ficticios la que, en último término, da lugar a las disputas entre ellos y los separa física y espiritualmente. Paulino, chaquetero y cobarde, o quizás tan sólo más consciente del peligro de la situación, está dispuesto a todo para salvar su vida y, aunque con Carmela adopta aires de superioridad, ante el público se comporta humilde y servil. Su inseguridad le lleva a perder los papeles –en el sentido literal y figurado– y su dignidad como persona y como artista. La ingenua Carmela, en cambio, a pesar de su incultura y contradicciones internas, demuestra un don instintivo para la improvisación y es en el escenario modelo de naturalidad y desparpajo. Sus alusiones al público, y sus expresiones afectivas para con éste, son sinceras y directas. No obstante, aunque en un principio lo haga involuntariamente, las palabras de Carmela resultan claramente transgresoras. Valga como ejemplo esta obvia alusión al general Franco:

> Ellos ya se hacen cargo *(Señala un punto de la sala, en las primeras filas.)*. Sobre todo aquel oficial gordito y con bigote que, por la chatarra que lleva encima, debe de ser por lo menos general . . . y que no se ha reído nada en toda la noche. (240)

No obstante, pronto comienza a ser consciente del peligro que suponen sus propios comentarios y se disculpa explicando el efecto que en ella tiene la presencia del público:

> Porque, es lo que yo digo: a estos señores no hay más que verles la cara para saber que entienden de arte fino, aunque se lo presenten deslucido y a trompicones, como ahora nosotros . . . *(Transición)*. Lo que me sabe mal es lo de aquellos pobres hijos que, además de no entender nada, se van a ir al otro mundo con una mala impresión . . . *(Paulino va a hacerla callar, pero ella cambia de tema)*. Pero, bueno, ya me callo . . . que enseguida Paulino se pone nervioso . . . Yo es que, en cuanto me planto delante del público, me entra una cosa que me disparo toda y ya no hay quien me pare . . . (240-41)

La importancia de este público ficticio se revela en todo su rigor al final del segundo acto, cuando precediendo el momento climático de la muerte de Carmela, se materializa en códigos sonoros. Se escuchan "voces masculinas en las que se adivinan acentos diversos" (251) cantando la popular canción republicana que da título a la obra, y se identifican espacialmente con el receptor empírico, ya que, en una acotación, el dramaturgo sugiere que estas voces provengan de un lugar indeterminado de la sala. Es también el momento en que Carmela se rebela contra una parte de su público. Su instinto maternal, más que su intelecto, le conduce a tomar partido del lado de los condenados a muerte. Las palabras que antes pronunciara sobre su impetuosidad y estrecha relación con el público ("me disparo toda y ya no hay quien me pare") resultan, desde esta perspectiva, anticipadoras de su postura comprometida y de la incapacidad de separar como se proponía Paulino arte y política: "Nosotros somos artistas, ¿no? Pues la política nos da igual. Hacemos lo que nos piden, y santas pascuas" (230). Sorprendentemente, es Carmela, con sus escasas luces y casi nula conciencia política, quien brillantemente intuye en qué consiste realmente su dignidad como artistas y ante las palabras del acomodaticio Paulino replica:

CARMELA: ¿Ah, sí? ¿Y si te piden lo de los pedos? [18]
PAULINO: ¡Eso no es lo mismo! ¡Los pedos no tienen nada que ver con la política!
CARMELA: Pues para mí es lo mismo . . . O peor. (230)

El personaje de Carmela actúa para un público y con un público. Le implica en su actuación y es incapaz de representar el número de la bandera que supondría la degradación de una parte de ese público al que no puede, ni quiere, ignorar.

Indudablemente, el espectador externo no podrá evitar el sentirse aludido, quizás conmovido, ante el protagonismo explícito que el público adquiere en la obra. Por otra parte, como espectadores seremos conscientes de un fenómeno curioso, el de ser testigos de actores que hacen el papel de actores mediocres y consiguientemente admiraremos el talento con que los actores reales representan la falta de talento de los actores de ficción. En "Actors Acting Actors", Martin Esslin profundiza en el análisis de este aspecto dramático y en sus implicaciones metateatrales en los siguientes términos:

> The special attraction, for the audience, of all these variants of actors acting actors lies in the opportunity it presents for the display of various levels of "theatricality" and "naturalness", side by side, to be compared and savoured. Are the "real" characters acted with sufficient realism to be convincing? Do the"fictional" characters give an insight into the nature of theatricality and the art of acting as an enhancement of the "natural"? . . . Does reality "dramatised" not perhaps contain more truth, true reality, than the "real" situations from which it derives? And is not, ultimately, all human interaction in the real world based on "role-playing", conventionalised behaviour, hence "acting"? (76)

Esto explica el hecho de que la efectividad dramática de la representación escénica de *¡Ay, Carmela!* y de sus recursos metateatrales,

[18] Carmela se está refiriendo aquí al "número de los pedos", "arte" al que Paulino ha recurrido en situaciones difíciles. Paulino afirma que la representación de este número supone una "ignominia", incompatible con "la dignidad del artista" y por ello nos informa que después de su actuación en Barcelona juró no volver a hacerlo más. Irónicamente, el espectador tiene varias ocasiones de comprobar que Paulino no ha cumplido su juramento puesto que ya en el primer acto aparece haciendo alarde de este número que él mismo considerara ignominioso. Al final de la obra vuelve a recurrir a este número en un intento desesperado de salvar a Carmela.

dependa en gran medida del dominio de los "actores reales" de mantener separados esos dos niveles de actuación: uno teatralizante, otro natural. Así, cuando Paulino desempeña el papel del mago Pau-li-ching y Carmela el de su ayudante Kal-men-lang, su actuación debe rayar en la exageración, en lo grotesco; en definitiva, en la parodia de un mal número de magia. De manera similar, por ejemplo, José Luis Gómez tiene que convencernos de su consciencia de que Paulino es un desastroso rapsoda y que él, como buen actor, está recitando las poesías penosamente de forma deliberada.

La tarea no es simple; como apunta Esslin: "The ability to act bad actors well thus becomes a hallmark of special virtuosity" (73). El sentimiento gratificante de superioridad que el actor real sentiría en relación con ese actor ficticio sería compartido, a su vez, por todo espectador que fuera capaz de captar ese guiño de complicidad que el actor real le está dirigiendo. Por otro lado, parte del placer experimentado por el espectador externo reside, en el caso de *¡Ay, Carmela!*, en la borrosa delimitación que existe en la obra entre los distintos niveles de realidad. Durante la representación del espectáculo panfletario y patriotero en que Carmela y Paulino se ven obligados a participar, ambos se salen continuamente de los papeles impuestos, produciéndose de esta manera una indeterminación de los límites entre lo que es el guión del teniente italiano y la parte improvisada.

Este continuo "salirse del papel" aporta además otro rasgo autorreflexivo, ya que constituye un comentario sobre la autoría y autoridad del teniente italiano y la capacidad de estos artistas marginales para subvertirla. Sanchis Sinisterra decide concederle a éste una función de actante, no de personaje, con un doble propósito: por una parte su paradójica ausencia/omnipresencia se convierte en un elemento extrañamente inquietante; por otra, al no quedar individualizado y materializado en un actor determinado su carácter emblemático de la represión fascista resulta más efectivo. Amelio Giovanni di Ripamonte, con su nombre altisonante y claramente paródico, supuesto portador del Arte y la Cultura –con mayúsculas– actúa a modo de Autor-Demiurgo de un espectáculo chabacano y panfletario mediante el que Sanchis Sinisterra parodia la retórica fascista. Ostentando una falsa autoridad usa y abusa del teatro y los cómicos, al apropiarse de su discurso popular para transformarlo y ponerlo al servicio de sus propios fines. Sin embargo, a través del humor, la ironía y la parodia, el dramaturgo muestra cómo

Carlos Saura, *Bodas de sangre* (1981)

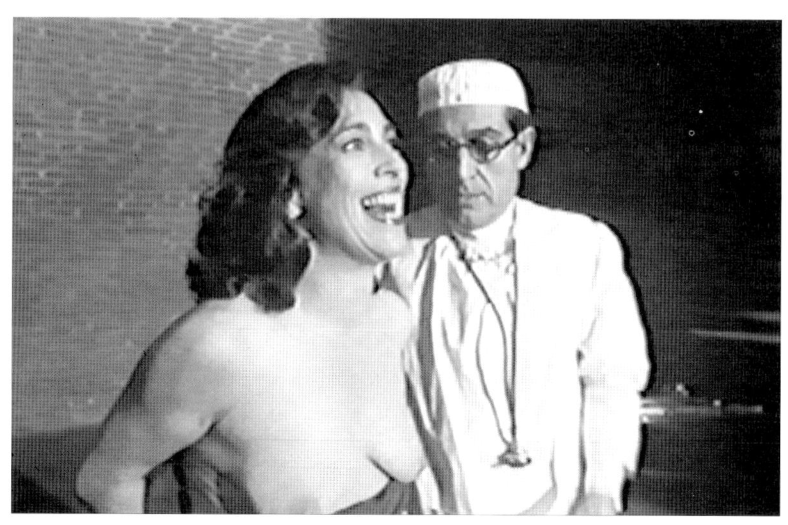

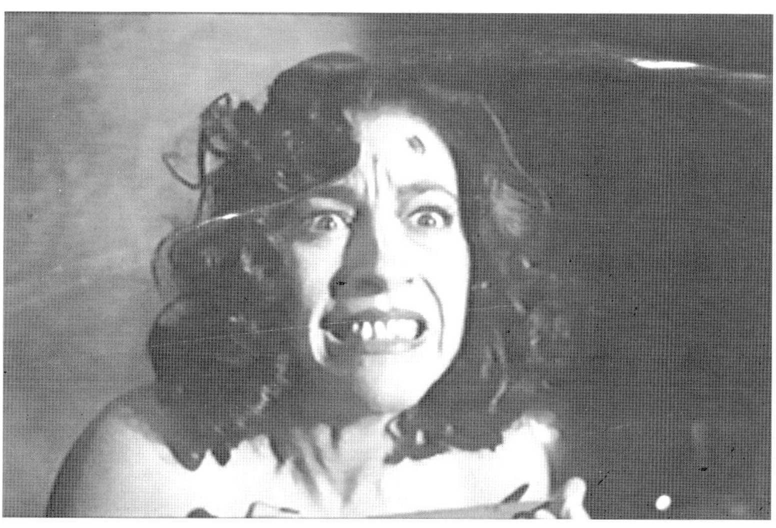

Carlos Saura, *¡Ay, Carmela!* (1990)

el lenguaje teatral es en realidad un arma de doble filo. El texto teatral del teniente, que no es sino una deformación de canciones populares y comedias musicales a las que ha cambiado burdamente la letra para convertirlas en panfleto político, queda desautorizado en repetidas ocasiones por la actuación de los artistas.

A lo largo de toda la representación el significado del discurso verbal es transformado continuamente por un conjunto de códigos dramáticos vocales, gestuales y escenográficos. Así, Carmela canta el popular pasodoble "Mi jaca" en su nueva versión fascista ("Mi España") con dificultad y sin convencimiento ya que, al no recordar la letra, tiene que ayudarse de su abanico donde la lleva escrita. Paulino, a su vez, fracasa en sus esfuerzos por transmitir con naturalidad el grandilocuente discurso de bienvenida. La artificiosidad de su lectura, entrecortada por los errores de pronunciación, alcanza la apoteosis cómica cuando, al cambiar de hoja, ofrenda inintencionadamente al "egregio Caudillo Franco" con " . . . cuatro kilos de morcillas, dos pares de ligas negras, dos docenas de . . ." (82). Al final termina excusándose y confesando que el autor de "tan bellas palabras" es el teniente italiano, al que Paulino adula de forma cobarde, y sin embargo irónica, al considerarlo representante "del alma joven, recia y cristiana de Occidente" (82).

Carmela, por el contrario, en su inocencia e ignorancia, no comparte el miedo de su compañero y traduce improvisadamente el discurso de bienvenida a un lenguaje popular y transgresor: "Quiere decir, señores militares, que aquí el Paulino y la Carmela, para servirles, vamos a hacerles una gala, cosa fina, para que ustedes lo pasen bien, y con la mejor voluntad, no faltaría más . . ." (83). Aunque de manera diferente, ambos artistas desautorizan con su actuación el discurso oficial. Carmela lo hace más abiertamente, mediante una actitud y un lenguaje sin eufemismos, mientras que Paulino adopta un tono adulador y ridículamente solemne para mostrar su sumisión, pero que resulta sin embargo forzado y falso.

La exagerada solemnidad con que el teniente pretende dotar al espectáculo es transformada, por la actuación de Carmela y Paulino, en burla y parodia del discurso triunfalista de los vencedores. La gran ironía es que el único número en que el teniente italiano proyecta una clara intención satírica y burlesca, desencadena una tragedia. La dudosa comicidad de su versión politizada de "la divertida comedia frívola y musical El Doctor Toquemetoda" (97), queda definitivamente destruida por la actuación desganada de

Carmela. El desacuerdo de la actriz con el número representado queda expresado en una actitud de progresiva pasividad que desembocará en abierta oposición. Paradójicamente, es el personaje menos politizado y más inocente quien no sólo es capaz de reconocer la opresión, sino también de rebelarse contra ella. El continuo recurso de Carmela a la improvisación a lo largo del espectáculo además de subrayar la espontaneidad de un discurso vital y popular, constituye también una anticipación de su última y definitiva improvisación. Carmela se sale del papel que se le había asignado para convertirse en víctima y en heroína.

Es pues un espectáculo emblemático del choque entre cultura oficial y cultura popular. Está basado en una combinación de géneros y elementos claramente diversos, desde el flamenco y la poesía, hasta la alegoría patriótica y la representación satírica. Esto conlleva una inevitable mezcla de registros: el lenguaje elevado y seudopoético con que el teniente Ripamonte intenta ensalzar la causa fascista, convive en un mismo espectáculo con el vulgar y coloquial que los artistas constantemente introducen en sus partes improvisadas. El lector / espectador se ve obligado a reflexionar sobre los mecanismos de manipulación del lenguaje y la forma en que éste queda al servicio de los organismos de poder político.

Se trata, en cierto sentido, de un espectáculo carnavalizado basado en la comicidad verbal, el énfasis en lo escatológico y en lo grotesco, en el sentido bajtiniano del término.[19] Las observaciones de Stam en su estudio sobre la autorreflexividad en *Les Carabiniers* de Godard y *Ubu Roi* de Jarry, son reveladoras sobre el tipo de subversión que Sanchis Sinisterra plantea en *¡Ay, Carmela!*:

> The separation of styles, as Auerbach shows in *Mimesis*, has tended historically to be tied to the separation of classes, and any generic or discursive "leveling" in the realm or art portends, for

[19] Utilizamos el término "carnavalizado" en el sentido que Mijail Bajtin le confiere en su *Rabelais*. Aunque el crítico ruso se concentra en las formas populares y festivas de las novelas de Rabelais, sus observaciones son pertinentes también al género dramático. A la cultura seria de los grupos que detentan el poder opone la cultura popular con su énfasis en la risa carnavalesca. Lo carnavalesco significa para Bajtin renovación y renacimiento de la vida del pueblo y destrucción simbólica de la autoridad. El espectáculo carnavalizado es una de las formas principales en que se manifiesta la cultura popular de la risa de que habla Bajtin, mientras que la fiesta oficial se erige en espectáculo serio con actores bien definidos, cuya función es la de reafirmar la estabilidad de los regímenes y las jerarquías vigentes.

> the conservative critic, an ominous leveling within society itself. In texts like *Ubu* or *Les Carabiniers*, the censoring faculty simply goes on strike in protest against all cultural rigidity... Their puerile and scatological references reflect the childlike irreverence of artists on a raucous holiday from the strictures of official culture. (193)

De modo similar, en *¡Ay, Carmela!* se mezclan los géneros y los registros, lo trágico se une con lo cómico y lo grosero con lo sublime.[20] Con la actuación transgresora de Carmela se suspenden los privilegios, las normas y las prohibiciones, al crearse un mundo carnavalizado donde quedan suprimidas las diferencias entre republicano y nacional, actor y espectador:

> Eso es verdad: que yo, al público, me lo quiero mucho, tenga el pelaje que tenga . . . Ya ven ustedes, por ejemplo, tan seriotes ahí, con los uniformes y las pistolas y los sables esos . . . Pues, para mí, como si fueran mis primos de Colomera . . . que siempre andaban con la cosa afuera . . . *(Ríe con falso pudor)* ¡Uy, ustedes perdonen! (234)

Las alusiones obscenas o escatológicas se multiplican en la obra de Sanchis Sinisterra y funcionan como comentarios autorreflexivos. Así, la pedomanía de Paulino se presenta en relación a la dignidad del artista, y las funciones corporales, que según la convención teatral están fuera de lugar en el escenario, son recurrentes en *¡Ay, Carmela!* Valga como ejemplo el siguiente diálogo:

> PAULINO: *(Asustado)* ¿Qué hiciste con la octavilla de la C.N.T. que nos dieron anoche en Azaila?
> CARMELA: ¡Ay, hijo! Qué susto me has dado. La usé anoche mismo, en el retrete.
> PAULINO: ¿Seguro que no la llevabas esta mañana en el bolsillo?
> CARMELA: ¿Tan guarra te crees que soy? (207)

Los comentarios irreverentes están relacionados ahora con el sindicato anarquista. La risa carnavalesca es una risa universal que se

[20] Al hablar de las posibilidades del género de "variétés" el actor y director de la obra de teatro *¡Ay, Carmela!*, José Luis Gómez, lo expresa en los siguientes términos: "Pepe Sanchis utiliza en la obra toda la vulgaridad del medio, pero insufla a los personajes la pasión, el dolor humano, el sufrimiento, el patetismo . . . y entonces se comienza a sublimizar la historia" (*El público*, 6).

mofa de todo y de todos, y ambivalente ya que se unen burla y alabanza en un solo espectáculo.

Esta misma ambivalencia se refleja en uno de los varios comentarios intertextuales de la obra. La poesía que García Lorca dedica a Carmela es un guiño de complicidad con el espectador y al mismo tiempo un homenaje al poeta y dramaturgo granadino asesinado al comienzo de la guerra civil. Los versos, aunque inspirados en *Poeta en Nueva York*, no son realmente lorquianos, sino del propio Sanchis Sinisterra, y representan una trampa para el ingenuo lector o espectador que se proponga investigar la autoría de los mismos. Por otra parte, Sanchis Sinisterra como dramaturgo y profesor de literatura se burla de los empeños de lectores y críticos en buscar explicaciones racionales del significado de la poesía, tarea futil sin duda tratándose de versos surrealistas:

> PAULINO: *(Lee)* El sueño se . . . desvela por . . . los muros de tu silencio blanco sin . . . sin hormigas . . . pero tu boca . . . empuja las . . . auroras . . . con . . . con . . . con pasos de agonía.
> CARMELA: Muy fino, ¿verdad?
> PAULINO: *(Perplejo, sin saber qué decir)* Sí, mucho . . . Claro, aquí él quiere decir . . . *(Enmudece)*
> CARMELA: Yo lo que más entiendo es lo de la agonía.
> PAULINO: Sí, eso sí. Eso se entiende muy bien. En cambio, lo de las hormigas . . . (215)

La necesidad de descubrir la lógica de una metáfora o una figura poética, lleva a Paulino a intentar encontrar una explicación de “lo de las hormigas” en el hecho de que García Lorca estuviera mirando al suelo.

Quizás sea este afán racionalizador la falla trágica de Paulino, quien a pesar de desempeñar la profesión de actor, se resiste a aceptar la magia del teatro, y reprocha indirectamente al dramaturgo la poca verosimilitud de la obra. Los dos actos y el epílogo de que consta la pieza comienzan de manera similar, con Paulino en un escenario vacío, para pasar después a una situación metateatral: el otro nivel de realidad se anuncia con una luz blanquecina y la llegada de Carmela. Aunque en el primer acto Paulino invoca a Carmela con la intensidad de su deseo, en sus sucesivos encuentros su inquietud aumenta. La presencia de Carmela supone una ruptura de las leyes espaciotemporales de su mundo “real”, la cual se niega a aceptar. La convivencia entre dos realidades: "La de truco, o de mentira, o de teatro" (224) en que Paulino encuadra Carmela y "la de verdad" en que se coloca a sí mismo –"yo estoy vivo, y soy de verdad" (256)–, resultan inquietantes para el personaje. El espectador externo es invitado, a su vez, a cuestionar la veracidad de su propia realidad.

La figura inquietante de un Autor Demiurgo que se encarga de manejar los hilos es sospechada por Paulino al comienzo del segundo acto. En un monólogo dialogado con este autor imaginario, de corte claramente pirandeliano, Paulino exclama molesto:

> Esto no es natural . . . Esto es demasiada casualidad . . . Esto ya es adrede . . . Aquí pasa algo que . . . Aquí hay alguien que . . . Porque yo no estoy borracho. Y ese entra aquí y, dale que te pego: todo son cosas raras . . . Aquélla que aparece como si nada, la noche de marras que vuelve, las luces que se disparan solas . . . y ahora, la gramola, haciéndome trucos de feria . . . ¡Vamos, hombre! Un poco de formalidad . . . *(A un vago e invisible locutor.)* ¿Qué pasa? ¿Que porque esto sea un teatro vacío ya todo vale? ¿Cualquier ocurrencia, ¡plum!, ya está? ¡Vamos, hombre! . . . Buenas están las cosas por ahí afuera para andar con fantasías . . . (224)

La artificiosidad de la obra de este dramaturgo que no respeta las leyes de la naturaleza, ni las convenciones dramáticas del realismo, exaspera a Paulino y quizás también a algunos espectadores. La irritación del personaje crece, hasta llegar a retar en el epílogo a Carmela a pasar al mundo "real": "¡A que no te me apareces en la Calle Mayor, o en la Puerta del Pozo, o en el Economato, o en el Centro Agrícola! Aquello sí que es de verdad . . . O más tarde, que esto estará lleno de gente de verdad" (257). La separación entre Carmela y Paulino y la incapacidad de comunicación se hacen cada vez más patentes. Paulino es víctima de su propia incredulidad y también de los juegos metateatrales del dramaturgo. En varios momentos los personajes dialogan desde distintos momentos en el tiempo, o en distintos niveles de realidad, produciéndose así situaciones reminiscentes del teatro del absurdo. El desajuste temporal ocurre de manera evidente al principio del segundo acto, cuando Carmela aparece no como fantasma sino vestida de sevillana, claramente situada en el espacio temporal de la Velada, mientras que

Paulino sigue echándole en cara al dramaturgo la poca naturalidad de las apariciones de Carmela en la obra:

> PAULINO: Tampoco hay que exagerar, me parece a mí.
> CARMELA: Ay, hijo: no te entiendo.
> PAULINO: *(Parodiándose a sí mismo)* ¡Carmela, ven, ven! Y, ¡prrrooom! ¡Tarará, ta, ta! ¡Chunta, chunta! *(Remeda levemente la entrada de Carmela)* Vaya manera de . . . Ni que uno fuera tonto . . . ¡Carmela, ven, ven! Y prrrooom . . . Qué vulgaridad . . . Y uno se lo tiene que tragar, y darlo por bueno, y apechugar con lo que venga, como si tal cosa . . . (225)

Progresivamente, se supera este desajuste temporal ya que, como apunta la acotación, Paulino "ha ido ingresando paulatinamente en la situación definida por Carmela" (226). Es significativo el hecho de que Paulino asuma su papel involuntariamente, ya que este particular nos dice mucho sobre las relaciones de poder entre los dos personajes.[21] Irónicamente, el autoritario Paulino que obliga a Carmela a salir a escena para representar el número que degradará a los condenados a muerte –"¡Aquí mando yo, que soy el director de la compañía!" (247)– termina asumiendo sumiso ambos papeles. Así, ante las distracciones de Carmela y su actuación "forzada" y "mecánica" (249), se invierten los papeles y las relaciones de poder. El mismo Paulino, azarado y torpe, se sale de su papel y vuelve a él, improvisa para inducir una respuesta de Carmela y finalmente acaba "asumiendo cada vez más las réplicas que ella no dice" (250).

Finalmente, cuando Carmela, ya totalmente fuera de su papel, canta con los prisioneros de las Brigadas Internacionales, "Paulino, tratando desesperadamente de degradar la desafiante actitud de Carmela, recurre a su más humillante bufonada: con grotescos movimientos y burdas posiciones, comienza a emitir sonoras ventosidades a su alrededor, para intentar salvarla haciéndola cómplice de su parodia" (221). Su última improvisación, aunque llena de humanidad, es patética, grotesca y, como el espectador ya sabía desde el principio de la obra, inútil.

De la mano de Carmela y Paulino y de sus "variedades a lo fino" asistimos a una obra que se presenta como homenaje al teatro

[21] En opinión de Hornby es importante tener en cuenta que existen dos formas de asumir un papel (voluntaria e involuntariamente), especialmente cuando el personaje pasa de una a otra (75).

marginal y a la profesión de actor. Los varios elementos metateatrales usados, a la manera brechtiana, para producir un efecto desfamiliarizador que facilite la apreciación racional de una situación de opresión política, se conjugan, sin embargo, con la irremediable identificación emocional del espectador con esta entrañable pareja de cómicos.

¡Ay, Carmela! de Carlos Saura

Uno de los planteamientos éticos y estéticos de Sanchis Sinisterra se basa en la convicción de que el contenido está en la forma. De acuerdo con esta perspectiva, los códigos específicos del medio teatral y cinematográfico y sus convencionalismos estéticos contribuyen a configurar la ideología de la producción y la recepción de la obra. Así, mientras en la obra teatral, siguiendo el programa propuesto por el Teatro Fronterizo, se revisa y cuestiona la práctica escénica, en la película no se lleva a cabo una semejante autorreflexión sobre el medio cinematográfico.[22] Aunque en apariencia el realizador toma y ordena la mayoría de los elementos de la trama teatral, el mensaje del film no es primordialmente el de poner de manifiesto el poder y el peligro del teatro en el enfrentamiento marginalidad/autoridad, sino el de recuperar la memoria colectiva de una contienda que no debe ser olvidada.[23]

Además del tema de la guerra civil, el propio Saura afirma que *¡Ay, Carmela!* le atrajo por los elementos que comparte con el género del musical (Gil 72) y quizás esto explique la introducción del espectáculo con que se abre la película. Consigue así una enriquecedora transposición de uno de los temas centrales de la pieza escénica: la contraposición entre discurso popular y discurso oficial. A pesar de tratarse también de un tosco espectáculo de variedades basado en temas políticos relacionados con el bando republicano, la actuación de Carmela, Paulino y Gustavete es natural y desenvuelta

[22] Este tipo de adaptación es, sin duda, un reto; pero aunque parezca difícil, no es ni mucho menos imposible. En su adaptación de *The French Lieutenant's Woman*, Karel Reisz transforma en elementos metacinematográficos los comentarios metaficticios de la obra de John Fowles sobre la novela victoriana, al poner a los personajes en el contexto de la producción de una película.

[23] En el capítulo dedicado a la representación de la mujer en el escenario y la pantalla se tratará en mayor profundidad *¡Ay, Carmela!* de Saura.

al no tener que seguir las pautas impuestas por el teniente italiano, como ocurre en el segundo espectáculo. El teniente de Saura está muy lejos de provocar esa profunda sensación de inquietud y desasosiego que transmitiera su omnipresencia/ausencia en la obra teatral. Aunque en la película el objetivo primordial de sus intervenciones sea el de crear situaciones cómicas, al humorismo se une una clara función desmitificadora. Éste es el caso de la ridícula puesta en escena de la canción militar italiana "Facietta nera" llevada a cabo por el teniente y su coro de bufones, ya que contribuye a la desautorización de la figura del teniente y de todo "su espectáculo" a los ojos del público dentro y fuera de la película. Los comentarios que las dos autoridades militares españolas presentes hacen de sus aliados –"Estos no tienen arreglo", "una panda de maricones"– corroboran esta afirmación. En ningún momento ejercita la violencia física y observamos incluso, en varias ocasiones, gestos de gentileza cuando le ofrece su pañuelo a Carmela para que se seque las lágrimas, o reacciones impropias de un militar, al darle dos besos a Paulino para felicitarle después de que recitara el poema "Castilla en armas". Por otra parte, Saura cae en la imagen estereotipada del italiano que no tiene ningún reparo en hacernos escuchar su "O sole mío". [24] La figura del teniente puede resultar ridícula, en muchas ocasiones incluso simpática, pero en ningún momento temible o aterrorizadora. Más que un símbolo de la autoridad fascista, aparece como un monigote, una caricatura tragicómica de sí mismo.

Los elementos pirandelianos de rebelión contra un autor externo a la diégesis apuntados por Sanchis Sinisterra, han sido asimismo eliminados por Saura, quien ha enfocado los aspectos inquietantes que se derivan de los recursos autorreflexivos en la figura del público. El elemento autorreferencial más rico en el film de Saura es el de la representación de una audiencia fictiva, cuya presencia física le confiere un protagonismo distinto al que tuviera en la pieza escénica. A través de dicha representación, el realizador –como antes lo hiciera el dramaturgo– reflexiona sobre el papel que la ideología juega en el comportamiento del público que asiste a un espectáculo.

Para hacer dicha reflexión más efectiva, cabría decir incluso más didáctica, Saura la plantea en términos dialécticos. Dos audien-

---

[24] La caracterización menos negativa del teniente y el abuso de tópicos italianos posiblemente se explican por el hecho de que la película es una coproducción hispano-italiana.

cias ideológicamente antitéticas son presentadas al comienzo y al final de la película, acentuando así además la característica circularidad del medio. Por un lado, tenemos el público de milicianos que asiste al espectáculo de los cómicos en una especie de almacén o granero. Por otro, el grupo de soldados y oficiales fascistas que lo contemplan desde la platea de un teatro propiamente dicho. Esta dualidad es reforzada aún más, si cabe, por la división del público en el segundo espectáculo: los brigadistas instalados en las localidades superiores del teatro, frente al ejército nacionalista que ocupa la platea. El estudio de la "puesta en abismo" de la enunciación que Saura genera a través del paralelismo de los dos espectáculos y del papel de los dos públicos nos deja entrever una teoría del espectáculo, que nos habla a su vez del realizador.

La misma disposición de los espectadores en el granero es muy diferente de la que se da en el teatro Goya. En esta representación inicial está ausente la jerarquización que encontramos en el segundo, donde los puestos del escenario y de la sala están rígidamente asignados: los militares de más rango en las filas delanteras, los marroquíes al fondo del patio de butacas y los milicianos prisioneros arriba en el gallinero.[25] El público que observamos al comienzo de la película está constituido no por militares y condenados a muerte, sino por gente del pueblo: mujeres, niños y milicianos de todas las edades participan activamente en el espectáculo. La parafernalia militar queda reducida al armamento y a la imaginería política característica de la milicia. Tanto el público como los actores se comportan con naturalidad. Incluso los actos aparentemente vulgares, tales como la exhibición de pedos de Paulino son presentados de forma simpática y no se toma como un símbolo de la ignominia del artista, sino que cumple una función desmitificadora de un aspecto militar, al parodiarse el toque de corneta. Además de aplaudir, los espectadores cantan y expresan sus opiniones durante la representación, colaborando al desarrollo de la acción dramática.

La segunda representación, aquella que pone final al film y cuyos preparativos ocupan su parte central, se desarrolla supuestamente en el Teatro Goya de Belchite, escenario de la derrota del

[25] Esta superioridad espacial es, sin duda, emblemática de su superioridad moral. Recordemos que los soldados de las Brigadas Internacionales no eran mercenarios (como los marroquíes) sino voluntarios de distintos países, cuyo interés común era la lucha antifascista.

ejército republicano en la Batalla del Ebro. El espectáculo no es presentado como una actividad lúdica para el entretenimiento de la tropa, sino como un acto de afirmación política en los valores del ejército nacional y como forma de humillación de los soldados brigadistas. Si bien los aspectos propagandístico y combativo no estaban ausentes en el primer espectáculo, aparecían enmarcados por números cómicos y paródicos. Por el contrario, el humor está casi totalmente ausente del guión del teniente para su "velada patriótica". Es tan sólo en el número final donde pretende introducirlo con el objetivo de humillar a los condenados a muerte, de concederles esa "última gracia". De hecho, a través de varias tomas que nos muestran la reacción de las distintas partes del público, observamos cómo las notas humorísticas introducidas improvisadamente por Carmela y Paulino son acogidas con desagrado por la oficialidad, especialmente por los altos mandos. Mediante estas tomas se va afirmando la ideología característica del ejército sedicioso, una ideología que se presenta como incompatible con el medio artístico y especialmente con el universo dramático. Se trata de un público que carece de humor, de naturalidad; que no tolera que nadie se salga del guión. En este contexto el arte no puede tener otra función que la de vehículo propagandístico, transmisor del miedo y la coacción.

La puesta en escena de esta segunda representación tiene además una gran relevancia para el tema que estamos tratando, puesto que plantea recursos propiamente cinematográficos. La sala donde se representa el espectáculo es un teatro, pero es también un cine y, en un principio, al llegar a la misma, Carmela y Paulino llegan a creer que es un tribunal militar. Esta ambigüedad del espacio de la representación tiene asimismo un claro impacto en el espectador externo, el cual se siente implicado de una forma que evoca aquella del público teatral en la obra de Sanchis Sinisterra.

Cuando Carmela y Paulino son sacados de la escuela donde están presos piensan que van a ser conducidos a un consejo de guerra para ser inmediatemente fusilados. Incluso, al llegar ante la presencia del teniente Ripamonte, sentado ante el escritorio en una oscura habitación, siguen creyendo que son víctimas de un juicio sumarísimo. En realidad, de lo que son víctimas es de un chantaje. Deben colaborar como artistas en una velada patriótica para salvar sus vidas. En el momento en el que el teniente confiesa su condición civil de director teatral se encienden los focos y tanto los personajes principales como nosotros, espectadores del film, nos damos cuenta de que toda esta escena ha tenido lugar en el escenario de un teatro al que Carmela y Paulino han llegado por la zona de bambalinas. Las implicaciones del descubrimiento son aún más relevantes desde el punto de vista cinematográfico, pues pronto sabremos que los focos no son tales focos sino que se trata de un proyector cinematográfico. Como tantos otros teatros de la época, funciona también como cine y a lo largo de la representación se pondrá de manifiesto esta profunda indeterminación en cuanto al medio en el que tiene lugar el espectáculo. El teatro en esta segunda función, y bajo la dirección del ejército fascista, es además patíbulo y sala de proyección que implica especularmente al espectador del film.

La incorporación de esta simple técnica metacinematográfica –el uso del proyector como foco de iluminación teatral– es mantenida en estado latente a lo largo de la representación, para que tenga un mayor impacto en la escena culminante del film. Durante la mayor parte del espectáculo no aparecen signos de que la sala tenga esta función múltiple. La iluminación, de hecho, parece provenir de otras fuentes que recrean la atmósfera de un teatro con su propio sistema de luminotecnia.

Es precisamente en el "diálogo arrevistado", adaptado por el teniente Ripamonte para humillar a los brigadistas, cuando reaparecen los recursos metacinematográficos. Toda la puesta en escena de "La República va al doctor" se hace bajo la luz del proyector de cine. La fuente de luz parpadeante, que parece no poder regularse y que el propio Ripamonte identifica como "il progettore", provoca una atmósfera irreal. A esta irrealidad contribuye el uso de los grandes angulares que, al deformar los rostros en los primeros planos, confiere a lo representado una dimensión de pesadilla. Ambos recursos, luz parpadeante e imágenes deformadas, acentúan la intencionada sensación de caos que pretende comunicar el realizador.[26]

Durante esta vulgar pieza homofóbica y pseudopornográfica, Carmela empieza a salirse del papel: lo representa primero sin convencimiento, pasa luego a introducir comentarios personales y acaba

[26] Esta sensación de caos fue malinterpretada por algunos críticos. En una reseña de la película publicada en *El País*, Ángel Fernández Santos ve en el desorden de esta escena "un barullo": "Representar en cine un desorden requiere paradójicamente mucho orden y esta escena crucial carece de él y se sumerge en un amorfo galimatías, que es cosa distinta, incluso opuesta al desorden en cuanto materia cinematográfica" (17).

uniéndose al canto de los milicianos e incluso insultando a los militares nacionales, algo que no hace directamente en la obra de Sanchis Sinisterra. La reacción de éstos ante el nuevo curso de los acontecimientos es sintomática de la ideología del miedo y la represión antes mencionada. Si bien a lo largo de toda la velada se habían mostrado encantados con Carmela y redondeado todas sus actuaciones con una fuerte ovación, en los momentos finales se comportan de modo abiertamente agresivo. La acumulación de efectos desfamiliarizadores tales como la luz irreal provocada por otro medio, la actuación inconsistente, y la transgresión del guión, provocan rápidamente la hostilidad de la audiencia. El descubrimiento súbito de la bandera republicana que cubre el cuerpo de Carmela, desencadena el trágico desenlace. Los espectadores de la platea la llaman "puta", los del gallinero entonan su canción "¡Ay, Carmela!". Es significativo el hecho de que Saura presente la muerte de Carmela en el escenario –recordemos el insinuado fusilamiento, fuera de escena de la Carmela de Sanchis Sinisterra– y que sea un espectador quien dispare al cuerpo de la actriz y también a la República, el personaje alegórico encarnado por Carmela.

Esta imagen emblemática que Carmela ha representado explícitamente en las dos funciones, e implícitamente a lo largo de todo el film, muere en estos momentos de confusión y violencia que reflejan, a su vez, el destino histórico del republicanismo español: su aniquilamiento final en la Batalla del Ebro. En la última escena, en quc Paulino y Gustavctc llcvan florcs a la tumba dc Carmcla, vuelven a oírse los acordes de la canción que abría –y ahora cierra– el film. La muerte de Carmela deviene así la muerte de una esperanza: la muerte de una sociedad en la que el arte pudiera haber llegado a ser "encrucijada de la realidad y el deseo".

CAPÍTULO IV

LA (TRANS)POSICIÓN Y (TRANS)FORMACIÓN DE UNA IDEOLOGÍA

Los intertextos sociohistóricos y las comunidades interpretativas en que son producidas las obras de teatro y cine determinan, en gran medida, el proceso de adaptación. Al analizar obras cinematográficas como *Calle Mayor* (1956) de Juan Antonio Bardem y *Esquilache* (1988) de Josefina Molina es imperativo examinar el componente sociohistórico subyacente a su producción y compararlo con aquél de las obras teatrales en que están basadas: *La señorita de Trevélez* (1916) de Carlos Arniches y *Un soñador para un pueblo* (1958) de Antonio Buero Vallejo, respectivamente. En los cuatro casos, se trata de obras con una clara preocupación moral que plantean, en diferente medida, la necesidad de encontrar una solución a los males sociales de la España en que fueron producidas.

Para el análisis comparativo de estas obras, parto de la base de que toda creación artística es necesariamente un acto político, ya que el mundo dentro del que se manifiesta está cargado de una ideología específica. Por tanto, cualquier obra está determinada por las circunstancias específicas que rodean a su creador, y la recepción de la misma no dependerá siempre de su valor estético intrínseco, sino de su función dentro del contexto sociopolítico en que aparece.

DEL MORALISMO REGENERACIONISTA A LA CRÍTICA SOCIOPOLÍTICA: *LA SEÑORITA DE TREVÉLEZ* DE CARLOS ARNICHES Y *CALLE MAYOR* DE JUAN ANTONIO BARDEM

Carlos Arniches es uno de los autores teatrales más populares de la primera mitad de nuestro siglo y consiguientemente uno de los favoritos para directores de cine interesados en piezas taquilleras que, llevadas a la pantalla, tendrían un éxito comercial garantizado. En un periodo de unos sesenta años (1915-1974), se adaptaron más de treinta de sus obras. [1] Entre ellas, *La señorita de Trevélez*, generalmente considerada como la obra cumbre de su madurez artística, cuenta con dos adaptaciones cinematográficas: *La señorita de Trevélez* (1936) de Edgar Neville y *Calle Mayor* (1956) de Juan Antonio Bardem. Esta última es sin duda la menos fiel a la obra original y sin embargo la de mayor éxito, puesto que actualiza una obra con rasgos sainetescos superados y caducos, incluso durante la última etapa creativa del dramaturgo.

Para los detractores de Arniches puede resultar sorprendente, incluso increíble, que uno de los directores más serios y sobrios de la historia del cine español se sintiera atraído por una de sus tragicomedias grotescas. [2] A primera vista, el contraste entre Arniches y Bardem se manifiesta tanto a nivel ideológico como estético. Bardem es, junto con Berlanga, el guionista y realizador más destacado de los años 50 y 60. [3] En su formación como cineasta se mantuvo siempre en la marginalidad: nunca terminó la carrera oficial de cine y sus primeros pasos como director fueron un tanto anárquicos y asistemáticos. Su militancia activa en el entonces clandestino Partido Comunista de España y la adopción pública de actitudes de protesta ante determinados hechos sociales y políticos, fueron la causa de varios enfrentamientos con las autoridades franquistas. La cinematografía de Bardem se caracteriza tanto por su tono moralizante como por la denuncia abierta de las condiciones socio-políticas de la España de posguerra.

Su detención durante el rodaje de *Calle Mayor*, a causa del estado de excepción de 1955, suscitó protestas a nivel internacional, así

---

[1] Para una relación detallada de estas adaptaciones véase Gómez Mesa (1978: 36-41). En cuanto a las adaptaciones de *La señorita de Trevélez*, Gómez Mesa hace sólo alusión a las de Neville y Bardem. Probablemente no menciona la de Gabriel Ibáñez puesto que en realidad se trata del llamado teatro enlatado.

[2] A pesar de que Arniches encuadra a *La señorita de Trevélez* dentro del género de la "farsa cómica", la crítica actual tiende a adoptar el término de Monleón "tragicomedia grotesca" (141-65).

[3] Elías Díaz encuadra la trayectoria de Bardem dentro de la generación de jóvenes intelectuales que él denomina Generación del 56 (104-105). Este año es clave en la trayectoria política y cultural de España, pues a partir de estos momentos se va gestando una oposición pluralista y democrática al régimen. Es éste el momento del realismo social en literatura y de la huida del cine espectacular e histórico por estar totalmente alejado de la realidad social.

como la indignación de los propios actores. En unas declaraciones para la prensa Yves Massard –Federico en *Calle Mayor*– manifiesta la negativa de los actores a continuar con otro realizador: "El productor quería que siguiéramos con otro director, y recuerdo que sacamos nuestros contratos donde decía que el realizador de la cinta era Juan Antonio Bardem y le hicimos saber que nuestra intención era trabajar sólo y nada más con él" (Arenas 87).

El activismo político de Bardem contrasta con la ideología de Arniches, monárquico y partidario de un conservadurismo con máscara regeneracionista. Arniches estrena sus obras en la época de la Restauración, un periodo caracterizado por los esfuerzos de los políticos en conseguir la democratización y europeización de España. Se trata de la ideología del demoliberalismo, cuyo programa político resume Cánovas en una frase tomada, en parte, de los ilustrados del siglo XVIII: "un gobierno para el pueblo, pero sin el pueblo" (Fernández Almagro 43). José Monleón explica sucintamente la postura de Arniches ante esta coyuntura histórica: "Arniches da por buenas unas instituciones y un orden determinados –a partir de la monarquía liberal– y su obra es siempre, en el plano ideológico, un examen de los factores morales que, en las diversas capas de la sociedad española de su tiempo, lo dificultan" (*El teatro del 98* 146).

La bibliografía crítica sobre la obra de Arniches encasilla frecuentemente el grueso de su producción dramática dentro del género chico y el sainete, ignorando casi por completo el mérito de obras como *La señorita de Trevélez*, *Es mi hombre* (1921) y *Que viene mi marido* (1918). El teatro de Arniches ha sido criticado por su superficialidad, por crear personajes-marioneta sin ninguna cualidad humana, por abusar del chiste fácil y los juegos de palabras, por inventar un lenguaje popular carente de autenticidad dramática, por exagerar, en definitiva, los elementos expresivos dramáticos en obras de baja calidad estética. [4] El optimismo que satura sus obras y un acercamiento a veces más populista que popular han contribuido a su descalificación como autor comprometido.

---

[4] Como apunta McKay (1972: 22-6), el mayor ensañamiento de la crítica tiene lugar entre 1910 y 1916, año en que Pérez de Ayala publica varios artículos elogiando la obra de Arniches. Éstos aparecen más tarde recopilados en una colección de ensayos sobre el teatro contemporáneo español titulada *Las máscaras* (1919). No han faltado después críticas negativas, incluso entre aquellos críticos que como José Monleón, lejos de descalificarlo, han reivindicado la alta calidad dramática de algunas de sus obras (1975: 141-65).

El cine de Bardem, por el contrario, es predominantemente sombrío y las incursiones del director en el terreno de lo cómico, han desembocado en rotundos fracasos.[5] De la misma manera, las películas con las que ha obtenido el reconocimiento de la crítica nacional y extranjera (*Muerte de un ciclista* y *Calle Mayor*) han sido precisamente aquellas en las que sutilmente denuncia las condiciones sociales, económicas y políticas de la España franquista. Su famosa intervención sobre la situación del cine español en las "Conversaciones de Salamanca" (1955) resume su postura estética y política: "Después de sesenta años, el cine español es políticamente ineficaz, intelectualmente ínfimo, estéticamente malo, industrialmente raquítico. Sin duda un cineasta no puede esperar cambiar el mundo él sólo. Pero, al menos, debe contribuir a ello. Debe dirigir todos sus esfuerzos hacia un cine positivo, útil, que revelará la realidad de forma que la haga evolucionar" (Viota 6).

La disparidad ideológica entre las obras de Arniches y Bardem es el reflejo de dos talantes antagónicos: idealista el uno, pesimista el otro. ¿Cuál puede ser entonces el punto de convergencia de dos creadores con personalidades y obras aparentemente tan incompatibles? El análisis comparativo de *La señorita de Trevélez* y *Calle Mayor* que proponemos, está enfocado no en el abismo estético que separa a estas obras, sino en el puente moral e ideológico que las une. Ambas ofrecen, aunque por caminos muy diferentes, una visión satírica de la burguesía provinciana española de principios y mediados de siglo, respectivamente.

La actitud de Arniches, sin dejar de ser conservadora, conlleva una crítica de carácter regeneracionista que en algunas de sus obras no está lejos de la ideología comprometida de la llamada generación del 98. En *La señorita de Trevélez*, no obstante, esta conexión con los intelectuales noventayochistas puede pasar inadvertida pues la crítica social está disfrazada con la máscara de la comicidad. Sin embargo, a pesar de que no faltan en ella elementos del sainete, *La señorita de Trevélez* cruza las fronteras de la farsa cómica para adentrarse en el dominio de lo grotesco, la comedia de costumbres, la tragedia psicológica y el drama didáctico. Pertenece esta obra al grupo de tragicomedias grotescas de la segunda etapa creativa de Arniches cuyas características son, según Ruiz Ramón:

---

[5] Éste es el caso de *El puente* (1976). Por otra parte Marcel Oms observa que en otras películas, como *Felices Pascuas* (1954), lo cómico no termina de encajar con el principal propósito de crítica social (1962: 12).

Carlos Arniches, *La señorita de Trevélez* (versión de Gabriel Ibáñez, 1984)

Juan Antonio Bardem, *Calle Mayor* (1956)

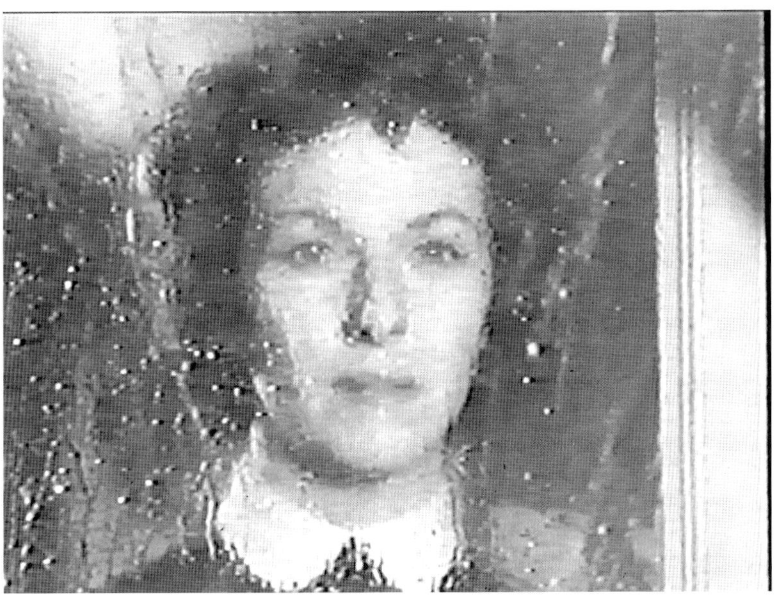

Juan Antonio Bardem, *Calle Mayor* (1956)

> la simultaneidad de lo cómico y lo trágico, el sentimiento de lo contrario, la superación de lo patético melodramático por lo risible caricaturesco, el juego de comicidad externa y gravedad profunda, el contraste entre la apariencia social o física y el ser íntimo y profundo, es decir, entre la máscara y el rostro, la estilización grotesca y la simbiosis de dignidad humana, como valor esencial y sustantivo de la persona, y vulgaridad o ridículo de la figura teatral y su conducta externa. (*Historia* 46)

Destaca en la trama la mezcla de lo cómico con el patetismo de la situación trágica de la solterona ridícula que se niega a envejecer y a perder las esperanzas de un futuro matrimonio. La acción comienza en el Casino de una pequeña ciudad provinciana. Dos de sus miembros, Pablo Picavea y Numeriano Galán, se disputan las atenciones de la sirvienta de los Trevélez. Picavea pide ayuda a sus amigos del "Guasa Club" y juntos encuentran la manera de librarse del rival al enviar una carta de declaración amorosa a Florita Trevélez, falsificando la letra y firma de Galán. Florita, una solterona fea y ridícula, inmediatamente responde afirmativamente a las supuestas proposiciones de Galán. Debido al temor que don Gonzalo, el hermano de Florita, le inspira, Galán no se atreve a decir la verdad y así se ve forzado a desempeñar el papel asignado en la farsa. Los malentendidos se suceden, los planes de la liberación de Galán se tuercen y finalmente se revela la verdad a don Gonzalo, el cual inventará una mentira piadosa para que Florita nunca sepa que ha sido víctima de semejante burla.

A pesar de que tan sólo en las dos últimas escenas la farsa se torna bruscamente en tragedia, la crítica social y el contenido moral están implícitos a lo largo de los tres actos. No obstante, el marcado predominio de lo cómico provocó en muchos críticos el rechazo de la obra alegando la excesiva trivialización de una situación potencialmente tan trágica. Ramón Pérez de Ayala fue el primer intelectual en apreciar no sólo el elemento humano de *La señorita de Trevélez*, sino también la crítica social: "Es también una de las comedias que encierran y exponen una tesis real, patética y convincente, que persuade al espectador sin valerse de artilugios retóricos, nada más que por la fuerza suasoria y efectiva de un conjunto de hechos semejantes a otros muchos hechos de todos conocidos" (323). Es cierto que la fuerza suasoria de la obra reside en un conflicto dramático que reproduce una situación de la vida real: la de los señoritos ociosos de Casino que no piensan sino en divertirse ideando bromas ingeniosas y crueles, sin reparar en las consecuencias de las mismas. Sin embargo, no se puede justificar una ausencia total de artilugios retóricos. En las dos últimas escenas del tercer acto Arniches sí hace uso de una retórica moralista, probablemente innecesaria y recargada, en un intento de compensar el tratamiento demasiado cómico que en su comedia ha dado a un tema con implicaciones tan serias. Así, los recurrentes rasgos humorísticos dan paso al patetismo de la situación y a una lección moralizante sobre lo pernicioso de este tipo de bromas producto del tedio, la inercia y la falta de educación de una juventud ociosa.

Esta lección viene dada por don Marcelino –un profesor de instituto resignado a ver como sus alumnos se valen de cualquier excusa para no asistir a sus clases–, del cual irónicamente se sirve Arniches en las últimas escenas para convertirlo en portavoz de sus propias ideas regeneracionistas. Don Marcelino, espectador interno de la farsa, es asimismo la personificación de la complicidad de las espectadoras y espectadores externos con los miembros del Guasa Club. [6] Al igual que don Marcelino también nosotros reímos de la ridícula solterona sin llegar nunca a simpatizar con ella. Las dos últimas escenas encubren la situación paradójica en que Arniches nos pone. Por una parte, crea a un personaje ridículo y grotesco con el principal objetivo de provocar la carcajada; después denuncia esa risa cruel a costa del otro. El mismo Arniches cae en la trampa de complicidad con la figura del bromista. Las estrategias metateatrales en que está basada la acción de esta obra apuntan a una identificación de la función de Arniches con la de Tito Guiloya. Ambos son los creadores de obras de teatro cuyo objetivo es el de divertir y corregir. [7] Al principio de la obra, Arniches pone en boca de Tito Guiloya la justificación de su farsa: "La burla es conveniente siempre; sanea y purifica; castiga al necio, detiene al osado, asusta al ignorante y previene al discreto. Y, sobre todo, cuando, como en esta ocasión, escoge sus víctimas entre la gente ridícula, la burla divierte y corrige" (21).

---

[6] Don Marcelino es, en un principio espectador interno de la farsa que va a tener lugar, pero después adopta el papel de consejero y cómplice y finalmente el de denunciador de la inmoralidad de la situación. Don Marcelino reconoce su parte de culpa, por haber guardado silencio y por permitir que la burla continuara (94).

[7] En una carta a Julio Cejador y Frauca, Arniches confiesa que el propósito de sus sainetes y farsas es el de ayudar a las personas a reconocer los malos instintos y estimular el lado noble del ser humano (1919: 126).

En las escenas finales, Arniches introduce el ingrediente trágico y moralista para redimirse de la parte frívola. Así, don Marcelino tiene la última palabra respecto a la inmoralidad de la broma:

> Guiloya no es un hombre; es el espíritu de la raza, cruel y agresivo, burlón, que no ríe de su propia alegría, sino del dolor ajeno . . . ¿Qué alegría va a tener esa juventud que se forma en un ambiente de envidia, de ocio, de miseria moral, en esas charcas de los cafés y de los casinos barajeros? (101)

Al igual que los intelectuales noventayochistas, Arniches denuncia una tradición cultural española que es preciso reformar, pero su postura final es mucho más optimista. [8] El idealismo de la solución propuesta por don Marcelino conecta con la filosofía socrática de que el mal tiene su raíz en la ignorancia: "La cultura modifica la sensibilidad, y cuando estos jóvenes sean inteligentes, ya no podrán ser malos" (101).

No obstante, los jóvenes que aplaudieron *La señorita de Trevélez* en la segunda década del siglo, son los viejos que en los años 50 acuden al estreno de *Calle Mayor* y observan que las cosas no han cambiado mucho: las bibliotecas siguen estando vacías y los hombres siguen gastando bromas a las solteronas para matar el tiempo. Como ya apuntamos, el parentesco de *Calle Mayor* con la obra de Arniches es más temático que estético. En su adaptación Bardem deja a un lado todos los ingeniosos recursos dramáticos de Arniches y recurre en cambio a las corrientes realistas de la narrativa española y sobre todo a la ética y estética del cine neorrealista italiano. Esta correspondencia con el neorrealismo se refleja en algunos aspectos técnicos comunes: continuidad espacio temporal, el uso de escenarios reales y de gente de la calle, y el predominio de los planos medios y de las vistas panorámicas. La huella de *I vitelloni* de Fellini se puede apreciar a nivel temático, ya que las dos películas presentan los efectos negativos del tedio en la burguesía ociosa de una pequeña ciudad de provincias, y también a nivel técnico, especialmente en la planificación, la aparición de un narrador intradie-

---

[8] La solución que propone coincide con la de los pensadores regeneracionistas Francisco Giner de los Ríos (1839-1915) fundador de la renombrada Institución Libre de Enseñanza y Joaquín Costa (1844-1911) cuya fórmula para salvar el país se resumía en dos ideas: "la despensa y la escuela".

gético y el rodaje en exteriores.[9] Siguiendo las pautas del cine neorrealista, Bardem no usa apenas decorados, sino las calles, iglesias, plazas y edificios públicos de varias poblaciones españolas, entre ellas Cuenca, Palencia y Logroño. Al rodar en distintos lugares y mantener el nombre de la ciudad en el anonimato, el espacio en la película adquiere una dimensión alegórica, pudiendo representar cualquier ciudad de provincias en la España de la época.

Arniches nos había presentado a su burguesía ociosa en la sala de lectura del Casino y en la casa y jardín de los Trevélez. Los personajes de Bardem aparecen sobre todo en la calle, paseando. Por la Calle Mayor pasean diariamente hombres y mujeres para efectuar el ritual de su acostumbrado saludo hipócrita, de su sonrisa forzada, de sus cotidianas conversaciones triviales; por la alameda pasean los seminaristas en una rígida fila de a tres, mirando furtivamente el beso de una pareja de enamorados; por la estación del tren pasea la clase obrera; por el barrio viejo pasean las prostitutas y los hombres "decentes" del Casino. Isabel también pasea y espera; toda su vida ha consistido en una larga espera, en un interminable paseo por la Calle Mayor. Su existencia, como la de las demás mujeres de su clase en una ciudad de provincias, se limita a nacer, asistir a un colegio de monjas, pasear por la Calle Mayor, intentar casarse y morir. Así se lo explican a Federico los hombres que deciden gastarle la broma:

> –Mira . . . Todas estas mujeres, casi todas, son solteras . . . Nacen, estudian en el Colegio de las Madres Concepcionistas, se examinan en el Instituto y se ponen a pasear por aquí, en la calle Mayor.
>
> –Si no se casan, no pasa nada. Siguen paseando. Con una prima o una amiga casada primero, con la madre o con la tía después.
>
> –Hasta que no pasean más y se meten en su casa.
>
> –Que es lo que tendría que hacer ya esa idiota de Isabel.

[9] Algunas de las situaciones específicas en ambas películas son sorprendentemente similares, como las escenas que muestran a los bromistas ociosos jugando al billar o de vuelta a casa después de las juergas nocturnas. Tanto por la ambientación, el tono y algunas de las anécdotas representadas, la huella del filme de Fellini es omnipresente en *Calle Mayor*.

A Isabel, con 35 años, ya no le están permitidos sus paseos por la Calle Mayor y para dárselo a entender, Juan debe fingir estar enamorado y proponerle matrimonio para después anunciar públicamente en el baile del Casino que se trataba de una broma.

El personaje de Juan dista mucho de aquel Numeriano Galán de Arniches, víctima él mismo de las maquinaciones del Guasa Club y no menos grotesco que Florita. Aunque con displicencia, Juan termina por aceptar su papel de conquistador para demostrar su hombría. A medida que aumenta su remordimiento, se complican sus sentimientos por Isabel. Carente de voluntad y temeroso de no saber representar el papel asignado por una sociedad machista, se lanza a ciegas por la Calle Mayor para dar el paso ritual requerido: la declaración amorosa. [10]

Es significativo que este momento, que indudablemente constituye el clímax de la película, se lleve a cabo en medio de otro acto ritual, el de la procesión religiosa. Bardem sitúa esta secuencia exactamente en el meridiano de la película, para dotarla así de un carácter simbólico: esta procesión abarca y resume todos los demás paseos que forman la base estructural de la película, y representa la situación de toda la España franquista, con la permanente presencia opresiva de su clero y su ejército. Una España patriarcal donde prevalece una doble moral y donde las mujeres solteras son beatas y vírgenes, como Isabel, o prostitutas, como Tonia y las otras mujeres del barrio antiguo. Además de desacralizar el ritual de la procesión, dicha secuencia presenta una mordaz crítica de los diferentes estamentos de la sociedad española. Ejército, clero y civiles marchan solemnemente por la Calle Mayor, en un acto público que nos revela de manera inequívoca el orden establecido. Las estrategias utilizadas por Bardem son puramente cinematográficas; la fuerza de la secuencia no es verbal sino que reside en el uso que el director hace de distintas técnicas como el *travelling*, el montaje de los distintos planos, la luz, la música y el sonido. Su sátira es muda, sutil y conci-

[10] El título alternativo (*The Lovemaker*) con que *Calle Mayor* se distribuyó en los países de habla inglesa, apunta a una interpretación de la película que hace de la anécdota donjuanesca el tema central de la misma. Sin embargo, no parece éste el título apropiado (incluso si se trata de un público extranjero que desconozca el momento socio-histórico en que se gestó la película) puesto que si tuviéramos que encontrar un protagonista individual, éste no sería Juan sino Isabel. Juan es presentado en la película como una marioneta al servicio del orden patriarcal que rige las vidas de los habitantes de la ciudad.

sa, llevada a cabo con efectividad mediante una sucesión de imágenes cuya simplicidad esconde, no obstante, un inteligente diseño. En primer lugar las autoridades militares, religiosas y civiles; a continuación una banda del Frente de Juventudes seguida de soldados que, con sus bayonetas en alto, escoltan a una Virgen bamboleante a hombros de jóvenes de Acción Católica y finalmente los civiles: primero los niños, después las jóvenes y por último las solteronas y las viejas enlutadas.

A pesar de la sutileza con que Bardem muestra en estas imágenes su oposición a un régimen basado en la jerarquización y el control absoluto, el carácter satírico de esta secuencia no pasó inadvertido a la censura franquista. Aunque se conservan tales planos en la versión francesa de la película, en la española se tuvieron que eliminar varias secuencias. [11] Por una parte se suprimieron las imágenes de soldados que muestran explícitamente la militarización de la vida social en la España franquista; por otra, se eliminaron todos esos primeros planos goyescos de mujeres enlutadas y de mirada censora, cuyo parentesco con los personajes esperpénticos de Valle-Inclán es inequívoco. [12] De hecho, la obra de Valle constituye uno de los puntos de contacto entre Arniches y Bardem. Además de la colaboración de Valle-Inclán y Arniches en algunos guiones cinematográficos y de la adaptación que Bardem hizo de una de las *Sonatas* de Valle-Inclán, el elemento grotesco configura una base estética que es, en mayor o menor medida, común a los tres creadores. Lo caricaturesco de personajes como Florita y el lenguaje paródico en el que se mezcla lo popular con lo pseudoculto, son rasgos que también comparten los esperpentos que Valle-Inclán comenzó a publicar en 1920, cuatro años después de la representación de *La señorita de Trevélez*. En Bardem la lente de la cámara cumple en varios momentos la misma función de los espejos cóncavos del Callejón del Gato mencionados por Valle-Inclán en *Luces de Bohemia*. Además de los rostros deformados de las viejas beatas, vemos a los señoritos del Casino aplastando su nariz contra la ventana y realizando muecas grotescas mientras observan el primer paseo de Juan e Isabel por la Calle Mayor.

---

[11] Para una relación de todas las secuencias y planos eliminados por la censura, véase Marcel Oms (29-30).

[12] La presencia recurrente de lo goyesco en la cinematografía española es objeto de estudio en el reciente ensayo de Marsha Kinder, *Blood Cinema*.

En *Calle Mayor* Bardem nos muestra cómo en los años cincuenta, la sociedad española conserva las mismas taras que la de principios de siglo, agravadas por la represión del régimen franquista. Los cambios de enfoque de Bardem con respecto a *La señorita de Trevélez* son significativos. Quizás el más obvio es el tratamiento del personaje de la solterona. Arniches desplaza el protagonismo de Florita hacia su hermano don Gonzalo, quien se gana además la simpatía del espectador al confesar que su afectación y ridiculez son deliberadas y que se está sacrificando por la felicidad de su hermana. Bardem, en cambio, presenta a Isabel no en la dimensión cómica o grotesca de la solterona sino con toda la fuerza de la tragedia cotidiana en que quedará sumergida al final de la película una mujer sensible e inteligente que opta por quedar atrapada en su soledad. [13] A su lado, un protagonista colectivo de raigambre en la tradición literaria española: la pequeña ciudad de provincias, con su catedral, su Círculo Recreativo y Cultural y, sobre todo, su Calle Mayor. Al contrario que Arniches, Bardem sí hace honor a su título dando protagonismo a la Calle Mayor, subrayando a un mismo tiempo su dimensión simbólica. La tragedia de Isabel no es sólo perder al hombre de quien se ha enamorado, sino perder su batalla contra toda la ciudad. [14]

El punto de partida de Bardem es precisamente el final de la obra de Arniches. La duplicación de la figura del intelectual moralista en los personajes de don Jaime y Federico politiza la película y añade una complejidad ideológica de la que carecía el discurso ingenuo de don Marcelino sobre la importancia de la educación. Las ideas que don Marcelino expone como colofón a la obra sin llegar nunca a explicarlas y sin que queden justificadas por la acción, se desarrollan dialécticamente en *Calle Mayor* a través de las dos conversaciones mantenidas por los representantes de dos generaciones de intelectuales: don Jaime y Federico. Don Jaime es el prototipo del intelectual desengañado que abandona la lucha al no confiar ya en la posibilidad de un cambio. En vez de escribir obras de denuncia social, prefiere apartarse del mundo y refugiarse en su torre de

[13] Quizás no sea sólo mera coincidencia que la protagonista de otra de las obras de Arniches (*La heroica villa*) lleve también por nombre Isabel. A diferencia de la Isabel de *Calle Mayor*, la heroína de Arniches huye a Madrid para escapar de la intolerancia y mezquindad de su ciudad.

[14] *Nunca pasa nada* (1963) presenta una crítica de la doble moral burguesa y muestra la pervivencia de estos temas en la filmografía de Bardem.

marfil, la pequeña biblioteca del Casino provinciano. No obstante, el *alter ego* de Bardem es Federico, el joven intelectual comprometido que se enfrenta directamente a la sociedad, para denunciar la mentira, la mezquindad, la doble moral, el estancamiento, la hipocresía y la represión que el franquismo impone a través de la religión y de las normas invisibles, tácitamente impuestas, que levitan alrededor de la Calle Mayor.

Calle Mayor está muy lejos del primer proyecto radical de su guión original, pero su compromiso social y político subyace a todas y cada una de las secuencias del film. [15] No se trata, sin embargo de un panfleto político, sino del resultado feliz de una situación desgraciada en que los medios de expresión estaban limitados por la censura. Así, aunque la historia y el tema de *Calle Mayor* estén basados en *La señorita de Trevélez*, la película se aleja de las situaciones de la farsa y de todo rasgo humorístico, para presentar una narración bien hilvanada, verosímil y realista. El final moralista un tanto abrupto de la obra de Arniches y la confianza puesta en la educación como cura de todos los males, son transformados por Bardem en una visión satírica mucho más compleja dirigida contra los principales poderes institucionales: la Iglesia, el ejército y las autoridades civiles. La alternativa pedagógica de Arniches cede paso en *Calle Mayor* a una transformación política en la que el intelectual comprometido está llamado a desempeñar un papel de liderazgo. Bardem parte del componente serio y el potencial trágico de la obra de Arniches, para crear una historia sombría y amarga a la que da incluso alguna pincelada naturalista. La ideología y la personalidad de estos creadores aparece claramente reflejada en sus respectivas obras; sin embargo, la situación planteada en *La señorita de Trevélez* y en *Calle Mayor* conlleva sentimientos y características humanas universales comunes que siguen siendo vigentes en la actualidad.

[15] La lectura del guión, publicado dos años después del estreno de la película en México, evidencia la agresividad de la crítica social, religiosa y política del proyecto inicial.

DOS REFLEXIONES SOBRE EL PODER Y LA MODERNIDAD: *UN SOÑADOR PARA UN PUEBLO* DE ANTONIO BUERO VALLEJO Y *ESQUILACHE* DE JOSEFINA MOLINA

Un soñador para un pueblo (1958) marca el comienzo de una nueva etapa en la dramaturgia de Buero Vallejo, así como el inicio de un tipo de drama histórico que se acerca al pasado adoptando una postura crítica.[16] Si bien durante la primera mitad del siglo XX el teatro histórico tendía a mistificar los aspectos más reaccionarios de la historia de España y a refugiarse en un pasado imperial idealizado, *Un soñador* reorganiza el archivo histórico con un doble propósito: por un lado, desmantela los estereotipos de la historiografía acartonada del franquismo, pero, sobre todo, sirve a su autor para cuestionar el oscurantismo que, a pesar de algunos intentos modernizadores, seguía imperante en la España de los años cincuenta. Ésta es la razón por la que Buero elige basar la acción dramática de su obra en un momento muy controvertido de la historia española, el siglo XVIII o Siglo de las Luces, y centrarse en la figura enigmática de uno de los abanderados de la modernización, el marqués de Esquilache, ministro de Carlos III, el rey más representativo del despotismo ilustrado.

De forma similar, Josefina Molina, en su adaptación cinematográfica *Esquilache,* contribuye a la renovación del cine histórico español con una obra en la que el pasado es revisado desde la perspectiva crítica del presente de su producción. Treinta años después del estreno de *Un soñador*, Molina continúa explorando las mismas circunstancias históricas de la España de la Ilustración por considerarlas aún vigentes en 1988. Tanto Buero como Molina han expresado su convicción sobre la actualidad del tema y el momento histórico elegido. Buero Vallejo afirma: "El momento revivido es uno de esos puntos de nuestra historia cuyas derivaciones conservan actualidad . . . muchas de nuestras cosas se siguen pareciendo demasiado a aquellas otras contra las que el rey, Esquilache y los demás creyeron obligado luchar" (citado por Puente Samaniego 30). Josefina Molina, a su vez, en unas declaraciones para la prensa, observa:

---

[16] *Un soñador para un pueblo* es el primer drama histórico de Buero Vallejo. Le siguen *Las Meninas* (1960), *El concierto de San Ovidio* (1962), *El sueño de la razón* (1970) y *La detonación* (1977). Para más información sobre el teatro histórico de Buero Vallejo, véanse Halsey (1988) y Puente Samaniego (1988).

> Estoy un poco sorprendida porque todos los días leo y oigo referencias al histórico marqués de Esquilache. "Solchaga no quiere ser Esquilache", "la sombra de Esquilache planea por Iberia", "España es un permanente motín de Esquilache", son frases que escucho a menudo. Esto me hace pensar que la historia de Esquilache es mucho más actual de lo que pensaba. Hoy día veo muchos "Esquilaches". (Muñoz 17)

Al analizar los dramas históricos, y muy especialmente los creados por Buero, la crítica ha observado que en ellos las alusiones al pasado se llevan a cabo siempre en función del presente. [17] Como apunta Ruiz Ramón, la configuración de la materia histórica elegida, nunca inocentemente, se hace de tal forma que todos los elementos que intervienen en el drama "remiten a un doble referente y significan, a la vez, literalmente y simbólicamente en el proceso de recepción de su sentido" (22). El símil que Ruiz Ramón utiliza para describir la relación entre pasado y presente y su definición del tiempo histórico en obras dramáticas son reveladores a la hora de analizar *Un soñador* y *Esquilache*:

> Pasado y presente van reflejándose mutuamente, como dos espejos en movimiento frente a frente, cuyos dinámicos contenidos se descifran utilizando sus códigos recíprocos. Acción, palabra, personaje, significan literalmente en su sistema "histórico" –el del pasado– y simbólicamente en el sistema del autor y del espectador –el del presente. Y viceversa. Y es aquí donde funciona la trampa del "tiempo histórico", pues el autor ha superpuesto, pegándolos, el tiempo del relato al tiempo del objeto narrado, interpretando recíprocamente uno desde el otro. El llamado tiempo histórico no es tal, sino puro tiempo de la mediación, es decir un tiempo que no existe sino como mediación dialéctica entre el tiempo del pasado y el tiempo del presente, un tiempo construido en el que se imaginan, se inventan o se descubren nuevas relaciones significativas entre pasado y presente capaces de alterar el sentido tanto del uno como del otro, así como del uno por el otro. ("Pasado" 22)

Si bien es cierto que *Un soñador* tiene un doble referente histórico –siglo XVIII y la España de posguerra–, *Esquilache* remitiría a tres

[17] Véanse los estudios de Nicholas (1972), Doménech (1973), Ruiz Ramón (1975), Iglesias Feijoo (1982), Borel (1984) y Puente Samaniego (1988).

momentos históricos, los dos citados y la España democrática de 1988, así como a un referente textual, la obra de Buero. Esta relación dialéctica con intertextos históricos y de ficción convierte a la película en un interesante palimpsesto que invita a múltiples lecturas del mismo.

Sin embargo, el planteamiento brechtiano de propaganda dialéctica que Buero hace en esta obra y su invitación al espectador a adoptar una postura comprometida contra un régimen autoritario, se convierte en *Esquilache* en propaganda de integración.[18] La crítica al aislacionismo franquista que la obra de Buero presenta solapadamente para esquivar la censura en 1958, ya no tiene el mismo sentido 30 años después, con una democracia plenamente consolidada. El mensaje de la película ha dejado de ser crítico en el momento de su producción y estreno para pasar a convertirse en parte de la retórica promovida desde la administración socialista.[19]

A pesar de que los distintos contextos sociopolíticos transforman las implicaciones ideológicas del discurso dramático y cinematográfico, tanto Buero como Molina enfocan en sus obras el debatido tema de la modernidad, el cual ha permanecido en el transfondo sociopolítico español desde el siglo XVIII. Antes de entrar en un análisis de las obras, y para una mejor comprensión del alcance crítico de las mismas, es necesario hacer una breve presentación de esta dicotomía entre tradición y modernización en el momento de la gestación y estreno de *Un soñador* y *Esquilache.*

El enfrentamiento entre tradicionalismo inmovilista y reformismo modernizante parece una constante que domina una buena parte de la historia política, económica y cultural de España. El triunfo del bando nacional tras la guerra civil (1936-39) supone la instauración de un sistema político donde prevalece un autoritarismo tradicionalista, católico y ultranacionalista. Pero incluso dentro del franquismo habría de reproducirse esta dicotomía. Pasados los primeros años de represión intensa, purgas ideológicas y antimodernismo patológico, habrían de surgir lentamente atisbos reformistas que, si bien se mantenían dentro de las líneas generales del con-

[18] Véase el ensayo de Szanto *Theater and Propaganda* (1978) para una definición detallada de los tres tipos de propaganda de agitación, dialéctica y de integración.

[19] Es significativo el hecho de que la película recibiera una fuerte subvención del Ministerio de Cultura y que fuera elegida para representar al cine español en la sección oficial del festival de Berlín.

servadurismo franquista, planteaban la necesidad de una modernización que reavivara la economía, fuertemente golpeada por la guerra civil y el bloqueo internacional. Varios historiadores han examinado esta aparente contradicción entre el conservadurismo visceral del franquismo y las tímidas tendencias modernizantes que se desarrollaron en su seno. Benny Pollack resume dichas contradicciones en relación al tema de la modernidad:

> From the outset, the newly constructed authoritarian state was driven with contradictions, and throughout the years of the dictatorship the traditionalist modernist dichotomy was to acquire complex, often contradictory and paradoxical dimensions. After 1939, modernization, which had for so long been anathema to the traditionalists, was increasingly adopted not only by the opposition but also by significant elements within the regime itself. In fact there developed a series of competing 'ideologies of modernization' during the Francoist era that we shall label: (1) non-democratic-nationalist; (2) non-democratic-internationalist; and (3) democratic-internationalist. ("The Paradox" 131)

Mientras los grupos de oposición adoptaron desde un primer momento la ideología democrática internacionalista, dentro del gobierno franquista prevalecía la idea de llevar a cabo una modernización en el área de la economía, sin que existieran esfuerzos equivalentes en la esfera sociopolítica. En la segunda mitad de la década de los 50 el experimento nacionalista, que desde la guerra civil había demostrado la ineficacia de un sistema económico autárquico, es sustituido por uno de orden internacional dirigido por los tecnócratas del Opus Dei. Es significativo que los años en que Buero escribe *Un soñador* coinciden con la reorganización del gobierno franquista que tuvo lugar en febrero de 1957 con el nombramiento de nuevos ministros de Comercio, Hacienda y Fomento, entre otros. Los primeros intentos de apertura a Europa se llevaron a cabo en los dos años siguientes con la participación de España en organizaciones financieras y de desarrollo industrial y la autorización de la entrada de capital multinacional extranjero (Pollack, "The Paradox" 130-33).

Con la muerte de Franco se abre un periodo de transición a la democracia en la que la dicotomía tradicionalismo-modernización habría de sufrir nuevas transformaciones. El triunfo del Partido Socialista Obrero Español (PSOE) en las elecciones generales de 1982 representó la institucionalización del discurso de la modernidad que durante cerca de cuarenta años se había mantenido en la oposición. Con el lema electoral "Por el cambio", el PSOE hizo de la modernización del país el objetivo prioritario de su agenda política. En el ámbito económico, dicho objetivo se materializó a menudo en una política de corte neoliberal que pronto encontró la oposición de las organizaciones sindicales mayoritarias y que se traduciría en última instancia en varias huelgas generales.

Probablemente, el momento histórico más importante para España en sus empeños modernizadores lo constituye su entrada en la Comunidad Económica Europea en enero de 1986, acontecimiento que coincide con el inicio del rodaje de *Esquilache*. En el momento de su estreno, los españoles estaban sufriendo las consecuencias de la controvertida reconversión industrial que, aunque necesaria para la incorporación del estado español al Mercado Común Europeo, supuso el despido masivo de obreros en el sector metalúrgico, uno de los más combativos en el campo sindical. Como resultado de la política económica del gobierno, el PSOE habría de perder progresivamente una buena parte de su militancia de izquierdas y la gran mayoría de sus bases sindicales, opuestas ahora a los costos sociales que tendría esta política modernizadora.

De los acontecimientos arriba presentados, se deduce por tanto una continuidad de la dicotomía tradición / modernización, si bien dicha dicotomía adquiere rasgos cada vez más complejos y escapa a las simplificaciones que a menudo se han llevado a cabo. La modernización en la España de los ochenta dejó de ser un objetivo de la oposición política progresista para convertirse en el sello principal del aparato político institucional. Por otra parte, la oposición a los planes de modernización económica fue abanderada no por los sectores más reaccionarios de la sociedad española, como había ocurrido en el pasado, sino por las organizaciones sindicales y los partidos políticos de izquierda.

El marco sociohistórico en el que surgen las obras de Buero y Molina se traduce, por tanto, en dos periodos en los que el debate sobre la modernidad ocupa un lugar central en las preocupaciones políticas de la sociedad española de la época, pero en los que dicho debate adquiere tonos muy diferentes. ¿Cuál es el impacto de estos contextos sociohistóricos particulares en la producción y recepción de estas dos obras?

El estreno de *Un soñador* fue un éxito de taquilla en 1958, con más de trescientas representaciones, el cual tuvo, sin embargo, una crítica dispar. Por una parte los más progresistas alabaron el hecho de que la obra hubiera abandonado los esquemas manidos de la representación de un pasado idílico.[20] Por otra parte los críticos tradicionalistas lamentaban la buena prensa que se estaba dando al siglo XVIII, considerado por la historiografía oficial de la dictadura como un periodo decadente, barbarizante e irreverente que supuso un ataque a lo que Maravall ha llamado "la tradicional, la castiza imagen de España" (8). Los historiadores franquistas tendían a asociar "liberalismo" con "marxismo" y "extranjero" con "masónico". Por tanto, la nueva visión que Buero ofrecía del episodio del motín de Esquilache se consideraba, en el mejor de los casos, provocativa, si no herética. El motín reconstruido en *Un soñador* no se ve ya como un levantamiento popular espontáneo contra los herejes y las costumbres extranjerizantes, sino como el resultado de la manipulación del pueblo por la aristocracia reaccionaria que ve su *status quo* amenazado por las reformas de los ilustrados. Así, dentro del contexto de la España franquista, no sorprende la vehemente oposición que provoca en los sectores tradicionalistas esta reescritura que Buero hace de la historia.[21]

También en 1988 se produce una reacción ideológica con el estreno de la película de Josefina Molina, al que asistieron los reyes de España y diversas personalidades del mundo cultural, político y financiero. Curiosamente, este estreno coincide con la celebración del Bicentenario de la muerte de Carlos III y también, por esas ironías de la vida, con la huelga general que tuvo lugar en toda España el 14 de diciembre de 1988 en señal de protesta contra la política laboral y económica del gobierno socialista. El público español que vio la película en 1988 no tuvo gran dificultad en reconocer en Carlos Solchaga y Miguel Boyer, los Ministros de Economía y Hacien-

---

[20] Una señal de esta recepción favorable de la obra es que *Un soñador* obtiene el premio de teatro de la Fundación March en 1959.

[21] Entre los ataques más violentos véanse las dos reseñas de García Escudero publicadas en el diario *Ya* (1958) y la de Jesús Suevos en *Arriba* (1958). Hubo también ataques apasionados, al borde de lo cómico. Así, en un artículo publicado en el *ABC* (1959) Mariano Daranas afirma que "el esquilachismo es sólo un negocio de papanatas y de viles" (12). Daranas pasa después a ensalzar la figura de Miguel Primo de Rivera, según él "un verdadero soñador para un pueblo, eslabón de un linaje psicológico así español como universal, pues de Cisneros a Franco no necesita nuestro pueblo . . . luces de favoritos impuestos e intrusos" (12).

da, como los Esquilaches del momento. Es interesante observar que las reseñas periodísticas de la película han insistido en la actualidad del tema de la misma y que sus creadores la han clasificado reiteradamente como "una historia actual del siglo XVIII". La actualidad del film y la semejanza entre los dos momentos históricos está resumida en las siguientes palabras de Francisco Umbral:

> El PSOE nos ofrece europeísmo, reconversión industrial, libertades ciudadanas, apertura al mundo, y los sindicatos lo que quieren y necesitan es más sobre . . . Los nuevos ilustrados son hoy los economistas, que quieren recortarle el jornal al pueblo como Esquilache quería cortarles la capa . . . El sempiterno motín de Esquilache que es nuestra Historia, lo gana o lo pierde el Poder, pero siempre lo paga el pueblo. (17)

¿Cómo queda transferida y transformada la ideología de *Un soñador* en *Esquilache*? ¿Cuál es la relación de ambas obras con sus intertextos historiográficos? Si bien es factible llevar a cabo un estudio de la relación intertextual entre las obras de Buero y Molina, la labor se complica al intentar determinar el uso y manipulación que ambos hacen del archivo histórico. No me propongo llevar a cabo un riguroso análisis historiográfico, sin embargo es importante tener en cuenta que, a pesar de que ambas obras introducen una amplia gama de relaciones humanas y situaciones que son en definitiva producto de la imaginación de sus creadores, éstos siguen muy de cerca las fuentes históricas. De las diferentes versiones presentadas sobre el motín de Esquilache, uno de los momentos más oscuros de la historia de España, tanto Buero como Molina coinciden con la visión de los estudios historiográficos que en la actualidad gozan de mayor aceptación, los cuales defienden que el motín no fue una revuelta popular espontánea, sino promovida por la nobleza. Es difícil determinar la veracidad histórica del texto dramático y cinematográfico, pero lo que nos interesa en nuestro trabajo es comprobar su verosimilitud en cuanto obras representativas del teatro y cine históricos, respectivamente. Los hechos históricos han sido transformados artísticamente de forma que no quedan desvirtuados y hacen posible que el público se enfrente con cuestiones que trascienden tanto el plano meramente historiográfico como el puramente estético.[22]

---

[22] Curiosamente, casi todos los personajes tienen una base histórica: Esquilache,

Por lo que respecta a las convergencias temáticas y a las diferencias ideológicas de *Un soñador* y *Esquilache*, el planteamiento de estas obras es, a primera vista, muy similar: ambas se centran en la caída de este ministro italiano de Carlos III y la destrucción de sus sueños de reconstrucción nacional. En su afán por convertir a España en un país moderno, intenta llevar a cabo una reforma no sólo material, sino también moral. A su vez, el pueblo se resiste a estos cambios por razones materiales y morales: por un lado se opone al embellecimiento de la ciudad, empedrado de las calles, alumbrado y construcción de bibliotecas, ya que esto suponía una subida de los impuestos; por otro lado se muestra reacio a los cambios de costumbres que estaban arraigadas en su tradición. El elemento catalizador del descontento del pueblo es el bando hecho público el 10 de marzo de 1766, el cual, con el objeto de erradicar la violencia callejera, prohíbe el uso de la capa larga y el sombrero chambergo, por considerar que estas prendas facilitaban el camuflaje de los malhechores. Esta medida impopular y la prepotencia que Esquilache muestra en aplicarla, provocan el descontento del pueblo que se levanta en un motín contra él. Ante las peticiones de los amotinados, éste opta por exiliarse para evitar una guerra civil. Ésta es, a grandes rasgos, la historia que Buero y Molina presentan en sus respectivas obras. Analicemos ahora la estructura de las mismas y las implicaciones ideológicas subyacentes al proceso de adaptación del texto dramático en texto cinematográfico.

La estructura de la obra de Buero es episódica: consta de dos partes subdivididas en secuencias que se suceden cronológicamente cubriendo un periodo relativamente breve de tiempo: del 9 al 24 de marzo de 1766. Los saltos temporales se consiguen con gran fluidez, lo cual, a primera vista, facilitaría la labor de adaptación al medio cinematográfico. La primera parte tiene lugar durante los días 9, 10, 11 y 22 de marzo, fechas anunciadas por el personaje del ciego, quien, irónicamente, es el espectador interno que presencia la tota-

su esposa Pastora, su secretario Campos, el rey, Ensenada e incluso aquellos personajes secundarios como el calesero Bernardo, líder de los amotinados, comparten bastantes rasgos con sus respectivos referentes históricos. Es interesante, sin embargo, observar cómo Buero se apropia de los personajes históricos de tal manera que el espectador puede percibir en ellos no sólo características tomadas del archivo histórico, sino también de otros personajes de su repertorio dramático. Así Esquilache encaja dentro del grupo de sus héroes trágicos: los soñadores como Penélope y Alcino de *La tejedora de sueños* o Ignacio de *En la ardiente oscuridad*.

Josefina Molina, *Esquilache* (1988)

Fernando Fernán Gómez, *Las bicicletas son para el verano* (1984)

lidad de la acción. Para indicar los cambios espacio temporales, Buero no se vale de las consabidas técnicas del oscurecimiento del escenario o la bajada del telón. Por otra parte, la presencia permanente del ciego es posible gracias a la simultaneidad que facilita la especial disposición y buen aprovechamiento del espacio escénico.[23] Una plataforma giratoria elevada y dividida en cuatro frentes ocupa gran parte de la escena. Este nivel superior está simbólicamente ocupado por aquellos personajes que están en el poder y la parte inferior, que representa la calle, es el espacio reservado para el pueblo: el ciego, embozados, una alcahueta, una maja, alguaciles, caleseros, etc. De esta manera, Buero logra fácilmente, mediante una acción zigzagueante, dirigir la atención del espectador a los dos niveles escénicos, consiguiendo así lo que Doménech describe como "una compleja red de relaciones (antinómicas y simétricas) entre las figuras que corresponden a estos dos planos" (138). Es especialmente importante en la primera parte, la alternancia de las escenas que se desarrollan en el nivel superior –excepto una de ellas, todas en el gabinete de Esquilache– con las que tienen lugar en el plano inferior que representa la calle.[24]

La simetría estructural de esta primera parte se manifiesta no sólo en la alternancia de las escenas que se desarrollan en el nivel superior e inferior, sino también en la peculiar disposición de aquellas en que el protagonista está presente, las cuales presentan una estructura tripartita que se repite siguiendo el esquema: 1) Esquilache con un personaje del ámbito político: Campos, Ensenada, Villasanta y el rey; 2) Esquilache y su esposa Pastora; 3) Esquilache y Fernandita. Robert Nicholas observa que el orden simétrico y armónico de esta primera parte evoca el espíritu del clasicismo, dominante en el siglo XVIII. Por tanto, la cuidada disposición estructural de la obra es reflejo de la sociedad española de este siglo:

> Each series of interior scenes is characterized by a downward progression from the highest to the lowest social class. The aristocrats, Villasanta, Ensenada and the king, precede Pastora, em-

[23] En el acto segundo sí se recurre al oscurecimiento, pero éste más que una convención teatral es un recurso realista que representa la noche del día 23, de forma que la vuelta de la luz es paralela al amanecer del día 24.

[24] La única excepción es la entrevista que tiene Esquilache con el rey en uno de los frentes secundarios del giratorio.

> bodiment of the "nouveaux riche", who in turn comes before the peasant Fernandita. The good element of the lower class (Fernandita) is followed by and contrasted with the evil segment of the lower class (in the street scenes). And the cycle begins again. (62)

Aunque las observaciones de Nicholas parecen razonables, sería conveniente recordar que con esta peculiar organización de las escenas, Buero pretende no tanto presentar un contraste entre las clases sociales como entre las dos ideologías que sirven de eje temático a toda la obra: por una parte la convicción de Esquilache de que la minoría de edad política del pueblo es sólo transitoria y que en el futuro será capaz de dirigir su propio destino; por otra la postura personificada por Ensenada que considera necesario y lícito manipular a un pueblo siempre menor de edad mediante los mitos creados en torno a la religión y la patria. Pero además de presentar estas ideologías, Buero se propone contrastar diferentes rasgos del personaje protagonista de Esquilache, al presentarlo tanto en su faceta política como personal. El drama de su soledad es doble: no sólo sufre por la incomprensión de un pueblo antiprogresista, sino también por la incomunicación con su mujer Pastora y sus hijos. La creciente tensión que se crea entre la acción de los dos niveles escénicos, tiene su contrapartida en la tensión matrimonial. Ante el pueblo Esquilache se muestra activo y enérgico, al borde incluso de la prepotencia; sin embargo, es cobarde en el plano sentimental, hasta el punto de desistir en el empeño de recobrar el amor de su mujer, y optar por rogarle tan sólo que no se inmiscuya en los asuntos de Estado.

El orden establecido simbólicamente a través de los niveles escénicos se rompe con el comienzo del motín y el saqueo de la casa de Esquilache. Al principio de la segunda parte el triunfo del antiprogresismo popular tiene su correlato emblemático en signos escénicos: los cristales están rotos, hay desorden en el gabinete de Esquilache y Relaño come sentado sobre la mesa donde antes estuviera la maqueta de un edificio que embellecería el Madrid soñado por Esquilache. Su retrato, arrancado de la pared y tirado al suelo, anticipa su deposición como ministro del rey y su destierro. El triunfo de la irracionalidad del pueblo español se refuerza además con la simbología tan bueriana de la luz frente a la oscuridad. Es significativo que la primera parte se cierre con Bernardo y Morón en ademán de tirar una piedra que destruirá los faroles que simbolizan la luz, el conocimiento, el progreso y la verdad.

El juego de oposiciones y simetrías que Buero consigue crear mediante un hábil manejo de un espacio escénico cargado de simbolismo, lo recrea Molina a través de una nueva y sofisticada reestructuración temporal en la narrativa cinematográfica. Si bien el orden temporal de la historia de *Un soñador* coincide con el del discurso, el tiempo narrativo en *Esquilache* está fragmentado en tres momentos que se entrelazan y/o superponen mediante una estructura temporal circular. La técnica compositiva del montaje ha hecho posible la reorganización del texto dramático de modo que en la película la casi totalidad de la acción está narrada a través del recurso analéptico del *flashback*.[25]

No obstante, es tan sólo al final cuando el espectador es consciente de la estructura narrativa de cajas chinas, ya que la última secuencia ofrece la clave sobre la verdadera dimensión temporal de todo lo observado, al tenerlo que situar ahora en los recuerdos de un Esquilache cercano a la muerte. Con este reajuste de la perspectiva temporal, el espectador tendrá también que reajustar sus presuposiciones respecto al punto de vista narrativo. El episodio histórico que creíamos haber observado a través de la lente objetiva de la cámara, lo hemos visto a través de la memoria de Esquilache y por lo tanto la identificación con el protagonista ha sido hasta cierto punto manipulada. Asimismo, la última secuencia del film da sentido a la primera, en la que se nos había invitado, mediante una toma de *zoom*, a salir del recinto para sumergirnos en el pasado. El juego de perspectivas conseguido visualmente en las secuencias que abren y cierran el film, tiene su correlato verbal en la carta del rey leída en voz alta para un Esquilache moribundo: "y sentí una profunda melancolía al comprender que nuestro hoy ya es ayer y que tanto tú como yo no tenemos otra razón de ser que la de nuestro pasado". Son estas palabras las que en la primera secuencia nos llevaron retrospectivamente a la casa de Esquilache saqueada; sin embargo, al ser repetidas al final, la perspectiva es opuesta. La cámara no está

[25] Seymour Chatman define el *flashback* cinematográfico como un pasaje narrativo que "vuelve hacia atrás" bajo forma de escena autónoma, introducida por una señal de transición tal como una separación o una disolvencia. Curiosamente, en Esquilache se intentan eliminar las señales de transición mediante el uso de *flashbacks* parciales, al mantenerse uno de los dos canales de información (el visual o el auditivo) en el presente mientras que el otro se encuentra en el pasado.

ahora situada en el lugar que ocupa Esquilache, sino en el punto donde se encuentran los espectadores intradiegéticos –la familia de Esquilache que presencia su muerte– y finalmente toda la escena se capta desde el punto de vista de los espectadores extradiegéticos.

El mensaje esperanzador implícito en la estructura dramática abierta de la obra de Buero, queda aquí clausurado por la circularidad narrativa y por el uso recurrente del *flashback*, un recurso formal que parece apuntar a la inevitabilidad de los acontecimientos pasados y a la imposibilidad de cambiar el presente. Jeanine Basinger considera el *flashback* "a rigid, entrapping format that says clearly that there are no choices but the one already made . . . A flashback is a passive form of storytelling, in that it visualizes events that are allegedly past, inactive, over with, done" (198). La propuesta de Basinger no resulta totalmente convincente en su identificación entre clausura formal y pasividad discursiva, ni tampoco en el hecho de que el *flashback* tenga necesariamente que imbuir a la acción de un sentido predeterminista. No obstante, en Esquilache el tema del predeterminismo y de la circularidad de la historia está presente también a nivel de contenido, sobre todo en la carta del rey, y por tanto el uso del *flashback* sirve para subrayar este aspecto al nivel de discurso.

Sin embargo, Molina explota creativamente este recurso de forma que en ningún momento podríamos hablar de pasividad discursiva. De hecho, la parte más conseguida de la película es precisamente esa larga secuencia en que Esquilache, camino de palacio, recorrc la ciudad dc Madrid la nochc dcl motín. En clla qucdan marcadas en contrapunto escenas retrospectivas de los días precedentes al motín con las miradas de Esquilache al exterior de la carroza. Durante este viaje metafórico de autoconocimiento, no sólo observa los hechos del presente, sino que también indaga en el pasado en busca de las causas de su fracaso como político, esposo y padre. En este intento de reconstruir el rompecabezas de los últimos días de su gobierno, los saltos al pasado son provocados metonímicamente por elementos del presente y viceversa. Así, por ejemplo, las risas de los hombres que crean los disturbios se convierten, gracias al montaje visual y auditivo que facilita el medio cinematográfico, en las risas de los ilustrados que escuchan el discurso de Esquilache sobre la resistencia del pueblo español a la innovación. La vuelta al presente se produce de nuevo mediante un desplazamiento metonímico: los aplausos de los participantes en el banquete y los gritos de "¡Viva la Ilustración! ¡Vivan las Luces!" son bruscamente interrumpidos por el ruido de cristales rotos. El contraste entre los "vivas" de los Ilustrados y la realidad observada por Esquilache se hace patente y un toque de amarga ironía se añade ante el patético espectáculo del pueblo que destruye todas las farolas que Esquilache ordenó poner para iluminar Madrid.

El marcado simbolismo que luz y oscuridad tienen en la obra de Buero se traduce con fidelidad en la película no sólo visualmente, sino que se subraya con las palabras de la carta del rey, la cual se presenta en *voz en off* de forma fragmentada en distintos momentos de la película: "De tanto seguir las luces, temo que nos hayamos quedado ciegos, convirtiéndonos en las primeras víctimas de tiempos de oscuridad". Es esta carta del rey una de las adiciones más interesantes que el guión de la película hace respecto a la obra dramática. Reproduzco a continuación los fragmentos más significativos de esta carta por la importancia de la misma tanto a nivel temático como formal:

> Ayer me regalaron un bello grabado en el que se reproduce al detalle el ingenio volador llamado globo (. . .) Tras quedarme un largo rato absorto en su contemplación, pensé que bien podría ser este el comienzo de unos nuevos tiempos y sentí una profunda melancolía al comprender que nuestro hoy ya es ayer y que tanto tú como yo no tenemos otra razón de ser que la de nuestro pasado (. . .) Hemos forzado a la Historia a dar un paso hacia adelante. La Historia lo ha dado y nosotros nos hemos quedado haciendo equilibrios en el vacío.
>
> Dicen que la vejez es un camino de vuelta a la infancia. De ahí que el final de nuestras vidas esté marcado por la obsesión del recuerdo igual que esta carta que te envío a Venecia se dispersa en busca de la memoria. Pero es en vano porque mirar al ayer no cambia el presente.
>
> Después de tanta intolerancia, la gente viste a la moda de Esquilache, se alumbra con la luz de las farolas de Sabatini y mis propios ministros se cartean nada menos que con esos insensatos de Rousseau y Voltaire. No sé si era éste nuestro sueño. Desconozco incluso si nuestro país ha ganado la batalla del sentido común. Pienso que nuestra infelicidad consiste en no saber lo que queremos y en matarnos por alcanzarlo.

Esta carta subraya los temas tratados en el film y resume el espíritu de las ideas introducidas a través de los diálogos, logrando así evitar un predominio de la palabra sobre la imagen que delataría sus orígenes teatrales, al mismo tiempo que se consigue mantener la profundidad y sofisticación de ideas, presentes en la obra de Buero. La función de la carta a nivel del discurso es la de superponer varias etapas de la vida de Esquilache. Es significativo que sus momentos de reflexión y vuelta al pasado en un doble *flashback* sean producidos por derrotas: por un lado la muerte parece ganarle la batalla al Esquilache que agoniza en su lecho, por otro lado una nobleza reaccionaria y un pueblo incomprensivo destruyen el sueño del político. El discurso epistolar funciona a modo de *flashforward* parcial puesto que al ser transmitido en *voz en off*, el canal verbal no coincide temporalmente con el visual, sino que nos remite a un tiempo futuro. A nivel estructural sirve también para marcar el presente diegético, el cual significativamente coincide con el futuro esperanzador implícito en la escena final de la obra de Buero.

Como apuntamos anteriormente, el juego de oposiciones y simetrías que Buero consigue crear a nivel espacial, tiene su contrapartida en la estructura temporal zigzagueante de la película de Molina. No obstante, las implicaciones ideológicas que se derivan de la estructura de ambas obras son antagónicas. La esperanza en *Un soñador* va unida a un futuro que el mismo pueblo forjará. La salvación de España no está en los proyectos políticos soñados por los gobernantes, sino en el pueblo mismo, un pueblo "mayor de edad" cuyo representante es Fernandita, la cual servirá como eslabón con los españoles del futuro, dueños de su madurez material y moral.[26] En la película, los cambios a los que alude el rey en su carta no se han conseguido *por el pueblo*, sino más bien *a pesar del pueblo*. Las alusiones a la modernización y al fin del aislamiento respecto a Europa se entienden en toda su extensión si tenemos en cuenta la actualidad del tema de la europeización de España para los espectadores de 1988. El futuro soñado por Esquilache y Carlos III en la

---

[26] Para un estudio detenido de la simbología del personaje de Fernandita y de su función en el engranaje dramático, véanse Borel (194) y Puente Samaniego (45-49). Puente Samaniego se centra en el proceso de transformación de Fernandita en símbolo, paso que se opera "mediante la técnica dramática de lo concreto en la más pura línea bueriana del conocido postulado 'realismo-simbólico'" (46).

película de Josefina Molina no se postpone a una vaga esfera temporal ni se asocia con un ideal utópico inalcanzable. Por el contrario, mediante una red de analogías con el presente de producción del film (1988), se sugiere su materialización final en la España del postfranquismo y, en concreto, bajo la administración del Partido Socialista.

La carta supone también conferir al rey una autoridad y un protagonismo de los que carecía el personaje de Buero. Es sólo a través de él que Esquilache y los espectadores conocen los pasos que se están dando hacia la modernización. Por otra parte, no sólo se presenta como mensajero del cambio, sino que es él mismo quien lo hace posible. El pueblo queda en la película desautorizado, en el anonimato y relegado a un segundo plano, mediante la eliminación de personajes tales como María, Claudia, Morón y Relaño, y de una buena parte de las escenas que en el drama ocurrían en el nivel inferior y cuyos protagonistas eran personajes populares. Los momentos más conseguidos de la película son aquellos que representan escenas intimistas. Las secuencias exteriores, especialmente aquellas multitudinarias, como las de la Plaza de la Armería, no son convincentes, llegando incluso a romper el ritmo interno en los momentos de mayor tensión dramática.[27] Por otra parte, el personaje de Fernanda, aunque lo salva la excelente actuación de Ángela Molina, no es símbolo del pueblo "mayor de edad" del futuro, sino que se convierte en un mero apoyo sentimental de Esquilache, que es, junto con el rey, el verdadero protagonista.

La forja de la historia en la película de Molina no es, por tanto, el resultado de la acción de las masas populares como se presentaba en la retórica del socialismo tradicional, sino la consecuencia más o menos inmediata de la labor de héroes culturales y gobernantes visionarios que, adelantados a su tiempo, supieron diagnosticar los males del país y ofrecer una alternativa para su reforma política, económica y moral. Esta concepción de la historia heredada del despotismo ilustrado coincide en líneas generales con algunas de las actitudes más extendidas entre los gobernantes socialistas. El sentido de inevitabilidad en relación con el tema de la modernidad que

---

[27] La superioridad de las escenas intimistas es posible gracias al buen uso que Josefina Molina hace de los primeros y primerísimos planos y a la buena interpretación de actores de primera fila como Fernando Fernán Gómez, Ángela Molina, José Luis López Vázquez, Concha Velasco, Adolfo Marsillach y Amparo Rivelles.

respira la película de Molina y que se cifra en la carta del rey recuerda la nueva retórica asumida por el PSOE acerca de la integración de España en la comunidad europea de naciones y en el aparato defensivo occidental.

Asimismo, el cambio del título es significativo: el soñador se queda sólo, sin su pueblo, tanto al nivel de la historia como del discurso. Esta pérdida de protagonismo del pueblo hace también que se pierda el principal mensaje político que Buero tuvo el coraje de apuntar en 1958 y es que el pueblo no debe ir contra sus propios intereses ni puede permitir ser manipulado por las clases dominantes. Doménech expresa la valentía de Buero al atreverse a presentar al pueblo como "una fuerza que puede ser utilizada contra sí mismo, sea en el siglo XVIII o en cualquier otra época" (144).

Si bien el alcance político de las reformas de Carlos III y su ministro es claramente magnificado en la obra de Molina, Esquilache presta atención también al lado humano de los personajes. Como resultado, la acción se hace más verosímil y se despierta además la empatía del espectador. Molina añade escenas que revelan en todo detalle las rutinas cotidianas, enfermedades y debilidades de tales personajes. Buero nos presenta a un héroe trágico idealizado, cuya aparente derrota final es en realidad un triunfo; sin embargo, a Molina le interesa más presentar a un hombre vencido por los años y la enfermedad, lleno de contradicciones y debilidades. Lo consigue contraponiendo paralelamente a la pérdida del poder, la decadencia física. Fernanda le proporciona alivio para su dolor físico y espiritual y es a ella a quien le debe la vida, pues interrrumpe sus intentos de suicidio, otro toque desmitificador añadido en la película.

Aunque de manera diferente, tanto Buero como Molina buscan una identificación con el personaje de Esquilache. A pesar de que la mayoría de los historiadores no eximen totalmente de culpa al ministro de Hacienda de Carlos III, Buero y Molina presentan al hombre y al político desde una postura abiertamente apologética que queda resumida en las siguientes palabras pronunciadas por Carlos III: "¿Sabes por qué eres mi favorito, Leopoldo? Porque eres un soñador. Los demás se llenan la boca de grandes palabras, y en el fondo sólo esconden mezquindaz y egoísmo . . . Tú has hecho al revés: te ven por fuera como el más astuto y ambicioso, y eres un soñador ingenuo, capaz de los más finos escrúpulos de conciencia" (*Un soñador* 55 y *Esquilache*). Estos escrúpulos de conciencia que el rey adivinaba en su ministro son corroborados en el clímax de obra y película cuando al plantearle las exigencias del pueblo amotinado, Esquilache decide dimitir de su cargo y abandonar el país –también su sueño– para evitar una guerra civil.[28]

A partir de este momento se hace evidente el alejamiento de la película respecto a las implicaciones ideológicas de la obra de Buero. En ésta, la aparente derrota de Esquilache se convierte en victoria pues triunfan su criada Fernandita y la España que ella simboliza. La ruptura definitiva con Bernardo significa la derrota de la España castiza y tradicional que se opone al progreso y el triunfo de un pueblo nuevo que no dejará que le manipulen. Esquilache confiere una autoridad plena a Fernandita, quien está presente en su enfrentamiento con Ensenada como juez de los dos. Es más, en *Un soñador* queda implícito que es ella en último término quien salva a España de una guerra civil, puesto que Esquilache toma la decisión de autodesterrarse pensando en Fernandita y en lo que ella representa. El Esquilache de Buero cree en la libertad individual y confía en que los cambios sociales ocurran partiendo de un uso correcto de esta libertad:

> Te queda la lucha peor. Ese hombre no será detenido: tú debes vencer con tu propia libertad . . . ¡Creo en ti Fernandita! El pueblo no es el infierno que has visto: ¡el pueblo eres tú! . . . Tal vez pasen siglos antes de que comprenda . . . tal vez nunca cambie su triste oscuridad por la luz . . . ¡Pero de vosotros depende! ¿Seréis capaces? ¿Serás tú capaz? (106)

El espectador de la obra de teatro sabe que la respuesta a estas preguntas es afirmativa; sin embargo en la película no es tan fácil interpretar el gesto de rechazo que Fernanda hace a Bernardo. Por otra parte, las modificaciones que Molina hace en la secuencia de la despedida entre Esquilache y Fernanda, aumentan la indeterminación respecto a la victoria de ésta. Fernanda responde a las preguntas de Esquilache con otra pregunta: "¿No tiene otra cosa que ofrecerme que grandes palabras?". Aunque en Fernanda subsista el simbolismo de signo popular que caracteriza al personaje de Buero, su valor político efectivo queda oscurecido. La Fernanda de Molina sirve de apoyo y consuelo al ministro reformista y queda finalmente

---

[28] En la obra dramática se pone mayor énfasis en esta potencial guerra fratricida, ya que para Buero, como víctima de la guerra civil, este tema está más cercano.

abandonada a su suerte en medio de una población que cuestiona su honra. La ambigüedad política del personaje en la película es de gran importancia si nos atenemos a su dimensión simbólica, ya que es el resultado de la ambigüedad del papel que el film otorga al pueblo español en el proceso de modernización del país. Si la transformación política, económica y moral es el monopolio de un grupo selecto de ilustrados, ¿qué debe hacer el pueblo sino aceptar sumisamente la trayectoria dirigida de la historia, aunque dicha trayectoria comporte medidas impopulares? El papel final de Fernandita queda indeterminado por la sencilla razón de que la propaganda institucional que se presenta en el film no deja espacio de acción a las bases populares. Las transformaciones, según la película, se llevan a cabo desde arriba con la colaboración de los de abajo y, si esta colaboración no tiene lugar inmediatamente lo tendrá tarde o temprano, aunque para ello tengan que pasar dos siglos. Invirtiendo las palabras que el rey dirige en su carta al agonizante Esquilache, podríamos afirmar que nuestro ayer ya es hoy y no tenemos otra razón de ser que la de nuestro presente.

Cualquier análisis del nivel ideológico en el proceso de transferencia de un género a otro debe tener en cuenta el marco sociohistórico de la producción y recepción de la obra. Producida bajo el periodo de la Restauración, la obra de Arniches ejemplifica las inclinaciones moralistas de toda una generación de intelectuales que intentó combatir el mal de España mediante la educación. Basándose en las convenciones de la tragicomedia y el sainete, Arniches convierte su obra en una tribuna abierta a la crítica de las actitudes sociales que han impedido la modernización de España. Traspuesta a la España franquista de la mano de Bardem, la obra de Arniches se convierte en un alegato político contra el oscurantismo y la represión en una ciudad de provincias. En su velada denuncia de la vida bajo la dictadura, Bardem se vale de ciertos elementos de la tragicomedia de Arniches para comunicar su mensaje, pero infundiéndole un valor político del que carecía el original. Si en *La señorita de Trevélez* el mensaje moral quedaba relegado al monólogo de uno de los personajes al final de la obra, en *Calle Mayor* Bardem crea nuevos personajes que funcionan como conciencia moral y política omnipresente.

Producida dos años después de *Calle Mayor, Un soñador para un pueblo* de Buero Vallejo se vale igualmente de los textos del pasado para explorar la realidad de la España franquista. El *pre-texto* en este caso viene dado por los documentos historiográficos que presentan la figura del ministro de Carlos III, el marqués de Esquilache, como uno de los abanderados de la modernización y el cambio en la España de la Ilustración. Si la ideología franquista se basaba en la negación de la historia moderna y especialmente del pasado liberal, la obra de Buero se centra precisamente en el llamado Siglo de las Luces, momento histórico crucial en el que España perdió la oportunidad de abrirse al progreso que traían las revoluciones liberales en toda Europa.

Esa esperanza de cambio soñada por Esquilache no habrá de verse realizada sino hasta mucho después. Es significativo que la producción cinematográfica de la obra de Buero se lleve a cabo en el preciso momento de la integración de España en la comunidad europea de naciones. *Esquilache* de Josefina Molina es una superproducción hecha en colaboración con Radio Televisión Española en un periodo histórico en el que el mensaje que Buero ponía en boca del ministro de Carlos III ha dejado de ser oposicional, y ha pasado a convertirse en parte de la retórica promovida desde la administración socialista. La crítica que la obra de Buero hace en clave simbólica al aislacionismo del franquismo para esquivar la censura en 1958, ya no tiene el mismo sentido 30 años después, bajo un régimen democrático. Aunque a primera vista la adaptación de Molina se manifiesta fiel a la obra dramática, un análisis detenido revela cambios significativos que responden a presupuestos ideológicos tanto por parte de los productores como de los potenciales receptores. Los distintos contextos sociopolíticos en que se producen las dos obras cambian irremediablemente el impacto crítico de las mismas. Para el público de 1958 la figura de Esquilache representa la oposición al regimen político del momento; en 1988 personifica la política de europeización del partido socialista.

Capítulo V

LA CONSTRUCCIÓN DEL SUJETO FEMENINO EN EL ESCENARIO Y LA PANTALLA

El feminismo se ha ido definiendo en las dos últimas décadas como una nueva fuerza política y cultural. Como apunta Janelle G. Reinelt, durante este periodo la teoría crítica feminista ha tenido un enorme impacto sobre los estudios dramáticos y cinematográficos, ya que los acercamientos feministas parecen ser especialmente apropiados para tratar el elemento especular inherente al escenario y la pantalla (225). Por otra parte, el teatro y el cine, en mayor medida que otros medios de expresión artística, siguen estando, por lo general, inmersos en un contexto social e institucional de represión de ciertos discursos. El discurso de la mujer, tal y como ella lo podría producir ha sido suprimido por uno masculino en el cual su significado real ha sido, por lo general, reemplazado por uno mítico al servicio del patriarcado.

La investigación feminista comienza a desarrollarse antes, y con mayor profundidad, en el campo cinematográfico que en el teatral. En los años 70 prevalece un acercamiento feminista sociológico y político. Se analiza la tiranía de los papeles asignados a la mujer, entre ellos el de virgen, prostituta, madre, etc., y se discuten los espacios tradicionalmente asignados a cada uno de los sexos. [1] Aunque este tipo de crítica sigue vigente, se ha intentado suplir sus deficiencias con teorías basadas en el estructuralismo, el psicoanálisis, la semiótica y la semiología. [2]

---

[1] La esfera pública está asociada a lo masculino, mientras que la figura femenina de esposa / madre pertenece al espacio doméstico. La crítica feminista se propone romper las distinciones entre "lo público" y "lo privado", puesto que se asientan sobre oposiciones y percepciones arquetípicamente patricarcales.

[2] Se ha atacado el tipo de crítica sociológica por la frecuente confusión entre el

Desde esta pluralidad de aproximaciones teóricas, se han ido definiendo varias posturas sobre las discusiones de diferencia sexual. Así, mientras las feministas radicales basan sus argumentaciones sobre la superioridad de la mujer en cuestiones biológicas, las materialistas o marxistas ponen la dimensión sociológica en un primer plano para explicar las diferencias de género tradicionalmente creadas por la sociedad patriarcal. Las lecturas feministas que de un texto se pueden hacer se inscriben dentro de una gran diversidad de posiciones políticas, cuyo punto común sería el de reconocer la posición privilegiada del hombre respecto a la mujer y combatirla a nivel social y estético.[3]

Tanto en el campo teatral como en el cinematográfico, la crítica feminista se ha centrado en la desconstrucción de los códigos culturales dominantes que enfocan y controlan la identidad femenina dentro de sistemas de representación que son un reflejo del orden patriarcal dominante en las sociedades occidentales. La teoría dramática feminista comienza a tener auge en los años 80 y, tal y como reconocen Gayle Austin y Sue-Ellen Case, se apropia de las investigaciones sobre género y cultura llevadas a cabo en múltiples disciplinas, entre ellas la teoría cinematográfica feminista. Case resume el proyecto teórico del feminismo en el campo del teatro en los siguientes términos:

> New feminist theory would abandon the traditional patriarchal values embedded in prior notions of form, practice and audience response in order to construct new critical models and methodologies for the drama that would accommodate the presence of women in the art, support their liberation from cultural fictions of female gender and deconstruct the valorization of the male gender. In pursuit of these objectives, feminist dramatic theory would borrow freely: new discoveries about gender and culture from the disciplines of anthropology, sociology and political science; feminist strategies for reading texts from the new work in English studies; psychosemiotic analyses of performance and representation from recent film theory; new theories of the 'subject' from psychosemiotics, post-modern criticism and post-

---

mundo real y el de la representación. Así, las imágenes o situaciones de las obras se tienden a tomar como situaciones reales.

[3] Hoffman, Secor y Tinsley, editoras de *Female Studies VI* proponen la frase "perspectiva feminista" para englobar en ella a todos los acercamientos críticos feministas.

> structuralism; and certain strategies from the project called 'deconstruction'. (115)

La crítica cinematográfica feminista no sólo ha sido pionera en el campo del espectáculo, sino también más fructífera que la teatral, al menos desde un punto de vista cuantitativo. Quizás sea esto debido a los problemas metodológicos que conlleva la crítica dramática a la hora de analizar la codificación del "signo mujer", ya que en teatro, las nociones dominantes de género han de ser consideradas no sólo en el texto dramático, sino también en las lecturas que los directores y actores hacen del mismo en cada representación, así como en la recepción de su significado por parte del público. En este estudio nuestro análisis no está enfocado en puestas en escena concretas de obras teatrales, sino en el texto dramático en sí. Esto conlleva ciertas limitaciones. Así, mientras en nuestras observaciones de los textos fílmicos podemos aludir a elementos como, por ejemplo, la codificación cultural que refleja la elección de una determinada actriz en el reparto, en el caso de las obras teatrales tenemos que limitarnos, en la mayoría de los casos, a la información proporcionada en las acotaciones para desenmascarar la construcción semiótica que controla el sistema de signos de representación de la mujer.

En el presente capítulo analizaremos varias obras de teatro y cine partiendo de algunas "perspectivas" o "críticas feministas". [4] Estudiaremos las representaciones de la mujer, así como los motivos y conductas asociados con el significante "mujer" a nivel social y discursivo en las obras de teatro seleccionadas y en sus respectivas adaptaciones cinematográficas. La primera parte del capítulo se centrará primordialmente en la dimensión sociohistórica y en la situación de la mujer durante la guerra civil española, tal y como queda representada en *Las bicicletas son para el verano* (1982) de

[4] Usamos estas palabras en la forma del plural conscientes de la ausencia de una única definición que englobe todas las posiciones feministas. Por otra parte, hacemos esta distinción conscientes de que algunas feministas prefieren mantenerse al margen de todo tipo de teoría, ya que ésta se asocia con lo intelectual, el rigor crítico y, en definitiva, lo masculino, en vez del arte de la interpretación crítica. Los años 80 fueron testigo de un espectacular arranque de la teoría y crítica feministas, las cuales se han mantenido en auge durante los años 90. La bibliografía anotada de Susan Steadman recoge la mayoría de los estudios feministas relacionados con el teatro, publicados en Estados Unidos entre 1972 y 1988. Entre los estudios posteriores a estas fechas destacan los de Aston, Austin, Canning, Case, Ferris y Keyssar. Los estudios teóricos y críticos feministas relacionados con el teatro y el cine españoles son mucho más escasos.

Fernando Fernán Gómez –adaptada a la pantalla por Jaime Chávarri en 1984–, y en *¡Ay, Carmela!* (1988) de José Sanchis Sinisterra –adaptación de Carlos Saura en 1990.

En la segunda parte, nuestro énfasis está no sólo en el *qué,* sino también en el *cómo* se produce significado. [5] Nos interesa analizar cómo la identidad real de la mujer no queda expuesta por lo general a un nivel denotativo, sino más bien connotativo, es decir no se la presenta en términos de lo que realmente significa, sino de lo que representa para la mirada masculina. En *La guerra empieza en Cuba* (1955) de Víctor Ruiz Iriarte –adaptación de Manuel Mur-Oti en 1956–, por ejemplo, trataremos de desenmascarar las connotaciones culturales implícitas en el signo mujer que subyacen a los códigos sobre los que se asienta esta comedia de enredo y la forma en que éstas quedan reforzadas en la versión cinematográfica. En *Divinas palabras* (1920) de Ramón del Valle-Inclán –versión cinematográfica de José Luis García Sánchez (1987)– nuestro estudio se enfocará en la función de la mujer como icono y objeto de intercambio y su conexión con el espectáculo, dos aspectos presentes también en *La guerra empieza en Cuba.*

En esta segunda parte del capítulo, las investigaciones desarrolladas en torno al placer visual y las relaciones de poder en que quedan inscritos el sujeto que observa y el objeto de la mirada en el teatro y el cine, resultan especialmente relevantes. [6] El modo en que los espectadores perciben a la mujer en el escenario y en la pantalla constituye una de las empresas acometidas con más rigor por parte de la crítica feminista. Dicha empresa se ha valido de la base teórica proporcionada por la psicosemiótica feminista, una mezcla de psicoanálisis, semiótica y feminismo que han desarrollado Laura Mulvey en "Visual Pleasure and Narrative Cinema" de Laura Mulvey (1975), Ann Kaplan en *Women and Film: Both Sides of the Camera* (1983), Kaja Silverman en *The Subject of Semiotics* (1983), Teresa de

[5] Ésta es también la tendencia de la crítica feminista actual. La teoría cinematográfica desarrollada por Jean-Louis Baudry ha sido reveladora al respecto, ya que se basa en la argumentación de que la enunciación –*cómo* se dice algo– no puede ser separada del enunciado –*lo que* se dice. Según este crítico, el significado producido por el mecanismo cinematográfico de proyección depende no sólo del contenido de las imágenes, sino también de los procedimientos materiales por los que se crea una imagen de continuidad a través de elementos discontinuos (45).

[6] Algunos aspectos de estas teorías son, no obstante, válidos también en el medio teatral. Como ya apuntamos anteriormente, la teoría feminista desarrollada específicamente en torno al teatro está basada o inspirada, por lo general, en la cinematográfica.

Lauretis en *Alice Doesn't* (1984), y Mary Ann Doane en *The Desire to Desire* (1987), entre otras. En todos estos ensayos se analiza, por una parte la forma en que la mujer en el cine es representada como deficiente –o en palabras de Mary Ann Doane "as lacking in her *object-hood*" (5)– y por otra se cuestiona el modo en que se construye su subjetividad. En otras palabras, lo que estas teóricas quieren demostrar es que, en el cine dominante, tanto el papel de la mujer / objeto como el de la mujer / sujeto son problemáticos.

Aunque el estudio de la constitución cultural de la mirada masculina se haya desarrollado en la crítica cinematográfica, es esencial en todas las artes del espectáculo y ha sido utilizada para analizar obras de teatro, aunque con ligeras adaptaciones, que sin embargo nunca han sido desarrolladas exhaustivamente desde un punto de vista teórico. Así, Case observa que mientras en el medio cinematográfico el principal medio de organizar la mirada es la cámara, en teatro hay que tener en cuenta "a different set of dynamics" (119); sin embargo, nunca llega a determinar los diferentes componentes. Alude al triunvirato de dramaturgos, directores y actores, por lo general, hombres, y al ámbito de la recepción del público, en el cual "the gaze is encoded with culturally determined components of male sexual desire, perceiving 'woman' as a sexual object" (118). No obstante, todos estos elementos son compartidos por el medio cinematográfico.

Tanto en la producción teatral como en la cinematográfica, el signo "mujer" ha quedado tradicionalmente construido por y para la mirada masculina. En varias de las obras que analizaremos a continuación observaremos cómo la pieza teatral y/o el film inducen a los espectadores a percibir los personajes femeninos a través de los masculinos. En el caso de las obras cinematográficas, esta percepción queda, por lo general, acentuada debido al mayor control que ejerce la cámara en relación con el punto de vista, control que se traduce en una manipulación mucho más obvia no sólo de lo que los espectadores ven, sino también de cómo lo ven.

Estructuras de poder y diferencia sexual en el contexto de la Guerra Civil Española

Una de las asunciones más comunes de la crítica feminista es la de considerar a la mujer como víctima inocente y desvalida ante las estructuras sociales patriarcales. No obstante, esta insistencia en

José Luis García Sánchez, *Divinas palabras* (1987)

presentar a la mujer como víctima pasiva de ese enemigo indiferenciado que constituye el patriarcado supone, en muchas ocasiones, dejar a un lado la complejidad y diversidad de aspectos sociales y políticos que participan en la subordinación de la mujer en un lugar y momento determinados. Para una apropiada comprensión de las distintas representaciones de la mujer en *Las bicicletas son para el verano* y en *¡Ay, Carmela!*, es necesario tener presentes cuestiones de género y de clase social, y estudiarlas dentro del contexto histórico que sirve de transfondo a estas obras: la guerra civil española.

Durante esta guerra se desencadenaron radicales y, en otras circunstancias, impensables cambios sociales que afectaron, o tuvieron el potencial de afectar al destino de muchas mujeres españolas, si la victoria del bando nacional no lo hubiera impedido. La complejidad que en estas obras adquieren las relaciones entre género y poder nos lleva a eliminar generalizaciones *a priori* sobre la opresión del sujeto femenino para considerar importantes matizaciones sobre las distintas circunstancias sociales, económicas y políticas de los personajes femeninos en estas obras. En ambas, el sexismo se presenta como *una* forma de opresión, pero *no la única* forma de opresión. Así, la otredad de la mujer se materializa doblemente tanto en la obra de Sanchis Sinisterra, en la figura de la cómica (Carmela), como en la de Fernán Gómez, donde aparecen la prostituta (Rosa), la criada (María) y la madre soltera (Manolita).

En *Las bicicletas*, Fernando Fernán Gómez lleva a cabo una recreación nostálgica de la guerra civil a través de la representación de una serie de experiencias familiares y personales, emblemáticas del desarrollo del devenir histórico a nivel nacional. Dos años después de su estreno, y confirmada la popularidad de la pieza teatral al constituir uno de los más resonantes éxitos de la cartelera madrileña, Jaime Chávarri lleva a cabo una adaptación en la que se transponen fielmente al medio cinematográfico el humor, dramatismo y tono agridulce de la obra de Fernán Gómez. En 1990 Carlos Saura realiza la adaptación de *¡Ay, Carmela!* de Sanchis Sinisterra para reflexionar –como ya sugerimos en el segundo capítulo– no sobre el teatro, sino sobre la guerra civil.[7] La gran acogida de crítica y públi-

[7] En unas declaraciones para la prensa, Saura manifiesta su interés por el tema de la guerra civil: "Es importante recordar la guerra, entre otras cosas porque forma parte de nuestras vivencias y nuestra forma de ser . . . si la guerra está todavía vigente es porque es el epílogo palpitante de nuestra historia personal" (Gil 72).

co, tanto de las versiones teatrales como de las cinematográficas, demuestra el eco que sigue teniendo en la sensibilidad de los españoles el tema de la guerra civil, evocado ahora desde la democracia.

LAS BICICLETAS SON PARA EL VERANO DE FERNANDO FERNÁN GÓMEZ Y JAIME CHÁVARRI

A pesar de que *Las bicicletas* no se puede considerar estrictamente como un intento realista de reconstrucción histórica, a través de la trayectoria individual de los personajes que protagonizan esta obra, se pueden advertir los cambios sociales y políticos que están teniendo lugar a nivel nacional, muchos de los cuales afectan directamente a la situación de la mujer y al papel que desempeña en la sociedad española de los años 30. [8] El divorcio, la prostitución, la sexualidad femenina, el matrimonio y el amor libre, la explotación sexual y económica de la mujer, fueron cuestiones candentes del momento y constituyen uno de los ejes temáticos primordiales en las obras de Fernán Gómez y Chávarri. Es imperativo pues, tener presente el contexto histórico en que se desarrolla la acción de *Las bicicletas* para una adecuada comprensión de las cuestiones de diferencia sexual planteadas en la obra.

Aunque la Segunda República no promueve activamente una política de eliminación de la opresión física, sexual, económica y cultural de la mujer, no se puede negar que al menos sí preside y acepta una serie de reformas políticas por las que el movimiento feminista occidental estaba luchando desde hacía varias décadas. Además del derecho al divorcio y el derecho al voto, garantizados por la Constitución de 1931, se consiguen en este año una serie de efímeras reformas del Código Civil, mediante las cuales la mujer conseguía, entre otros privilegios, igualdad de derechos sobre los hijos, personalidad jurídica completa, administración matrimonial

[8] En su introducción a la edición de Espasa-Calpe, Eduardo Haro Tecglen observa que la obra de teatro no puede clasificarse de realista. El mismo Fernán Gómez la define como "una comedia de costumbres, a causa de la guerra, algo insólitas" (citado por Haro Tecglen, 31). Por su parte Chávarri se ha centrado en el costumbrismo de corte intimista más que en la reconstrucción histórica. Así lo expresa en una de sus declaraciones a la prensa: "Sólo hay un par de momentos de ese tipo, más bien hacia la mitad de la película . . . la película sigue siendo muy intimista" (Maruja Torres 38).

conjunta, etc. Sin embargo, como apunta Carmen Alcalde, a pesar de los derechos conseguidos, la mujer seguía atada a una serie de deberes que, incluso los movimientos feministas más progresistas, apoyaban: "Deber de madre. Deber de esposa. Deber de novia. Deber de hija. Deber de amante. Deber de hermana. Deber de compañera. Deber de colaboradora" (112).

La causa de la mujer queda planteada por muchas feministas del momento de una forma parcial. Los deberes de las mujeres sofocan sus derechos. La emancipación de la mujer es tan sólo relativa, sobre todo si se trata de la mujer casada a la que incluso las feministas políticamente más activas le asignan invariablemente el papel de madre y esposa. Sirvan como ejemplo las declaraciones de María Echarri, quien a pesar de ser una de las grandes defensoras de los derechos de la mujer trabajadora, paradójicamente aboga por proponer como prioridad sus deberes de esposa y madre:

> No quisiera de ningún modo que la mujer *dejase de serlo* y se empeñase en *ser en todo como los hombres*; quisiera que la vida se encargase, de manera que, sobre todo la mujer casada, pudiera permanecer en su hogar, y de trabajar, trabajase en casa, porque la familia, con la vida de hoy se va desmoronando. (Citado por Alcalde 110; énfasis de la autora)

El matrimonio y la familia han sido en las sociedades occidentales dos instituciones patriarcales usadas para coartar la emancipación real de la mujer. Sin embargo, la guerra civil española favoreció cambios radicales –desarrollados, claro está, en la zona republicana– respecto al papel de la mujer como madre y como esposa. El matiz político que normalmente toma la dicotomía masculino / femenino se manifiesta en el contexto de la guerra de forma aún más marcada.

Gracias a la participación de los anarquistas en el gobierno republicano, se abrieron unas expectativas para la mujer que aunque efímeras, fueron realmente revolucionarias. Durante los tres años que duró la guerra se llegaron a legalizar el matrimonio civil, el divorcio e incluso el matrimonio *de facto*, mediante la convivencia durante un mínimo de diez meses. Fueron también los anarquistas quienes defendieron la libertad total en el amor, tanto para hombres como para mujeres, y los que apoyaron y promocionaron la educación de la mujer al considerar que era imposible que hubiera libertad sexual si no había la más completa igualdad a todos los niveles. En *Las bicicletas*, el portavoz de la ideología anarquista es Anselmo, quien explica con entusiasmo a sus primos el funcionamiento de la utópica sociedad libertaria que se establecerá al final de la guerra:

> La jornada de trabajo, cada vez más corta; y la gente, al campo, al cine o a donde sea, a divertirse con los críos . . . Con los críos y con las gachís . . . pero sin hostias de matrimonio, ni de familia, ni documentos, ni juez, ni cura . . . Amor libre, señor, amor libre. Libertad en todo: en el trabajo, en el amor, en vivir donde te salga de los cojones . . . Manolita, se acabó esa vergüenza que habéis pasado siempre las mujeres. Os acostáis con el que os guste . . . Pero, ya os digo, nada de eso de los hombres y las mujeres es pecado. Se acabó el pecado, joder. Únicamente hay que respetar, eso sí, el mutuo acuerdo entre la pareja. Que uno se quiere largar, pues se larga. Pero nada de cargarse a la chica a navajazos. Cada uno a su aire . . . Y la educación, igual para todos, eso por descontado. (144-45)

En las palabras de Anselmo se deja entrever la conexión existente entre lucha política y reivindicaciones feministas dentro de la ideología libertaria. Son precisamente estas dos características las que definen a la asociación anarquista Mujeres Libres y la diferencian de otras organizaciones feministas burguesas que se desarrollan en España en las primeras décadas del siglo. [9] Fundado tan sólo tres meses antes del comienzo de la guerra, este movimiento llevó a cabo la labor de reforma social más coherente dentro de los movimientos de emancipación de la mujer en los años 30. El propósito de Mujeres Libres era el de atraer a la mujer del pueblo al movimiento anarquista para concienciarla de la triple esclavitud a que estaba sujeta: como mujer, como productora y como iletrada. [10] Como se desprende del vehemente discurso de Anselmo, arriba citado, son precisamente estas tres formas de opresión de la mujer las que quedarán erradicadas en la futura sociedad libertaria que los anarquistas esperaban poder instaurar al finalizar la guerra.

---

[9] Sobre Mujeres Libres, véanse Nash (1975), Carpena (1986), Ackelsberg (1991) y Mangini (1995).

[10] Véanse los testimonios de Pepita Carpena, una de las militantes de Mujeres Libres y su descripción de la labor social de este grupo: campañas de alfabetización y educación de la mujer trabajadora, lucha contra la prostitución y defensa del amor libre (47-58).

Es más, Mujeres Libres tenía la convicción de que el rescate de las mujeres de la dictadura y la mediocridad no se limitaba a una simple labor cultural y se convertía en una causa política cuyo propósito final era el de ganar la guerra y hacer que triunfara la revolución (Nash 87). Ésta se llevaría a cabo a dos niveles: el social y el sexual. En este sentido, estas mujeres anarquistas iban más allá de los meros intentos de concienciación social de la mujer propuestos por la CNT y otros grupos anarcosindicalistas. Los temas de liberación sexual se discutían abiertamente y constituían una parte esencial de la agenda de Mujeres Libres. Sin embargo, como algunas de las militantes de este movimiento reconocen, era difícil erradicar el machismo incluso dentro del grupo de anarquistas: "It was all very well for them to say that men and women were all the same, were equals; machismo still existed. Men were quite happy to have a woman who understood them, as activists; but they were not happy for her to be an activist" (Carpena 52).

Esta postura ambivalente y contradictoria entre teoría y praxis en cuestiones de política sexual, se refleja en varios momentos de la obra de Fernán Gómez. Uno de los ejemplos más obvios es la reacción de don Luis al enterarse de que su hija quiere ser actriz de teatro. Sus palabras en defensa de esta profesión y el tono cada vez más exaltado con que las pronuncia reflejan una resistencia a asumir en la práctica, y dentro de su propia familia, una ideología y forma de vida que en teoría no tiene ningún reparo en aceptar:

> DON LUIS: ¿Y por qué voy a querer que se metan a cómicas las hijas de los demás pero no mi hija? ¿Con qué derecho?
> DOÑA DOLORES: Pero Luis, si nadie te dice nada.
> DON LUIS: Claro. Por eso hablo solo. (105)

Las argumentaciones de don Luis constituyen un intento de eliminar una serie de ideas arraigadas en la sociedad, y también en su propio subconsciente, que asocian a la figura de la cómica con la de la prostituta. Pedro lo expresa de manera explícita, casi con agresividad, cuando trata de consolar a su hermano Julio, para quien la noticia de que Manolita se ha presentado a un concurso de búsqueda de nuevas artistas, representa la mayor de las desgracias: "Pues si se hace artista, mejor para ti: te la tiras y ya está" (79).

Irónicamente, es Pedro quien después entabla relaciones con una prostituta, Rosa, se enamora de ella y formaliza sus relaciones al llevarla a vivir a la casa de su madre. Pedro y Rosa son personajes secundarios en la obra de Fernán Gómez. No obstante, Chávarri les confiere mayor protagonismo al añadir varias secuencias que sirven de comentario a sus relaciones. Por ejemplo, al sobreponer los abrazos y besos furtivos de la pareja en la banda imagen, con el diálogo que Luis y Pablo mantienen sobre los temas de la prostitución y el amor libre en la banda sonido, el tema de esta conversación se concretiza y adquiere un significado especial. Pablo no esconde sus recelos respecto a la puesta en práctica del amor libre, ya que esto supondría el fin del privilegio masculino de elegir y comprar el cuerpo de la mujer para su placer sexual. A pesar de la seriedad del asunto debatido por los amigos, Fernán Gómez lo presenta de forma evidentemente cómica.

El tono y la función de este diálogo entre Luis y Pablo es recreado en la película de forma muy distinta. Mientras en la pieza teatral la conversación tiene lugar en el cuarto de Luis, Chávarri elige el portal de la casa y presenta las imágenes de Pedro y Rosa como comentario visual al mensaje verbal que se introduce, en gran parte, mediante las *voces en off* de Pablo y Luis. Mientras éstos hablan, el espectador observa la llegada de Rosa y de Pedro. Rosa, dedicada a la prostitución, es "rescatada" para ser integrada en la vida familiar. El tono de esta escena es indiscutiblemente más amargo en la película de Chávarri que en la obra de Fernán Gómez, ya que mientras el primero busca la empatía de los espectadores con el personaje de la prostituta, el segundo presenta tan sólo la comicidad e ingenuidad de los comentarios y preocupaciones de Pablo:

> LUIS: Hombre, el amor debe ser libre.
> PABLO: ¿Sí? ¿Tú crees? Pero en los países que hay amor libre, no hay putas.
> LUIS: Claro que no.
> PABLO: Entonces cuando un hombre quiere joder . . .
> LUIS: Pues busca a una mujer que también quiera . . .
> PABLO: ¿Y si ninguna quiere?
> LUIS: ¡Coño, qué difícil lo pones!
> PABLO: No lo pongo yo, es que es muy difícil. Porque si hay matrimonio, la mujer que se casa tiene que joder. Y si hay putas, las pagas, y ya está. Pero si no hay ni lo uno ni lo otro, todas van a ser para Clark Gable. (135)

Las palabras de Pablo aluden a las dos formas de subordinación de la mujer respecto al deseo sexual masculino: el matrimonio y la prostitución. Aunque presenta el tema con ingenuidad, Pablo vislumbra el papel esencial que desempeñan estas dos armas. Las organizaciones feministas del momento fueron conscientes de estas dos formas de opresión sexual de la mujer y Mujeres Libres insistió en que el matrimonio constituía en muchos casos una forma velada de prostitución. En su documentado estudio sobre Mujeres Libres, Ackelsberg cita un artículo de la revista que esta organización publica durante la guerra en el que se establece de manera clara la relación entre prostitución y matrimonio: "A woman who lives in economic dependence receives a payment [for sex], even if it be from her legal husband . . . All that propaganda, all those actions, in favor of the family, of that fictitious homey warmth, keep woman in her eternal position: distant from production and without any rights" (137).

El supuesto rescate de Rosa queda, desde esta perspectiva, problematizado.[11] La relación entre Pedro y Rosa es ambigua y se mantiene abierta a diferentes interpretaciones que irían desde la visión romántica (tan explotada en la literatura y el cine) de "la prostituta de buen corazón", integrada en la sociedad por el amor del héroe, a una lectura feminista que considere a Rosa víctima de este tipo de prostitución matrimonial al que alude la revista *Mujeres Libres.*

En la obra de teatro la ayuda a Rosa no queda en ningún momento relacionada con la militancia ideológica de Pedro dentro de un partido determinado. En el film, en cambio, hay una serie de indicios que subrayan la asociación de Pedro con los grupos de izquierdas, pues le vemos con Rosa en los locales del Socorro Rojo y saludando a la columna de milicianos que pasa por la calle. Aunque para la mayor parte de los partidos izquierdistas, la prostitución fue generalmente considerada como una forma de explotación económica propia del capitalismo, y que por lo tanto debía ser erradicada, no faltó quien abogara por crear sindicatos de prostitutas para dar una solución inmediata al problema.[12] Detrás de una ideología supuestamente progresista se trasluce, una vez más, la ambivalente actitud masculina respecto al tema de la sexualidad.

La perspectiva de Mujeres Libres fue, claro está, muy distinta. Esta organización enfocó no sólo los aspectos económicos y políti-

---

[11] Es significativo el hecho de que aunque este personaje adquiera un mayor protagonismo en la película, nunca escuchamos su voz.

[12] Véase Ackelsberg (138).

cos de la prostitución sino que se propuso dar atención individualizada a cada una de estas mujeres para que superaran problemas psicológicos y laborales al reintegrarse a la sociedad. Se trataba no sólo de acabar con la prostitución, sino también de proporcionar los medios para que estas mujeres fueran capaces de mantenerse con otros trabajos. Ésta era la función de los liberatorios de prostitución, centros en los que se ofrecía a las mujeres que desearan abandonar la prostitución tratamiento médico y psiquiátrico, así como orientación y capacitación profesional.

Las perspectivas de cambio y la futura situación de la mujer se presentaban prometedoras durante el trascurso de la guerra civil. Doña Dolores alude a las trasformaciones sociales que se estaban experimentando cuando intenta consolar a la conservadora doña Antonia. Cuando ésta se entera, por un anónimo, de que Rosa había practicado la prostitución, doña Dolores intenta convencerla de que en la nueva sociedad que se estaba forjando no hay lugar para la prostitución:

> Doña Antonia . . . Ahora las cosas están cambiando . . . Algunas han cambiado ya del todo . . . Y hay problemas que antes parecían muy gordos y ahora ya no son nada . . . Fíjese usted, lo que hacía esa chica, Rosa, por ejemplo, dentro de nada, cuando esto acabe, ya nadie lo hará. Y entonces, ¿quién se va a acordar de que ella lo hacía? Y aunque se acuerden ¿a quién le va a importar? . . . ¿No ha dicho usted siempre que Rosa es una buena chica, y muy limpia y muy trabajadora? ¿No dice usted ahora que los dos se quieren, y que ella se ha encariñado con usted? Pues, hala, a vivir . . . De ahora en adelante el amor es libre, doña Antonia. ¡Lo que nos hemos perdido usted y yo! (157)

Los espectadores de los años 80 habrán apreciado sin duda la ironía dramática con que están cargadas estas palabras, ya que aluden a una serie de cambios respecto a la política sexual y la situación de la mujer que quedaron truncados en 1939 y que resurgen con gran virulencia en la etapa de transición a la democracia (1975-84).[13]

Lo que parece sorprendente es que sea doña Dolores quien pronuncie estas frases de consuelo y de apología del amor libre. Su ca-

[13] Recordemos que la obra se estrena en 1982. El mensaje comunicado por doña Dolores es pertinente no sólo en el caso de la mujer de los años treinta, sino sobre todo para aquellas espectadoras de los años 80, víctimas de la educación franquista y que con tanto acierto dibuja Sebastián Junyent en *Hay que deshacer la casa.*

racterización como una mujer ingenua pero eminentemente práctica y materialista, poco sensible a las injusticias sociales, no encaja con la tolerancia que parece manifestar respecto al pasado turbulento de Rosa.[14] Es difícil determinar la sinceridad o hipocresía que hay detrás de sus palabras. Lo que desde luego observamos es un cambio brusco de actitud respecto a la conversación que mantiene con Manolita y que precede inmediatamente a la visita de doña Antonia. Ante la noticia del embarazo de su hija, doña Dolores se muestra escéptica respecto a los radicales cambios sociales que afectan a la mujer republicana durante la guerra, y no tiene fe en la continuación de los mismos cuando la conflagración acabe:

> MANOLITA: Además, mamá, esto ahora no es tan trágico como tú lo ves. ¿Se te ha olvidado todo lo que explicó Anselmo?
> DOÑA DOLORES: Eso son locuras.
> MANOLITA: No lo son . . . Nos queríamos mucho, mamá. No soy ninguna mujer engañada. No nos habríamos casado porque ninguno de los dos creíamos en eso. Pero habríamos vivido juntos hasta que nuestro amor hubiese acabado.
> DOÑA DOLORES: Y cuando esto acabe . . . , soltera con un hijo . . . Tú no sabes lo que es eso.
> MANOLITA: Ahora eso no tiene nada que ver, mamá. (156-57)

La postura de Manolita respecto a las relaciones sexuales y familiares coincide con la de las feministas contemporáneas y con la de la gran mayoría de los militantes de los partidos de izquierda del momento. Aunque algunos de ellos abogaban bien por la permanencia de la autoridad del padre / marido en la familia, bien por el ascetismo y la castidad sexual, prevalecía la idea del amor libre y de una estructura familiar igualitaria. Los defensores más fervientes de la eliminación de la institución del matrimonio fueron, como es bien sabido, los anarquistas:

> Many anarchists had claimed that permanent monogamous marriage constituted a form of despotism, which required a virtual

---

[14] Aunque el papel de la mujer como musa de los impulsos creativos masculinos prolifera en la literatura, a doña Dolores se la presenta, en cambio en su faceta castradora de los mismos. Por otra parte, doña Dolores no demuestra sentir ninguna compasión por la criada, María, cuando la despiden para evitar sus relaciones sexuales con Luis.

> renunciation of self on the part of women, and that free love (by which they meant the right of both men and women freely to choose a sexual relationship without benefit of clergy or state and freely to end it when it was no longer mutually satisfying) was the only appropriate manifestation of the natural tendencies of both men and women. (Ackelsberg 29)

Aunque la defensa teórica del amor libre frente al matrimonio monógamo comienza ya en los años 20, la guerra civil propicia su puesta en práctica. [15]

Como observa Margaret Higonnet, por lo general las guerras civiles sirven como catalizador del surgimiento y expansión de movimientos feministas, así como del cambio en la prescripción social de los papeles que la mujer se ve llamada a desempeñar en la sociedad:

> Civil wars, which take place on "home" territory, have more potencial than other wars to transform women's expectations. In all wars roles traditionally assigned to women are political in the sense that to maintain the hearth takes on ideological coloration. Yet *nationalist* wars against an external enemy repress internal political divisions and with them feminist movements. *Civil* wars by contrast may occasion explicit political choices for women. Once a change in government can be conceived, sexual politics can also become an overt political issue. (80; énfasis de la autora)

Las observaciones de Higonnet son especialmente pertinentes en el caso de la guerra civil española, donde las mujeres llegaron a luchar en el frente en igualdad de condiciones respecto a los otros milicianos. [16]

No obstante, en *Las bicicletas*, no presenta la labor de las milicianas en la guerra, sino la vida de la mujer madrileña de clase

---

[15] Véanse por ejemplo los artículos de Soledad Gustavo (1923) y de Amparo Poch y Gascón (1934).

[16] Desgraciadamente esta situación de igualdad fue tan sólo fugaz, ya que pronto se les pidió que colaboraran por la causa antifascista desde la retaguardia, bien como cocineras o enfermeras de los soldados, bien sustituyéndoles en los trabajos que éstos habían dejado vacantes en los campos, fábricas, comercios y oficinas. Esta situación queda brillantemente reflejada en la película *Tierra y libertad* (1995) del director británico Ken Loach, la cual trata muy de cerca el protagonismo femenino en el frente de Aragón y la forma en que las luchas internas dentro de los distintos partidos políticos que integraban el bando republicano afectan al destino –como mujeres y como soldados– de un grupo de jóvenes milicianas.

media. Dos de los personajes femeninos más desarrollados, doña Dolores y doña Antonia, se acercan en gran medida al tópico de la mujer española que María Aurelia Capmany define como: "Hogareña, de recia moral católica, madre por encima de todo, ignorante de todo lo que sucede al otro lado de las cuatro paredes de la casa, deliberadamente ignorante de todo lo que constituye la vida profesional, vocacional y pública del marido" (20). Estos dos personajes resultan en muchos sentidos un tanto estereotipados y son blanco de la sátira social tanto de Fernán Gómez como de Chávarri.

El personaje femenino que de verdad goza de la simpatía del dramaturgo y del público es Manolita. [17] Es también el personaje más enigmático tanto en la obra teatral como en la película. [18] Esto es, en parte, debido a que Manolita es víctima de las contradicciones y posturas ambivalentes que los demás personajes adoptan respecto a ella. Al principio de la obra, el dramaturgo la presenta como una joven independiente y trabajadora. Doña Dolores alaba su carácter emprendedor y su empleo en la academia; don Luis su lucidez y sus ideas liberales: "Me gusta, me gusta esta hija. Tiene una mirada muy clara, sabe ver" (117). Durante la guerra, al quedar embarazada, Manolita muestra una entereza y fuerza de carácter poco usuales. La muerte de su compañero miliciano, y de Julio después, no la llegan a derrotar, sino que por el contrario, parecen hacerla más fuerte.

Sin embargo, no es ésta la impresión que se quiere transmitir al espectador en el epílogo de la pieza teatral y también al final de la película. La conversación que don Luis mantiene con su hijo, se presenta como el último paso en el rito de iniciación de este último a la madurez. Ante una posible detención, don Luis se quiere ase-

[17] El personaje secundario más atractivo es quizás doña Marcela, una viejecita que define su ideología por oposición a la de su marido, don Simón, con quien mantiene unas pintorescas relaciones. Así, está abierta a todos los cambios sociales que pueda aprovechar para mejorar su situación personal, entre ellos la posibilidad de divorciarse.

[18] En la película de Chávarri, este personaje alcanza incluso mayor protagonismo que en la pieza teatral, la cual se centra sobre todo en el personaje de Luisito como el principal vehículo de tensiones familiares e ideológicas. La Manolita de Chávarri destaca también por encarnarla Victoria Abril, una de las principales figuras del reparto. En su actuación, la actriz añade ese toque personal, esa forma de actuar tan peculiar que hace únicos a los personajes que representa. Sin embargo, la guionista, Lola Salvador, ha mantenido los rasgos generales del personaje que nos presentaba Fernán Gómez.

gurar de que en su ausencia no va a faltar una figura patriarcal en la familia: "En lo que dure tú eres el hombre de la casa. Tu madre y tu hermana calcula cómo se pondrían las pobres . . . Tú tendrías que animarlas" (204). Don Luis, que al principio de la obra aceptaba de buen grado la independencia y libertad de Manolita –"Yo sé que a ti te gusta ser libre, defenderte por ti misma, y me parece muy bien" (62)–, se limita al final a reafirmar el papel de dependencia y subordinación de la mujer a la autoridad masculina. Es cierto que con la llegada de la paz –o mejor dicho, de la victoria de los nacionales– el futuro de Manolita es el de soportar el estigma de madre soltera que el nuevo orden moral le impondrá. Sin embargo, y así lo confirman las palabras de don Luis, la subordinación de Manolita se llevará a cabo también dentro de las relaciones familiares.

La reinstauración de un sistema patriarcal, a nivel familiar y nacional, se hace pues patente en el epílogo. Prólogo y epílogo marcan una estructura circular en la que quedan atrapados todos los personajes, y en especial las mujeres. El mismo descampado donde se desarrollara el prólogo ha sido escenario real de la guerra imaginada por los adolescentes. Por otra parte, los comentarios autorreflexivos del prólogo sobre la subordinación de la mujer en las representaciones artísticas encuentran su eco en las palabras de don Luis en el epílogo.

En el prólogo, a través del diálogo entre los dos amigos, el dramaturgo reflexiona sobre las diferencias entre dos géneros narrativos –el cine y la novela– relacionándolas con cuestiones de índole sexual. Luis lo plantea abiertamente a su amigo en los siguientes términos: "Pero bueno, tú, cuando lees novelas verdes, ¿no ves a las mujeres?" (46). El planteamiento de estos adolescentes sobre el lugar privilegiado que ocupa el sujeto masculino en la representación artística es evidente. Estas "novelas verdes" que constituyen el tema de su conversación han sido escritas por hombres y para hombres. La mujer es tan sólo el objeto de la mirada erótica masculina.

Como hemos podido comprobar a lo largo de nuestro estudio, las múltiples alusiones a los profundos cambios sociales que precipitaron la guerra civil, y que afectaron a las mujeres de la zona republicana, son recurrentes en *Las bicicletas*. Fernán Gómez recrea los hechos con distanciamiento crítico, pero desde una postura reconciliadora. Tras los conflictos personales y el azaroso vivir cotidiano de estas familias madrileñas de clase media, el dramaturgo nos deja entrever el torbellino de cambios políticos y sociales que sacuden al país. La imagen artística y la memoria recuperada están estrechamente ligadas a una serie de acontecimientos que sirven de transfondo histórico. Sin embargo, no por ello debemos llegar a la conclusión errónea de que tanto la pieza teatral como la película se centran en "un escrupuloso pragmatismo, donde la humanidad, las acotaciones costumbristas, la observación de las personas en cuanto tales, ocupan el lugar de las ideologías" (Crespo 23). En nuestra opinión la recreación de conflictos individuales refleja aquellos que tienen lugar a nivel nacional. Se pone así de manifiesto que el papel de la mujer dentro de la familia es reflejo de aquel que el poder establecido le confiere dentro de otras instituciones políticas y sociales.

¡Ay, Carmela! de José Sanchis Sinisterra y Carlos Saura

A diferencia de *Las bicicletas*, en donde varias mujeres dramatizan la condición femenina durante los años de la guerra civil, *¡Ay, Carmela!*, en sus versiones teatral y cinematográfica, concentra su atención en un único personaje femenino, en torno al cual giran las reflexiones de Sanchis Sinisterra y Saura sobre el arte y la política. Si la visión histórica de Fernán Gómez y Chávarri es nostálgica y reconciliadora, la de Sanchis Sinisterra y Saura es satírica y militante. El centro de atención no es una familia de clase media, sino una pareja de artistas ambulantes, es decir dos seres marginales que ocupan los lugares más bajos en la jerarquía social del momento. El arquetipo de la mujer artista encarnado en *Las bicicletas* por Manolita, adquiere en *¡Ay, Carmela!* un papel central y dominante. A través del personaje que da nombre a la obra teatral y al film, se articulan los discursos de Sanchis Sinisterra y de Saura en torno al papel liberador del arte popular en un periodo de crisis política.

El protagonismo de Carmela queda realzado en el film de Saura a través de las dos representaciones que enmarcan su estructura narrativa. Como ya apuntamos, estas dos representaciones de "Carmela y Paulino: Variedades a lo Fino", las diferencias en la puesta en escena, la composición del público y la reacción del mismo, sugieren dos visiones radicalmente enfrentadas del papel social y artístico de la mujer en la España de los años treinta.

En la primera representación el público está formado por hombres y mujeres de las milicias anarquistas, pues las banderas rojinegras que flanquean el escenario son las del sindicato anarquista CNT. El espectáculo de Carmela y Paulino reproduce las formas características del teatro de variedades: canciones, chistes y despliegues escatológicos. A estos elementos se añade un componente político mediante la "Oda a Líster" y la alegoría final de la República que representan Carmela, Paulino y Gustavete.[19] Se trata de una representación en la que la actuación de Carmela es no sólo aplaudida, sino coreada por el público, el cual, a diferencia de aquel del teatro Goya, tiene un componente femenino. Esta reacción, que contrasta fuertemente con la del espectáculo final, manifiesta una identificación del público con la forma y contenido de la representación y, al mismo tiempo, una revalorización del papel de la mujer dentro de la comunidad. Es significativo que entre el público se encuentren varias milicianas, las cuales representan la igualdad de condiciones de la mujer, quien es aceptada en los mismos términos, con los mismos derechos y los mismos deberes que el hombre.

La situación cambia radicalmente en la segunda de las representaciones. En el teatro Goya de Belchite, Carmela es la única mujer entre un público de soldados y brigadistas. Mientras Paulino tiene poco éxito como rapsoda, Carmela se gana los aplausos y las ovaciones del público. En ella quedan encarnados diversos mitos y símbolos que representan no sólo las contradicciones de Carmela, sino también las de la sociedad en que se ha conformado su personalidad. Tanto en la obra de teatro como en la película, Paulino asume para sí el papel de director y cerebro de la compañía, deja clara su superioridad cultural y no duda en reprimir los instintos maternales de Carmela al oponerse a tener un hijo. Carmela comprende sólo intuitivamente la manipulación a que ha sido sometida como mujer y como artista, pero a diferencia de Paulino, tiene el coraje de rebelarse contra ella, aunque esto le cueste la vida.

Si bien es cierto que el énfasis temático de la obra de teatro no reside precisamente en cuestiones de género, Sanchis Sinisterra desarrolla ciertos aspectos de las relaciones de poder entre Paulino y

[19] En el marco de las milicias anarquistas resulta impensable que el poema de Machado fuera acogido con fervor alguno, como ocurre en el filme de Saura. Recordemos que Líster y los cuadros políticos y militares del Partido Comunista mantuvieron un largo enfrentamiento con anarquistas y troskistas. El reciente filme de Ken Loach *Tierra y libertad* (1995) es precisamente una reflexión sobre esta guerra interna que se libró dentro del bando republicano y del papel activo de la mujer dentro de las milicias.

Carmela. Paulino se autodefine como empresario, como posesor de códigos lingüísticos –italiano y latín– y cualidades interpretativas –no sólo es rapsoda, sino que también intenta descifrar el significado de los versos de Lorca– en su opinión fuera del alcance de Carmela, a quien trata de forma paternalista o autoritaria. Sin embargo, mediante la ironía y el humor este autoproclamado poder discursivo que Paulino asume, queda totalmente desautorizado y las supuestas prerrogativas del género masculino desconstruidas por la acción y el diálogo.

El personaje de Carmela, a pesar de sus contradicciones y de sus pocas luces, va adquiriendo conciencia de la manipulación de que está siendo objeto, la cual llega a su punto culminante –tanto en la película como en la obra teatral– en el momento en que, al negarse a representar el papel que se le ha asignado en el número del "Doctor Toquemetoda", Paulino la maneja obscenamente para dejar claro el doble sentido de su discurso: "Y como era tan enfermiza, ¿no es verdad?, pues todos querían darle remedio... ¿No es así? ... Y unos se lo daban por delante ... y otros se lo daban por detrás ..." (250). Las acciones siguientes de Carmela no son premeditadas o intelectualizadas, sino más bien una reacción explosiva e instintiva. Su rebelión es resultado de una toma de conciencia como sujeto político y como sujeto femenino. Al desprenderse violentamente de Paulino y entonar la canción republicana junto con los milicianos, parecen quedar identificadas la opresión de género con la represión política.

Sin embargo, con su último acto simbólico antes de morir, Carmela desconstruye, quizás también involuntariamente, la iconografía usada por la República en su propaganda. En una de las acotaciones, Sanchis Sinisterra alude explícitamente a esta función desmitificadora: "*Abre y despliega la bandera alrededor de su cuerpo desnudo, cubierto sólo por unas grandes bragas negras. Su imagen no puede dejar de evocar la patética caricatura de una alegoría plebeya de la República*" (251). En la película de Saura, el espectador es invitado a asociarla con la imagen de la República que Carmela representara en su primer espectáculo, vestida con una túnica blanca, sosteniendo la balanza de la justicia y con la bandera roja, amarilla y morada a modo de banda.

En la obra de teatro se sugiere que Carmela es fusilada después de la representación y por tanto su sacrificio se relaciona estrechamente con una causa política. No obstante, Saura eligió que Carmela fuera asesinada en escena, víctima del arrebato de uno de los soldados que dispara después de gritarle "¡puta!". El clima de confusión sugerido por la iluminación, el montaje, la rapidez de cambios de planos, y el predominio de los picados y contrapicados, subrayan el carácter supuestamente accidental del asesinato. Sin embargo, la puesta en escena del film es sumamente sugestiva en estos instantes. El parpadeo de los focos conecta la representación teatral con el ámbito del cine, ya que en lugar de la luminotecnia propia del teatro, se está usando un proyector de cine. El clímax de la obra coincide así con la escena más obviamente metatextual del film y con el triunfo sacrificial de la protagonista.

El desafiante desnudo de Carmela supone un claro ataque a la rigidez moral de los nacionales. En el film de Saura, la forma en que Carmela es asesinada nos hace pensar, además, en los mecanismos represivos del subconsciente masculino. El disparo al cuerpo desnudo de Carmela podría interpretarse como reflejo del complejo masculino de castración y la incapacidad del hombre de aceptar la diferencia sexual que presenta la visión del cuerpo femenino.[20]

Por otra parte, en los pechos de Carmela confluyen dos de los papeles secularmente asignados a la mujer: madre y prostituta. Recordemos que entre el público asistente a esta representación final se encuentran no sólo los militares franquistas, sino también el grupo de brigadistas condenados a muerte. En el film de Saura, las miradas de Carmela se dirigen y entrecruzan con las de estos últimos, a quienes ofrece sus pechos, no ya como la cómica prostituta, sino como la madre protectora.

Los instintos maternales reprimidos por Paulino y sugeridos anteriormente a través de su relación con el brigadista polaco, se ven ahora liberados en el marco del arte y frente a la inminencia de la muerte. El asesinato de Carmela sobre el escenario del teatro, que en su frenético parpadeo deviene también pantalla cinematográfica, adquiere de esta forma resonancias simbólicas. Lo que muere no es sólo un personaje, sino todo un proyecto utópico de cambio estéti-

[20] Según Freud, los órganos sexuales de la mujer crean en el hombre un complejo de castración. Para desplazar la visión de la castración imaginaria que representa el cuerpo de la mujer, se la cubre de ropa u objetos que sirven como signos del pene perdido. Laura Mulvey lo expresa en los siguientes términos: "It is man's narcissistic fear of losing his own phallus, his most precious possession, which causes shock at the sight of the female genitals and the subsequent fetishistic attempt to disguise or direct attention to them" (11-12).

co y político, un proyecto en el que las "mujeres libres", como Carmela, estaban llamadas a desempeñar un papel protagonista.

LA MIRADA MASCULINA Y LA MUJER COMO ESPECTÁCULO

Una de las construcciones culturales más recurrentes en la representación del sujeto femenino es la de la mujer como espectáculo y como objeto de consumo, es decir, como imagen erótica de perfección visual que se exhibe ante la mirada masculina.[21] La teoría crítica feminista ha centrado su atención en desenmascarar los códigos de representación que contribuyen a reforzar o crear tales visiones del sujeto femenino.[22] La posición de la mujer como objeto erótico de la mirada masculina, tiende a manifestarse en el teatro y el cine de forma más evidente y adquiere una mayor complejidad que, por ejemplo, en la novela, debido a los varios niveles de "miradas" que intervienen tanto a nivel textual como extratextual en estos medios.

Como ya apuntamos anteriormente, los estudios teóricos y críticos más relevantes en relación a las nociones de diferencia sexual, sobre las cuales se apoya el concepto de "la mirada", se han llevado a cabo dentro del campo cinematográfico. En su influyente ensayo *Alice Doesn't*, Teresa de Lauretis lo plantea en los siguientes términos:

> In cinema the stakes for women are especially high. The representation of woman as spectacle – body to be looked at, place of sexuality, and object of desire – so pervasive in our culture, finds in narrative cinema its most complex expression and widest circulation. (4)

En su ya clásico ensayo "Visual Pleasure and Narrative Cinema", Laura Mulvey distingue tres tipos de miradas en el medio ci-

---

[21] Véase el artículo de Ann Kaplan "Is the Gaze Male?" para una definición más precisa del adjetivo "masculino" en relación con el concepto de la mirada.

[22] En este empeño se ha valido principalmente de dos marcos teóricos: la semiótica y el marxismo. Así, Claire Johnston subraya la importancia de la ideología, así como la imposibilidad de no intervención en la producción de signos cinematográficos ya que todo signo es un producto: "What the camera in fact grasps is the 'natural' world of the dominant ideology" (28).

nematográfico: (1) la mirada original de la cámara en el mismo acto de la filmación; (2) la mirada del espectador externo; y (3) una mirada intratextual, la de los personajes que participan en la narración. Mulvey observa que la tendencia general en el mundo cinematográfico ha sido la de rechazar o asimilar la compleja interacción de las miradas en esta última:

> the camera's look is disavowed in order to create a convincing world in which the spectator's surrogate can perform with verisimilitude. Simultaneously, the look of the audience is denied an intrinsic force: as soon as fetishistic representation of the female image threatens to break the spell of illusion, and the erotic image on the screen appears directly (without mediation) to the spectator, the fact of fetishisation, concealing as it does castration fear, freezes the look, fixates the spectator and prevents him from achieving any distance from the image in front of him. (26)

Estas palabras de Mulvey resumen en gran medida su visión de la representación cinematográfica de la mujer como icono controlado por la mirada masculina. En su opinión, en el cine dominante la mujer es representada como objeto de las fijaciones y obsesiones, especialmente el voyeurismo y el fetichismo, asociadas con los deseos de las figuras masculinas en su función de espectadores.

A pesar de que en este primer ensayo Mulvey deja fuera a las espectadoras, rectifica su postura en ensayos posteriores y, al igual que Ann Kaplan comienza a utilizar el concepto de mirada masculina en un sentido más amplio, para referirse no ya al sexo masculino, sino a una construcción de patrones de género con la que se pueden identificar indistintamente los dos sexos. En su ensayo "Is the Gaze Male?", Ann Kaplan plantea esta cuestión a través de una pregunta que constituye en realidad su tesis: "Or is there merely the possibility of both genders occupying the positions we now know as 'masculine' and 'feminine'?" (28). La mujer, inscrita en el film como representación / imagen, sirve de apoyo del deseo masculino y también de la mirada, la cual puede considerarse como el código fílmico por excelencia del medio cinematográfico:

> The place of the look defines cinema, the possibility of varying it and exposing it. This is what makes cinema quite different in its voyeuristic potential from strip-tease, theatre, show and so on.

> Going far beyond highlighting a woman's to-be-looked-at-ness, cinema builds the way she is to be looked at into the spectacle itself. (25)

Por otra parte, Mulvey observa que el desequilibrio sexual a nivel textual es un reflejo de aquel que tiene lugar a nivel social y laboral y se manifiesta en la siguiente ecuación: hombre / actividad, mujer / pasividad:

> An active / passive heterosexual division of labour has similarly controlled narrative structure. According to the principles of the ruling ideology and the psychical structures that back it up, the male figure cannot bear the burden of sexual objectification. (20)

Luce Irigaray parte directamente de presupuestos marxistas para ofrecer otro aspecto de la ecuación propuesta por Mulvey al establecer una analogía entre la mujer y los objetos de consumo. Al igual que éstos, las mujeres son producto del trabajo de los hombres y por tanto sirven como signos del poder masculino (*This Sex* 170-97). Para salir de esta situación de opresión, Rachel Bowlby propone abrir un canal de investigación productivo "by considering what woman as ideological sign, and women as subjects caught or participating in various levels of social relations, have in common with commodities" (27).

En el presente apartado se analizará la función de las protagonistas femeninas en *Divinas palabras* de Ramón del Valle-Inclán y *La guerra empieza en Cuba* de Víctor Ruiz Iriarte y la reconstrucción que de ellas hacen José Luis García Sánchez y Manuel Mur-Oti en sus respectivas adaptaciones cinematográficas. Las transformaciones que los realizadores llevan a cabo confirman la tesis de De Lauretis y Mulvey respecto a la acentuada tendencia del cine dominante a convertir a la mujer en espectáculo y objeto de consumo. La función femenina como objeto sensual está ya presente en las obras dramáticas, sin embargo es fuertemente reforzada en ambas adaptaciones mediante una transformación de la trama y de la caracterización de las protagonistas, así como por la introducción de varios números musicales. Éstos suponen una adición forzada y quedan, por lo general, agregados artificialmente a la diégesis, pero no asimilados por ella. Al romper el hilo narrativo, estos espectáculos enfocados en el aspecto meramente icónico del sujeto femenino, contribuyen a presentar también la diferencia sexual como personificación de los elementos activos o pasivos de la narración. A pesar de su protagonismo, a Mari-Gaila y a Juanita se las asocia con el espectáculo, el espacio y la superficialidad de la imagen; es decir con los elementos pasivos de la narración.

Divinas palabras de Ramón del Valle-Inclán y José Luis García Sánchez

La Mari-Gaila de Valle-Inclán es un personaje enigmático que ha dado lugar a interpretaciones tan diversas y, a veces tan contradictorias, que podríamos afirmar que los críticos le han creado una gran variedad de identidades en función de sus propios postulados ideológicos o estéticos y su conceptualización del sujeto femenino. La versión de Mari-Gaila que García Sánchez propone se suma pues a esta serie de construcciones interpretativas sobre el que es, sin duda, el personaje femenino más complejo de la dramaturgia valleinclaniana. Antes de pasar a nuestro análisis de la lectura que del mismo hace García Sánchez, haremos un breve repaso de las ya aportadas por la crítica.

A pesar de que el teatro de Valle-Inclán no se caracteriza precisamente por su didactismo, varios críticos han insistido en estudiar la obra en términos de la lección moralizante que, en su opinión, propone el dramaturgo. Desde esta perspectiva, Sumner M. Greenfield describe a Mari-Gaila como una mujer "insensible e incorregible" y "una cosa curiosamente bella de contemplar dentro de su ignorancia moral" (*Ramón* 580). Jean Andrews, en cambio, en un intento de aportar una lectura feminista de las obras de Valle-Inclán, encasilla a todos los personajes femeninos dentro de las categorías de santas o de prostitutas y, por supuesto, incluye a Mari-Gaila dentro de la segunda.[23]

[23] La clasificación dicotonómica de Andrews resulta reduccionista: "The extent to which all of Valle's women can be fitted into the categories of angel or whore which feminism . . . has developed in response to the portrayal of women in the patriarchal canon is uncanny" (29). A pesar de ser sensual y apasionada, no encaja dentro de la categoría de prostituta, ni tampoco en la de mujer fatal, pues le falta la impasibilidad, la superficialidad y el toque de crueldad con que siempre se ha asociado a la seductora. Tampoco encaja fácilmente dentro de las dos nuevas catego-

Greenfield absuelve a esta Mari-Gaila objeto, Andrews celebra sus transgresiones sexuales. El primero la ve como una semidiosa, "la sensualidad arquetípica de la mujer eterna . . . la encarnación de la voluptuosidad clásica y la gracia sensual, una descendiente de carne y hueso de la antigüedad pagana" (170); la segunda considera su lado humano y celebra triunfantemente su bisexualidad.

Diosa pagana o mujer, la mayoría de los críticos aluden, de una manera u otra, a la sensualidad y vitalidad de Mari-Gaila. David Ling la ve como el máximo exponente de libertad sexual (332). Para Gustavo Umpierre "encarna la Naturaleza Humana e introduce en la obra los valores vitales" (50). Francisco Ruiz Ramón y Anthony Zahareas, al igual que Greenfield, la describen en términos moralistas afirmando el primero que es "la encarnación dramática de la lujuria" (*Historia* 108) y el segundo que "es una adúltera de verdad" (57). A su vez, Carlos Jerez Farrán plantea que Mari-Gaila es el exponente de "un propósito de enjuiciamiento moral diferente a los previamente planteados por el mismo autor que tiene como fin la defensa radical de una nueva moralidad sexual femenina" (393).

Por lo general, la crítica tradicional ha caído en las consabidas dicotomías y considera que *Divinas palabras* "es una dramatización del conflicto entre el ascetismo cristiano que personifica Pedro Gailo y el libre gozo de las fuerzas vitales de la naturaleza que representa Mari-Gaila" (Jerez Farrán 393). En nuestra opinión, para entender a este personaje es necesario analizar su sexualidad desde otra perspectiva y no necesariamente desde un punto de vista moralizante o en referencia a una ley trascendente, encarnada en la figura del sacristán, representante de la Iglesia Católica.[24]

Las teorías de Foucault en relación al cuerpo y los estrechos vínculos existentes entre conocimiento, poder y placer, son reveladoras a la hora de analizar la función de Mari-Gaila en *Divinas palabras*. Foucault pone en entredicho la primacía de la Naturaleza Humana –a la que, de un modo u otro, los críticos arriba citados alu-

rías que Paolini propone para otras heroínas valleinclanianas: "la virgen devota" y "la adúltera devota". A pesar de que Mari-Gaila, al ser la mujer del sacristán, está encuadrada dentro de un ambiente religioso, Valle-Inclán no la asocia en ningún momento con la imaginería de la religión cristiana, sino con religiones paganas.

[24] Umpierre considera que Pedro Gailo es una figura alegórica de "la moral cristiana tradicional" (14). Sin embargo, como apunta Jerez Farrán, hay que tener en cuenta el tratamiento burlesco y la caracterización esperpéntica que Valle-Inclán da a este supuesto guía espiritual, quien "no es superior moralmente hablando a los aldeanos que él censura" (394).

den– y ve en cambio al ser humano como una construcción frágil y problemática, a la vez efecto e instrumento del orden discursivo que le rodea.[25] De acuerdo con una lectura foucauldiana, el adulterio de Mari-Gaila no puede ser interpretado como un acto de transgresión del orden moral encarnado en la figura de Pedro Gailo. La tendencia a considerar a Mari-Gaila como un sujeto autónomo, cuya fuerza sexual innata encuentra escape en sus relaciones con Séptimo Miau, prevalece entre los humanistas e incluso entre las lecturas feministas de la obra. No obstante, la transgresión, como apunta Foucault, no está relacionada con el límite de la misma manera en que el blanco se opone al negro, lo prohibido a lo legal: "Rather, their relationship takes the form of a spiral which no simple infraction can exhaust" (35).

En nuestra opinión las relaciones de Mari-Gaila con Séptimo Miau no suponen una forma consciente de transgresión de un orden patriarcal, ni tampoco de autoconocimiento por parte de Mari-Gaila. Aunque ésta cree encontrar su libertad al poder salir de su hogar e ir de feria en feria mostrando al enano hidrocéfalo, en realidad no se libera como mujer.[26] Desde una perspectiva feminista, es fácil observar cómo Mari-Gaila, en sus relaciones con Séptimo Miau, parece perder el control de su cuerpo –del que en más de una ocasión alardea– para adoptar una postura de subordinación. Es Séptimo Miau, y no Pedro Gailo, quien parece dirigir el destino de Mari-Gaila, de crearle una imagen. Esto queda subrayado de forma explícita en la escena en que Séptimo Miau le pronostica el porvenir: "Venus y Ceres. En esta conjunción se descorren los velos de tu Destino. Ceres te ofrece frutos. Venus, licencias. Tu destino es el de la mujer hermosa. Tu trono, el de la Primavera" (232).[27]

---

[25] En "Preface to Transgression" Foucault cuestiona el efecto transgresor que la sexualidad pudiera tener dentro de nuestra sociedad:

> Sexuality points at nothing beyond itself . . . We have not in the least liberated sexuality, though we have, to be exact, carried it to its limits: the limit of consciousness, because it ultimately dictates the only possible reading of our unconscious; the limit of the law, since it seems the whole substance of universal taboos. (30)

[26] La explicación que Foucault daría respecto a esta situación es que esta liberación es siempre imposible, puesto que el conocimiento y el placer están siempre vinculados a las instituciones, a cuyo control el individuo no puede escapar.

[27] La conexión entre Venus y Mari-Gaila se puede observar desde distintas perspectivas. Aunque a Venus se la conoce sobre todo como diosa de la belleza y de

Por lo tanto, contrariamente a lo que han sugerido otros críticos, podemos afirmar que en su caracterización de Mari-Gaila, Valle-Inclán no rompe con los patrones de pasividad sexual tradicionalmente asignados a la mujer.[28] Las siguientes acotaciones así nos lo confirman: "El farandul empuja suavemente a la coima, que se resiste blanda y amorosa, recostándose en el pecho del hombre" (260); "El farandul muerde la boca de la mujer, que se recoge suspirando, fallecida y feliz" (264). Significativamente, este primer encuentro sexual tiene lugar ante un trasfondo de fuegos de artificio, metáfora de la fugacidad del placer sexual y también, como propone Foucault, del acto transgresor.[29]

La asociación con la imagen de la espiral que Foucault propone entre la transgresión y el límite nos parece apropiada en *Divinas palabras*. Valle-Inclán no adopta en ningún momento una postura moralizante, las fronteras entre el bien y el mal no están delimitadas. De la misma manera se tienden a borrar los límites entre lo real y lo fantástico, la espiritualidad religiosa y la superstición. Por ejemplo, la erótica escena del trasgo cabrío rompe con el elemento naturalista dominante en la obra y recrea, de forma metafórica, el encuentro sexual de la escena anterior. A pesar de estar asociado con el diablo, el cabrío no es en esta escena símbolo del mal, sino de la voluptuosidad y el placer sexual. De la misma manera, Séptimo Miau tampoco es exactamente el ser diabólico y malvado que han querido ver varios críticos.[30] Lo que Valle-Inclán subraya de este personaje no es tanto su maldad, sino su identidad problemática, su escisión

los placeres del amor, originariamente fue la diosa latina de la naturaleza y de la primavera. El arquetipo de la diosa Venus es ambivalente y alude tanto a la fertilidad como a la destrucción. Para algunos, el nombre de Venus es una forma eufemística de aludir a la prostituta. Nos parece importante tener en cuenta la ambivalencia con que Valle-Inclán presenta al personaje de Mari-Gaila: egoísta y desconsiderada (por ejemplo con Laureano), pero sin embargo asociada (a través de estas diosas) con la vitalidad de la naturaleza.

28 Carlos Jerez Farrán opina, en cambio, que con el personaje de Mari-Gaila, Valle-Inclán propone "la defensa radical de una nueva moralidad sexual femenina . . . y la destrucción del mito sobre la mujer fomentado por la mojigatería sexual que tanto la Iglesia como la burguesía habían creado a través de los siglos" (393).

29 En el ensayo mencionado, Foucault usa la metáfora de la huella que deja la espuma del mar en la arena para referirse a las relaciones entre sexualidad y lenguaje (30).

30 Es, sin duda, Greenfield quien lleva su crítica de Séptimo Miau a desafortunados extremos. La siguiente cita es ilustrativa del tipo de crítica moralista llevado a cabo por Greenfield: "El alma de este compadre es, más que nada un intenso depó-

como sujeto. Esta falta de unidad queda reflejada en los varios nombres que lo identifican. El dramaturgo le presenta como "Lucero, que otras veces se llama Séptimo Miau o Compadre Miau" (109) y Mari-Gaila, precisamente en la escena de su primer encuentro amoroso, le cree un delincuente perseguido por la Guardia Civil y conocido como el Conde Polaco.

De la misma manera que la verdadera identidad de Séptimo Miau queda en la penumbra, es difícil adivinar la de Mari-Gaila. Todo intento de analizar a esta última está destinado al fracaso. Las varias acotaciones en que Valle-Inclán la describe no nos ayudan a descubrir su psicología: "blanca y rubia, risueña de ojos, armónica en los ritmos del cuerpo y de la voz" (157); "donairosa y gentil" (193); "los ojos y los labios alegres de malicias" (212); "rítmica y antigua, adusta y resuelta" (384). Más que su psicología se la presenta como cuerpo constituido de poder y animado por el lenguaje. La caracterización que Valle-Inclán hace de Mari-Gaila en estas acotaciones subraya dos aspectos: por una parte, la presenta como un icono de belleza clásica y por otra reitera la conexión entre su cuerpo –especialmente sus ojos– y su voz, la armonía entre lenguaje corporal y verbal.[31]

Además de las acotaciones, encontramos insertas en el diálogo numerosas alusiones a su dominio del lenguaje y a la expresividad y belleza de su cuerpo. Al enterarse de la muerte de su cuñada, Juana la Reina, en su papel de plañidera, Mari-Gaila "resucita una antigua belleza histriónica" (159) y es objeto de los siguientes comentarios:

> UNA MUJERUCA: ¡No hay otra para un planto!
> OTRA MUJERUCA: De la cuna le viene esa gracia.
> OTRA MUJERUCA: Corta castellano como una alcaldesa. (160)

En estas frases se deja entrever tanto la admiración, y quizás envidia, de estas mujerucas ante el espectáculo de la plañidera, como una acusación y reproche de la hipocresía que todos saben se es-

sito del mal . . . no sólo rechaza todo compromiso humano, sino que fríamente aniquila a los que le contraríen. Si buscamos una expresión sumaria de esta 'filosofía' maléfica, se encuentra en las palabras que dirige el farandul a Mari-Gaila al pasar a la garita abandonada a hacer el amor" (163).

[31] Carol Maier, en su agudo estudio sobre Mari-Gaila, analiza los vínculos entre lenguaje y género y describe a este personaje como "a male word-gendered female" (210).

conde detrás del planto. Su agudeza verbal es siempre comentada desde esta postura ambivalente: "Muchos la convidan por su labia y por oírle las coplas tan divertidas que saca" (204). El propio Séptimo Miau se siente atraído tanto por su cuerpo como por su uso del lenguaje: "El garbo de esa mujer no es propio de estos pagos. ¡Y el pico!" (240).

Esta función de Mari-Gaila como agente, a través del lenguaje, no ha sido tenida en cuenta por la mayoría de los críticos quienes, como hemos visto, se han centrado en subrayar la amoralidad de la adúltera, su lascivia y egoísmo, o por el contrario han resaltado su otra cara como semidiosa y símbolo de la vitalidad y la naturaleza.[32] Tampoco le ha interesado desarrollar este aspecto a García Sánchez en su adaptación cinematográfica. Además de esta función lingüística, tan primordial en la obra, el realizador quita toda aura divina al personaje de Mari-Gaila, para presentar, y hacer resaltar con pinceladas naturalistas, su faceta icónica, es decir Mari-Gaila / Ana Belén como diva, y también su faceta materialista, la explotadora / explotada.

Aunque la representación de la mujer como espectáculo y como objeto de consumo está tan sólo sugerida en la obra de Valle-Inclán, constituye uno de los temas centrales en la película de García Sánchez. Las transformaciones llevadas a cabo por el realizador no son debidas totalmente a presupuestos estéticos, sino que tienen una raíz extratextual y están estrechamente relacionadas con la condición de la película misma como objeto de consumo que ha de ser económicamente rentable. Desde esta perspectiva, lo que García Sánchez está explotando es la figura de la actriz Ana Belén, sin duda más popular como cantante que como actriz. Los números musicales añadidos en la película pueden ser, por tanto, vistos como una concesión del realizador a los gustos y expectativas del público.

El fenómeno de la explotación de la mujer en el cine se puede observar también a nivel intratextual donde se reproduce el paradigma de la mujer como objeto de intercambio. Dicho paradigma ha sido ampliamente desarrollado en el ya clásico estudio antropológico de Lévi-Strauss *The Elementary Structures of Kinship* y desmistificado por Gayle Rubin en su influyente ensayo "The Traffic in Women". Lévi-Strauss afirma que la relación de intercambio que constituye el matrimonio no se establece entre un hombre y una

[32] La única excepción que conocemos es el estudio de Maier, arriba mencionado.

mujer, sino entre dos hombres, quedando la mujer reducida a mero objeto de intercambio (115). No obstante, para Lévi-Strauss el tráfico de mujeres ha de ser considerado como una fuente de cultura y vida social, ya que la mujer no es un mero signo, sino también un valor: "In contrast to words, which have wholly become signs, each woman has remained at once a sign and a value" (496). Esta mistificación de la mujer como objeto de intercambio, a través de la asignación de un supuesto valor, ha sido criticada por feministas como Doane y Rubin, entre otras, quienes argumentan que el intercambio de mujeres refleja un sistema opresivo de sexo y género, que niega la subjetividad de la mujer. Como sugiere Mary Ann Doane, gran parte de la teoría feminista "tends to envisage the woman's relation to the commodity in terms of 'being' rather than 'having': she is the object of exchange rather than the subject" (22). La asociación de la mujer con los objetos de consumo es, según Doane, indiscutible: "The woman's objectification, her susceptibility to processes of fetishization, display, profit and loss, the production of surplus value, all situate her in a relation of resemblance to the commodity form" (22). Este paralelismo que la crítica feminista ha observado entre la mujer y los objetos de consumo aparece problematizado por Valle-Inclán en *Divinas palabras*, pues es Mari-Gaila la guardiana de Laureano, al cual exhibe de feria en feria para su provecho económico.

Las palabras con que Karl Marx describe la relación entre los objetos de consumo y sus guardianes, tienen su paralelo en la que Valle-Inclán establece entre Mari-Gaila y el enano hidrocefálico: "Commodities cannot themselves go to market and perform exchanges in their own right. We must, therefore, have recourse to their guardians, who are the possessors of commodities" (28). Incapaz de poder comunicarse verbalmente, Laureano carece de subjetividad y queda reducido en múltiples ocasiones a mero objeto en las alusiones que a él se hacen tanto en la pieza teatral como en el film: "el engendro", "el tesoro", "el dornajo", "el carretón", etc. Las referencias al beneficio económico que produce el espectáculo del cuerpo deforme del enano llegan a ser explícitas en la obra de Valle-Inclán:

> MIGUELÍN: Mucho te vale el tesoro, Mari-Gaila.
> MARI-GAILA: Ni un mal chavo pelón.
> EL CIEGO DE GONDAR: ¡Si robas la plata con la ocurrencia que sacaste de enseñar las vergüenzas del engendro! (210)

Este diálogo queda eliminado en la versión cinematográfica, ya que a García Sánchez le interesa representar a Mari-Gaila no tanto como explotadora, sino sobre todo como explotada.[33] En el film los comentarios que Maricuela –el Miguelín de Valle-Inclán– hace a Séptimo Miau al ver a Mari-Gaila son la primera revelación de cómo la mirada masculina abarca tanto a ésta como al enano en el proceso de reificación de los mismos como objetos de consumo:

> MARICUELA: Buen negocio, la mujer del sacristán.
> SÉPTIMO: El negocio va con su pareja: el monstruo y la bella.[34]

Si en la obra teatral Séptimo Miau se acerca a Mari-Gaila atraído por el dinero que ésta obtiene con la exhibición de su sobrino, en el film se propone sacar un doble provecho, explotando también el cuerpo y la voz de Mari-Gaila. Éstos quedan identificados explícitamente con artículos de consumo en otra conversación que Séptimo Miau mantiene con Maricuela:

> SÉPTIMO: Un poco sosa.
> MARICUELA: ¿La vas a poner en venta?
> SÉPTIMO: En alquiler.

Las intenciones de Séptimo Miau no pueden ser más explícitas. Sin embargo nos interesa subrayar el contexto en que este diálogo se presenta y compararlo con la escena equivalente de la pieza teatral. En la obra de Valle-Inclán se trata del primer encuentro entre Mari-Gaila y el Compadre Miau, y es ésta quien toma la iniciativa de cantar una habanera "buscando que la mire el farandul" (231). En la película, por el contrario, es Séptimo Miau quien la busca con su mirada y se acerca a ella para pedirle que cante: "Mari-Gaila, quiero oír tu voz". Mari-Gaila obedece y se convierte literalmente en espectáculo y objeto de la mirada de todos los que se encuentran en la taberna y que adoptan, de esta manera, el papel de público intradiegético. La canción interpretada por Mari-Gaila constituye un pa-

[33] Mientras que en la pieza teatral las iniciativas provienen siempre de Mari-Gaila, en la película es Tatula quien le muestra la forma en que debe exhibir a Laureano para sacar un mayor beneficio.

[34] Estos diálogos del guión de la película no están basados en la obra de Valle-Inclán, sino que, por el contrario, suponen un alejamiento de la misma.

réntesis en la narrativa cinematográfica que resulta, en el mejor de los casos, postizo.

En el film de García Sánchez, en mayor medida que en la obra de Valle-Inclán, se subraya este aspecto de exhibir a la mujer, poner en un primer plano lo que Laura Mulvey describe como su *to-be-looked-at-ness*. Por otra parte, el placer voyeurístico subyacente en el acto de observar –mucho más acentuado en el cine que en el teatro puesto que el espectador observa sin ser observado– se subraya en esta escena de forma efectiva. El espectador extradiegético encuentra su contrapartida en los espectadores internos que observan el cuerpo de Mari-Gaila y escuchan su voz.

La función del cuerpo y la voz de Mari-Gaila como espectáculo y objetos de consumo son subrayadas de nuevo en el segundo número musical introducido en la película. "Tu voz es tan hermosa como tu cuerpo" exclama el marqués al ofrecerle dinero a Mari-Gaila después de su actuación. El cuerpo y la voz de Mari-Gaila a que Valle-Inclán alude en las acotaciones para resaltar la armonía que los caracteriza, son ensalzados en el film de manera muy diferente. Los planes mercantiles de Séptimo Miau son puestos en práctica en este espectáculo en que Mari-Gaila es "la bella" que canta y baila mientras la vieja Tatula muestra al público los órganos sexuales de "la bestia" (Laureano). Al convertir a ambos en espectáculo simultáneo se refuerza la reificación del cuerpo y voz de Mari-Gaila como objetos de consumo, ahora en manos de Séptimo Miau, quien desempeña el papel de "guardián" al que aludía Marx.

Séptimo Miau adopta también una función agencial a nivel discursivo, mientras que la forzada afinidad de Mari-Gaila con lo icónico, su asociación con el espacio del espectáculo, la priva de subjetividad y de su capacidad de participar activamente en la dirección de la trama.[35] Mari-Gaila está atrapada por Séptimo Miau en el espectáculo que éste le obliga a representar. No sólo es evidente que Mari-Gaila se siente incómoda en su nuevo papel y que lo desempeña con poca desenvoltura, sino que también se manifiestan a nivel discursivo las constricciones que conllevan los aspectos inmoviliza-

[35] En su estudio sobre el cine dominante hollywoodiense Mary Ann Doane observa esta misma tendencia a construir situaciones narrativas para la mujer que se caracterizan por su falta de familiaridad: "With respect to a narrativization of the woman, the apparatus strains; but the transformation of the woman into spectacle is easy" (5-6).

dores de este espectáculo. A partir de este momento es evidente que el titiritero maneja los hilos del destino de Mari-Gaila. Ésta actúa para Séptimo Miau y en varios momentos, desde el escenario, busca en vano su mirada.

Las relaciones que Valle-Inclán creara entre Mari-Gaila y los dos personajes masculinos protagonistas –Pedro Gailo y Séptimo Miau– han sido transformadas en la película, donde se pone de manifiesto de una manera explícita que las ideologías dominantes del capitalismo y el patriarcado se refuerzan mutuamente como mecanismos de reificación de la mujer. La Mari-Gaila de García Sánchez no tiene la fuerza de carácter de su contrapartida teatral, la cual no se deja intimidar ni por Pedro Gailo, ni por ninguno de los hombres que la cortejan, y es caracterizada ante todo como "a creature of words" (Maier 192) y también como exponente del deseo erótico femenino.

En el film de García Sánchez se promueve en cambio la otredad del personaje de Mari-Gaila al negarle una subjetividad y al presentarla como apoyo del ego de su marido, Pedro Gailo, y sobre todo de su amante, Séptimo Miau. El análisis que Luce Irigaray hace del concepto de la otredad del sujeto femenino resulta esclarecedor para entender las relaciones de poder establecidas entre estos personajes. Irigaray parte de la crítica del modelo freudiano, cuyas bases se asientan en una economía de la representación cuyo significado está regulado por paradigmas y valores determinados por sujetos masculinos:

> The feminine must be deciphered as . . . a function of the (re)productive necessities of an intentionally phallic currency, which, for lack of the collaboration of a (potentially female) other, can immediately be assumed to need its other, a sort of inverted or negative alter ego. (*Speculum* 22)

Irigaray insiste en esta idea de la imagen de la mujer como espejo del *ego* masculino más adelante en los siguientes términos: "Now, if this *ego* is to be valuable, some 'mirror' is needed to reassure it and reinsure it of its value. Woman will be the foundation for this specular duplication, giving man back 'his' image and repeating it as the 'same'" (*Speculum* 54). La mujer sirve pues meramente de escenario o espejo en que los hombres proyectan sus fantasías narcisistas (Mulvey 13).

La función especular de Mari-Gaila respecto a Séptimo Miau es evidente en la adaptación cinematográfica donde ese espejo metafórico al que alude Irigaray se convierte también en un espejo real, precisamente en el momento en que Séptimo comunica a Mari-Gaila sus intenciones de explotar a Laureano y de convertirla a ella en parte del espectáculo. La tienda de Séptimo Miau, donde habla por primera vez a solas con Mari-Gaila, simboliza el mundo de la representación y la fantasía, un espacio laberíntico de espejos en los que Mari-Gaila intenta ver reflejada su nueva identidad como mujer-espectáculo. Es en este espacio de superficies brillantes –estrellas plateadas, espejos, etc.– pero sin sustancia, donde Séptimo Miau introduce a Mari-Gaila en un intento de que forme parte del mismo. Al quedarse sola y mirarse en el espejo, los ojos de Mari-Gaila son interrogantes y por un momento parece adivinarse fugazmente cierto narcisismo. Éste se desvanece súbitamente al quedar enmarcada en el espejo su figura junto a la de Séptimo Miau, quien se le acerca por detrás, definiéndose, una vez más, la perspectiva masculina, mediatizada ahora por un espectador intradiegético, desde cuyo punto de vista observamos gran parte de la secuencia.[36]

En el film es pues Séptimo Miau quien asigna los papeles y se designa a sí mismo el de empresario, a Laureano el de protagonista y a Mari-Gaila el de complemento del espectáculo:[37]

> El fenómeno hay que saber mostrarlo. Le montaremos en un carro dorado con un toldo azul cielo tirado por dos perros enseñados. Del protagonista hay que aprovechar su escándalo. Y la mujer de entrepecho más bonito de España, la Mari-Gaila, a cantar habaneras y coplas de amor, mientras que su compañero, que soy yo, recoge los ríos de plata que le están esperando por esos caminos de Dios.

[36] Séptimo Miau la observa precisamente desde el lugar que ocupa físicamente la cámara cinematográfica. Las tomas en que el cuerpo de Mari-Gaila es observado como objeto erótico de deseo se multiplican, sobre todo durante los dos números cantados mencionados. En ciertos momentos, lo que enfoca la cámara son primeros planos de ciertas partes de su cuerpo. Así, cuando camina por la playa en busca de Séptimo, la observamos desde la perspectiva de éste (tirado en el suelo, lo que ve son las piernas de Mari-Gaila). Esta "disección" del cuerpo de la mujer subraya su función como objeto de placer visual.

[37] El negocio que tiene en mente el Séptimo Miau de Valle-Inclán es, por el contrario, y así se lo explica a Simoniña, "conveniencia de dos que se juntan para ganar la plata" (360).

En la película, el papel de Mari-Gaila se apoya en la función especular que para sus admiradores representa en los números cantados. Séptimo Miau se propone manipularla para su propio beneficio –"esa mujer, en unas manos que supiesen conducirla, pudo llegar adonde la otra"–, moldear su cuerpo dentro del vestido que le ofrece, y su voz, al hacerla cantar. Mari-Gaila es la mujer inexperta que se entrega pasivamente a Séptimo para ser transformada. Su inexperiencia y pasividad son las características que Séptimo Miau aprovecha para reflejar en el cuerpo de Mari-Gaila sus percepciones y proyecciones.

Aunque es cierto que la función de Mari-Gaila como explotadora de Laureano y como explotada –ya que es manipulada por Séptimo Miau– se puede observar ya en la pieza teatral, en la película se concede sin duda un mayor énfasis a la otredad de este personaje.[38] García Sánchez resalta el carácter un tanto apocado y la subordinación de Mari-Gaila, no sólo respecto a Séptimo Miau, sino también en su relación con Pedro Gailo.[39] El lado materialista de este personaje aparece reforzado en la película, donde el sacristán parece más preocupado por el dinero que por su honra. Así, cuando Mari-Gaila vuelve a casa con el cadáver de Laureano, desfallecida y delirante, Pedro Gailo acepta como pago de su honra el dinero que ésta le ofrece. En la obra dramática, en cambio, Mari-Gaila no responde ante la pregunta "¿Dónde está mi honra?" con dinero, sino con palabras amenazantes:

> MARI-GAILA: Vaya el cantar que te acuerda!
> PEDRO GAILO: ¡Te hiciste Pública!
> MARI-GAILA: ¡A ver si te enciendo las liendres! (313)

Tanto Valle-Inclán como García Sánchez hacen que la atención del espectador se enfoque en el cuerpo y la voz de Mari-Gaila y en el uso que de ellos hace con el fin de conseguir un beneficio económico o bien convertirse conscientemente en objeto de la mirada masculina. Nos encontramos, pues, con un personaje problemático

---

[38] Es significativo que los críticos de la obra teatral hayan dedicado poca atención a esta faceta de Mari-Gaila. Tan sólo se ha aludido tangencialmente a ella desde una perspectiva moralizante (Umpierre 17).

[39] Mari-Gaila es presentada como víctima del egoísmo de Pedro Gailo desde las primeras secuencias del film. Una de las más representativas es aquélla en que al retirarse de la mesa el párroco y Pedro Gailo, Mari-Gaila mira con avidez el cuenco del flan que han dejado. Al darse cuenta de que está vacío se le escapan las lágrimas y exclama: "Ni para probar me dejaron".

y ambivalente que funciona paralelamente como sujeto y objeto. Valle-Inclán subraya estas dos funciones de Mari-Gaila a lo largo de toda la pieza, pero son las últimas escenas donde se evidencian de forma más significativa. Cuando Séptimo Miau y Mari-Gaila son descubiertos en los cañaverales, la escena de su persecución se presenta como si de una cacería se tratara. Séptimo Miau escapa puesto que "No hay galgo para esa pieza". No obstante, un grupo azuzando a los perros entra por los cañaverales para "hacer salir a la rapaza" (377).[40] La presa es pronto atrapada: "Mari-Gaila dando voces sale al camino, la falda entre los dientes de los perros . . . seguida de mozos y canes, corre por la ribera, sosteniendo en la cintura la falda desgarrada, que descubre por los jirones la albura de las piernas . . . se revuelve acorralada" (377-81).

Mari-Gaila se defiende físicamente lanzando piedras y tratando de escapar; sin embargo lo que la libera de Milón de la Arnoya es en realidad la fuerza de sus palabras. El gigante rojo, que intenta tomarla por la fuerza, se retira confundido y asustado. Las palabras de Milón "¡Calla, malvada!" (380) y "¡Vete y confúndete, que ya me dejas la condenación!" (381) son expresión clara del triunfo de la palabra sobre la fuerza animal del "gigante rojo" (378). La efectividad de las palabras de Mari-Gaila subraya la inversión de los términos entre cazador/ser humano y cazado/animal que Valle-Inclán lleva a cabo.[41] En la obra de Valle- Inclán, Mari-Gaila se salva de la violación gracias al temor que provocan en los aldeanos, tanto sus palabras como la visión de su cuerpo desnudo. Ella misma, al desnudarse, les invita a mirar el espectáculo de su propio cuerpo: "¡Pero que ninguno sea osado a maltratarme! ¡Miray hasta cegar, sin poner mano!" (383), "¡Conformarse con esto" (384). En las

[40] La doble moral, la cual considera que la libertad sexual es sólo inherente a la naturaleza masculina, se pone en un primer plano en esta escena. Es precisamente una moza quien, viendo como escapa Séptimo Miau, exclama: "Que se vaya libre. El hombre hace lo suyo propio. En las mujeres está el miramiento" (376). A la mujer le corresponde el "miramiento", es decir la observación de una conducta moral y sexual que respete la opinión ajena. El uso de esta palabra "miramiento" es significativo, puesto que la moral es identificada no con valores fijos, sino con la apariencia y la mirada vigilante de las mujeres sobre todas aquellas que puedan transgredir las normas de la sociedad patriarcal.

[41] Aunque Miguelín en un principio dice haber descubierto "un nido de rulas" (374) y una mujer se refiera a Mari-Gaila como "perra salida" (377), ésta queda paulatinamente humanizada, al mismo tiempo que sus perseguidores se animalizan. Milón "brama su relincho" (378) y los coros de voces se convierten en "coros de relinchos" (382-84).

acotaciones, Valle-Inclán parece divinizar el cuerpo de Mari-Gaila, convertirlo en mero icono que habla sin palabras.[42]

Maier hace alusión a la complejidad de las dos funciones que Mari-Gaila desempeña en esta escena:

> She acts as subject by giving herself as object. Her flesh will become word, but that transformation will be at the price of her tongue, throughout her sharpest, "best" feature. Simultaneously raised up and cut down, then, she will also be simultaneously human and hybrid, a woman subject to the crowd but also a subject with respect to it. (207)

Ambas funciones vuelven a aparecer en la escena final. Delante del pórtico de la iglesia, Mari-Gaila espera recibir su castigo de mano de los aldeanos, quienes en una especie de histeria colectiva, a la vez moralista y sensual, lanzan piedras a su cuerpo desnudo.[43] Pedro Gailo se acerca a Mari-Gaila, "le apaga la luz sobre las manos cruzadas, y bate en ellas con el libro" (392). Al pronunciar el sacristán las palabras atribuidas a Cristo –"quien esté libre de pecado, que tire la primera piedra" (392)–, los aldeanos le responden con insultos y acrecentada violencia. No obstante, cuando las mismas palabras son pronunciadas en latín –"Qui sine peccato est vestrûm, primus in illam lapidem mittat" (393)– la actitud de los aldeanos cambia radicalmente: "*¡Milagro del latín! Una emoción religiosa y litúrgica conmueve las conciencias, y cambia el sangriento resplandor de los rostros. Las viejas almas infantiles respiran un aire de vida eterna*" (393).

---

[42] "Conformarse con esto" (384) son las últimas palabras de Mari-Gaila en la obra teatral.

[43] En su interpretación de la tan controvertida y enigmática escena final en que Mari-Gaila es conducida ante Pedro Gailo para ser lapidada, Maier sigue concediendo todo el protagonismo a ésta, cuyo cuerpo desnudo, afirma, simboliza a un tiempo las divinidades paganas, la Virgen María e incluso una figura mesiánica:

> Valle-Inclán . . . has Mari-Gaila present herself as an offering, assuming, simultaneously, the traditional connotation of Jesus and the Virgin and the characteristics of the pagan goddess that were stripped from her when she became the bride of Christ . . . Mari Gaila is also fused with Christ as His mother as well as His person (209).

La lectura de Maier se centra únicamente en la imagen emblemática de Mari-Gaila, dejando a un lado la interpretación de la función de las "divinas palabras" que dan título a la obra.

Este final ha dado lugar a múltiples interpretaciones sobre los motivos por los que las palabras de perdón sólo tienen efecto cuando son pronunciadas en latín. [44] El dramaturgo adopta una postura ambigua respecto a la posible ironía de esta situación y de ahí la gran variedad de posibles lecturas. Aunque en su adaptación García Sánchez reproduce esa misma ironía con aparente fidelidad, lo hace introduciendo algunos detalles significativos a la hora de analizar el sentido que el realizador confiere a la escena.

En el film, Mari-Gaila no llega desnuda a la iglesia y las palabras de Pedro Gailo no producen el efecto deseado en los aldeanos ni en castellano, ni en latín. De hecho, la primera piedra es lanzada, inmediatamente después de que el sacristán, después de un cómico intento frustrado de suicidio, adopte la postura indulgente de Jesucristo. Ante un inminente acto de lapidación, Mari-Gaila dirige a los aldeanos una mirada interrogante y en su rostro se dibuja una expresión equívoca, mezcla de amargura, resignación y repulsa. Esta expresión es enfocada a través de un primer plano de casi diez segundos, al cual le sigue un plano general en el que la cámara, adoptando la perspectiva de los hombres, mujeres y niños que apedrean con ira a la adúltera, presenta a Mari-Gaila dejando caer su túnica. Los planos que siguen muestran las reacciones de turbación de los espectadores de este acto de voyeurismo colectivo. Un niño queda paralizado con una piedra en la mano y un brazo en alto; Milón desvía la vista del cuerpo de Mari-Gaila y baja la cabeza; el resto de los aldeanos comienzan a retirarse vacilantes. Todos estos planos preceden a las "divinas palabras" pronunciadas por el sacristán y que tanto efecto surtieran en la obra teatral. No es, por tanto, la otredad lingüística lo que conmociona las conciencias de estos espectadores internos, sino la otredad de género, representada a través del cuerpo desnudo de la adúltera. [45]

---

[44] Para un resumen de las varias posibles interpretaciones, véase Lyon (101-03).

[45] Esta escena se presta a una lectura feminista basada en las teorías psicoanalíticas de Doane, Mulvey y Silverman. Como apunta esta última, la teoría cinematográfica feminista "has looked closely at the potential for trauma contained within the spectacle of woman-as-lack, and the defensive mechanisms made available to the viewer as a shield against that lack" (28). La contemplación del cuerpo desnudo de la mujer puede provocar en el espectador masculino un complejo de castración, ante el cual encuentra dos resoluciones: "disavowal through fetishism, and avowal accompanied by disparagement" (28). En el filme de García Sánchez, la primera aparece en la secuencia en que Séptimo Miau ofrece un vestido de lentejuelas a

Este cambio, aparentemente insignificante, en la adaptación de García Sánchez, realizado en aras a la resolución de una ambigüedad, o quizás persiguiendo una mayor verosimilitud, llega a ser, no obstante crucial, y sirve como colofón de una serie de espectáculos caprichosamente añadidos a la narración. Mari-Gaila actúa simultáneamente como sujeto –la cámara adopta reiteradamente su perspectiva– y como objeto de la mirada. Es más, la mirada penetrante de Mari-Gaila / Ana Belén parece hablar al mismo tiempo que lo hace su cuerpo desnudo. Paradójicamente, con este acto Mari-Gaila invierte el sentido de las palabras bíblicas –el verbo se hizo carne– y nos presenta al signo mujer en su capacidad icónica, obrando "el milagro" que en la pieza teatral se atribuyera al latín. Desde esta perspectiva, el título *Divinas palabras* deja de tener sentido, o en el mejor de los casos, carece del sentido irónico que el autor dramático le confiriera.

La indeterminación que se crea con este final es igualmente de carácter muy distinto a la planteada en la obra de Valle-Inclán. No hay aquí asomo de ironía autorial respecto al "milagro del latín". Tampoco encontramos ambigüedad en la motivación de Mari-Gaila de ofrecerse a sus victimarios, ya que la yuxtaposición de planos conseguida a través del montaje hace que el móvil de evitar su lapidación se presente de forma casi explícita. La ambivalencia está, no obstante, en la reacción que el cuerpo de Mari-Gaila produce en los espectadores internos, y en la función problemática que en esta escena final desempeña el personaje protagonista.

Si comparamos el acto exhibicionista de Mari-Gaila con el que Saura nos presenta en *¡Ay, Carmela!*, observamos interesantes paralelismos que, no obstante, derivan en finalidades contrapuestas. Ambas protagonistas actúan, en contra de su voluntad, en espectáculos dedicados a complacer a personajes masculinos, son víctimas de la violencia y terminan exponiendo su cuerpo desnudo ante un público que se muestra perturbado ante tal visión. No obstante, si en *¡Ay, Carmela!* el acto exhibicionista implica transgresión, en

Mari-Gaila para convertirla en espectáculo en la feria de Viana. La segunda de estas resoluciones persigue un resultado muy distinto, ya que en vez de desviar la atención de una parte del cuerpo hacia otro elemento (en el caso mencionado el llamativo vestido de lentejuelas) cambia aparentemente el foco de interés del exterior de su cuerpo a su interior. En esta última escena, el reconocimiento del complejo de castración iría acompañado del desprecio y la repulsa provocados por el adulterio, la cualidad moral castradora ante los ojos vigilantes del pueblo.

Divinas palabras conlleva sumisión. En el primer caso la protagonista termina pagando con su vida, en el segundo, se le perdona la vida. Carmela se sale del papel de pasividad sexual que se le ha asignado en su vida real y también en el número pseudopornográfico que está representando; su desnudo es simbólico de su rebelión contra la represión política y de género. Mari-Gaila, por el contrario, exhibe su cuerpo para redimirse de su acto de transgresión, el adulterio. Su desnudo no le sirve para salirse de su papel, sino para entrar en él, para reintegrarse a la sociedad como mujer del sacristán. La problematización de este acto de exhibición queda subrayada por la forma en que se presenta a Mari-Gaila entrando a la iglesia de la mano del sacristán, desnuda, dócil, absuelta de su culpa, regenerada, inocente, al mismo tiempo que la cámara rectifica ligeramente el encuadre para enfocar a través de un *zoom* la imagen de Laureano vestido de ángel, cuyo primer plano cierra la película.

En conclusión, los problemas de interpretación que presenta la obra de Valle-Inclán residen principalmente en su ambigüedad moral conseguida a través de guiños irónicos, y en la yuxtaposición de elementos estéticos –teatralización y naturalismo– y culturales –paganismo y cristianismo– aparentemente contradictorios y/o incongruentes. A García Sánchez le ha interesado desarrollar el lado humano de Mari-Gaila, sin por ello dejar de presentarla en su función icónica como objeto de consumo y de placer sexual explotado tanto por su marido, Pedro Gailo, como por su amante, Séptimo Miau. El realizador no cae en la trampa del didactismo, elimina todo tipo de estilización teatralizante en favor dc un rcalismo naturalista y añade incluso alguna pincelada expresionista, que contrasta con una fotografía y una ambientación incongruentemente esteticistas. Resuelve una buena parte de las ambivalencias de algunas escenas de la pieza teatral, reforzando invariablemente la otredad de Mari-Gaila, de forma que los aspectos positivos que este personaje pudiera tener, desde una perspectiva feminista, quedan gravemente cercenados.

La guerra empieza en Cuba de Víctor Ruiz Iriarte y Manuel Mur-Oti

Al igual que en *Divinas palabras*, en *La guerra empieza en Cuba* encontramos una perspectiva femenina tanto por la temática presentada como por la búsqueda de una identificación de los espectadores con las protagonistas. Sin embargo, a pesar de que ambas plantean una temática femenina relacionada con problemas de identidad y represión sexual, en realidad constituyen una reafirmación de los mitos creados por el patriarcado para representar al sujeto femenino. Esto es especialmente obvio en *La guerra empieza en Cuba*, donde tanto dramaturgo como realizador reproducen la tradicional moldura del subconsciente femenino y privan a las protagonistas Juanita y Adelaida, y también a las espectadoras, de un modo propio de expresión y de las salidas que otro planteamiento de la identidad femenina pudiera aportar.

Aunque la pieza de Ruiz Iriarte ha sido, por lo general, considerada como escapista, Phyllis Zatlin la ve más bien como "Ruiz Iriarte's gentle satire of the imposed moral standard in Franco Spain that, by the mid-1950's, was out of phase with reality" (5). Ciertamente no se trata tanto de escapismo, como de sátira; sin embargo la función de esta sátira es la de servir como válvula de escape, por la vía de la comedia, de las tensiones creadas por las inconsistencias y contradicciones del rígido código moral franquista de los años 50.

En una autocrítica que prologa el texto de *La guerra empieza en Cuba*, Ruiz Iriarte admite haber dibujado en esta obra a las gemelas, Juanita y Adelaida, con "premeditadas líneas de caricatura" (8). Aunque es cierto que en todos los personajes se advierten rasgos, más o menos exagerados, propios de la farsa, es indudable que el autor ha querido dotar de humanidad a uno de ellos, Juanita, con quien el público indudablemente se identificará. Mediante la confrontación de las dos gemelas, el carácter jovial y generoso de Juanita quedará contrastado con la austeridad y rigidez de Adelaida. La serie de oposiciones binarias que definen a las dos protagonistas, sirve de eje estructural a la obra teatral y refleja las consabidas dicotomías sobre las que se asienta el discurso patriarcal.

Tal y como las presenta Ruiz Iriarte, estas gemelas epitomizan dos mundos contrapuestos. Adelaida, como gobernadora, adopta el papel de guardiana de la moral y las buenas costumbres y es la representante del poder y de la censura artística. Por su severidad e intolerancia es fácil asociarla con el régimen dictatorial de Franco y también con el orden simbólico (Kristeva). No obstante, los censores franquistas no encontraron excesivamente ofensiva esta figura autoritaria, ni vieron en ella una parodia de los defensores de la moral pública de la época.

Tampoco les pareció transgresora ni amoral la caracterización de Juanita. Ésta es presentada como la cara opuesta de la moneda: amante de la vida, sensual, descarada, revoltosa, de fuerte carácter, luchadora e independiente. Aprecia su libertad y desprecia la hipocresía de su hermana. A pesar de que por nacimiento pertenece a la alta burguesía, "todo en ella, tanto sus ademanes como su atavío, tiene un delicioso sabor popular" (28).

El enfrentamiento entre las gemelas, tal y como lo presenta Ruiz Iriarte, refleja una problemática no sólo individual, sino también social. La lucha de estas dos mujeres por tener una identidad propia va mucho más allá del planteamiento psicológico: lucha por el cariño de la madre y afirmación de una personalidad propia distinta a la de la hermana. Comentando el carácter de sus dos hijas, Mariana está resentida ante todo porque "Juanita se pasaba la vida con los criados y sólo estaba a gusto entre la gente más ordinaria" mientras que "Adelaida era la niña mimada de la buena sociedad de la Habana" (27). Por otra parte, el intento de Juanita de definir su propia identidad puede ser interpretado como una lucha contra la tiranía de los roles sociales impuestos.

Ruiz Iriarte confiere a Juanita ciertos rasgos que apuntan a la transgresión y a la ruptura de las normas tácitas que regulan el comportamiento y el papel de la mujer en la sociedad española de los años 50. No obstante, aunque Juanita en un principio no da los pasos esperados de una mujer de su clase social, lo que en definitiva el dramaturgo representa es su reinserción en la clase social burguesa a la que pertenece y el reconocimiento y reafirmación de los valores morales que la rigen.

Tratando de convencer a Juanita de que debe casarse con Javier, su amiga Pepa le recuerda: "Casarte y volver a ser la que fuiste, la que nunca debiste dejar de ser. ¡Una gran señora!" (65). Ruiz Iriarte pone estas palabras precisamente en boca de la mujer que desempeña el consabido papel de la prostituta con buen corazón, quien intenta convencer a su amiga Juanita de que es digna del hombre que pide su mano. Juanita elogia al capitán, pero censura su propia conducta; sus palabras no dejan de resultar irónicas y reveladoras de la doble moral vigente, la cual es totalmente asumida por el subconsciente femenino: "Javier es tan bueno, tan noble, tan caballero. Se merece otra mujer. Una mujer con un pasado limpio, intachable . . ." (66).[46]

A pesar de que Ruiz Iriarte se propone caracterizar a Juanita como un personaje subversivo, finalmente no la libra de los lazos que, tanto a nivel consciente como subconsciente, la atan a un sistema social y moral determinado. Tampoco libera Ruiz Iriarte a su propio discurso de la consabida clausura textual de las comedias con final feliz: el matrimonio.[47] Al final de la obra se llevan a cabo con éxito, la pedida de mano y los subsiguientes planes matrimoniales, consiguiéndose así no sólo la integración de Juanita, sino también de la figura donjuanesca de Javier.[48] La función "matrimonio" termina sublimando lo erótico en un ritual social final. Por tanto, toda transgresión a la que apuntara el personaje de Juanita desaparece con la reconciliación (al menos por parte de Juanita) y el restablecimiento del orden moral. El conflicto no queda resuelto en lo que se refiere a Adelaida, quien, al contrario que su hermana, no cambia y sigue desempeñando al final de la pieza de Ruiz Iriarte un papel "masculino".

En la película de Mur-Oti, en cambio, la clausura mediante un final feliz no muestra ningún resquicio de conflictividad. La reconciliación es mutua y Adelaida pone su autoridad en manos de aquel en quien siempre hubiera debido estar: el Gobernador. La misma Adelaida parece mostrar sorpresa respecto al desarrollo de los acontecimientos: "Es sorprendente, capitán. Ayer trajo usted la inquietud a esta casa y hoy, con su amor, ha traído la felicidad". El espectador, por el contrario, no se sorprende de la rapidez y facilidad

---

[46] Phyllis Zatlin observa que aunque las comedias de Ruiz Iriarte estén muy lejos de poder ser consideradas como feministas, sí reflejan una preocupación por la situación de la mujer y por los cambios de los códigos morales que están teniendo lugar en la sociedad en que vive: "Ruiz Iriarte is generally supportive of his women characters' desire for emancipation and critical of the double standard implicit to nacionalcatolicismo" (5).

[47] Podemos hacernos eco de una frase que la propia Juanita pronuncia al final de la obra: "ni yo misma me reconozco" (67), ya que nos resulta difícil reconocer en esta Juanita del tercer acto al personaje que se intentaba presentar en los dos primeros.

[48] En *Morphology of the Folk-tale*, Vladimir Propp identifica la función del "matrimonio con una princesa" como el recurso de clausura narrativa más recurrente en los cuentos populares. La crítica cinematográfica feminista ha analizado esta función en el cine de Hollywood donde, al igual que en *La guerra empieza en Cuba*, supone una integración en el orden simbólico del héroe. Véanse Mulvey (29-38) y Basinger (319-92).

con que se soluciona el conflicto, puesto que no hace sino corroborar las convenciones de la comedia cinematográfica española del momento.

Los cambios que Mur-Oti realiza son significativos. Aunque aparentemente sigue las mismas pautas del dramaturgo para la caracterización de sus gemelas, el realizador transforma ese "delicioso sabor popular" de Juanita, al menos en lo que al vestuario respecta, y la sube de rango para exhibir a la actriz Emma Penella, símbolo sexual del momento, ataviada con lujosos vestidos. Por otra parte suaviza el comportamiento agresivo de Juanita y lo sustituye por una actitud primordialmente lúdica. Mientras en la pieza de Ruiz Iriarte ésta busca venganza, en la película se propone explotar su parecido físico con Adelaida con el fin de divertirse creando malentendidos.

Por otra parte, Mur-Oti omite personajes, así como detalles del pasado de las gemelas, especialmente los relacionados con su infancia, que pudieran resultar inquietantes, vagamente críticos o moralizantes. Por ejemplo, uno de los momentos más emotivos de la obra de Ruiz Iriarte lo constituye el melodramático encuentro de Juanita con su madre. El dramaturgo manipula las emociones del espectador y el distanciamiento irónico-cómico que domina el resto de la obra queda eliminado en un intento de conseguir la total identificación del espectador con Juanita. Al cambiar también el tono, Ruiz Iriarte se permite presentar de forma abierta el tema de la búsqueda de las gemelas de una identidad propia y plantear una crítica social enfocada en la actitud hipócrita de Adelaida y de doña Mariana. Juanita culpa a su hermana de haber creado, desde su infancia, las barreras afectivas que la separaron de su madre.[49]

Mientras doña Mariana acusa a Juanita de estar sólo "a gusto entre la gente más ordinaria" (27), ésta explica que tuvo que buscar en la criada el cariño que su madre le negaba:

> JUANITA: . . . consiguió que estuvieras orgullosa de ella y te avergonzaras de mí . . . ¿Y sabes por qué lo hizo? Porque me odiaba . . . Porque yo era tan bonita como ella. Porque tenía

[49] Ruiz de Iriarte apunta, aunque tímidamente, en el diálogo de Juanita cierta añoranza por la situación de libertad de que había gozado hasta ese momento. Ella misma ve su amor por Javier como una trampa, en la que a pesar de todo termina cayendo: "Todo estaba bien como estaba. Mi hermana aquí, entre sus lujos y su señorío. Yo por ahí, rodando por esos mundos . . . Pero libre. Así tenía cada una lo que había pedido a la vida" (67).

> sus mismos ojos, sus labios, sus manos. Porque yo era ella misma, y ella nunca, nunca podría ser sola . . . He pensado tanto, en tantas horas de pena, de rabia y de soledad . . . . (29)

En el film se omite toda alusión a problemas de identidad y se sustituye la figura de la madre por una tía, cuya función, casi exclusivamente decorativa a nivel del desarrollo de la trama, es la de servir de interlocutora de Adelaida, al mismo tiempo que aporta un elemento meramente cómico.[50] De la misma manera, Pepa, compañera y amiga de Juanita en la obra de teatro queda transformada en el film en acompañante y sirvienta. El cambio de nacionalidad –Pepa no es española, sino una cubana mulata– sirve a Mur-Oti para añadir otra visión estereotipada de la mujer. A pesar de conocer la sociedad cubana de primera mano, la representación que hace de esta mujer mulata es marcadamente artificial y reproduce los estereotipos que de la misma han creado los colonizadores. La otredad de esta mujer sin nombre es triple y responde a construcciones culturales de género, raza y nacionalidad.

Todas las transformaciones realizadas por Mur-Oti a nivel narrativo están enfocadas a subrayar la asociación del signo "mujer" con lo erótico y a reforzar este fenómeno tanto a nivel de la representación visual como de la narrativa. Sirva como ejemplo representativo de este fenómeno el tratamiento que se le da a la anécdota del descubrimiento de la estatua de Ceres. Este episodio es una adición respecto a la obra teatral y es planteado en un principio como una prohibición más de Adelaida, quien se opone a la presencia del Gobernador en el acto inaugural del descubrimiento de una estatua de Ceres por considerar su desnudez obscena. Sin embargo, se retoma esta anécdota en varios momentos de la diégesis para hacer de la misma, en último término, una "puesta en abismo" de la representación de la mujer en la película misma.

Las contradicciones impuestas en el personaje de Juanita, como elemento transgresor de las normas patriarcales y como reafirmador de las mismas, se manifiestan rampantes cuando, en la conversación que mantiene con Adelaida sobre sus anhelos de tener en sus manos el poder que le confiere el papel de gobernadora, afirma:

[50] La infancia de las gemelas es presentada en la obra de teatro en dos versiones principales: la de doña Mariana en su intento de poner al corriente de la situación a la criada Rita (y, por supuesto, al espectador) y la que nos da Juanita.

> Yo descubriría la estatua diciendo lo que siempre he pensado de las estatuas. Que las de las mujeres las hacen con poquita ropa para que la gente sepa cómo deben ser las mujeres. Y las de los hombres vestidos de héroes o de conquistadores para que sepan cómo deben ser los hombres.

Cuando Adelaida decide por fin ser ella misma quien asuma el papel de Juanita como gobernadora, retoma y repite *verbatim* las palabras de su hermana ante un público que la aplaude entusiasmado. Es significativo, e irónico, que se elija precisamente a la diosa Ceres, puesto que se trata de una figura maternal, tradicionalmente representada enteramente vestida. Las contradicciones que, como apuntamos, subyacen a toda la película, se ven aquí puestas de manifiesto por el desacuerdo entre la imagen visual y el discurso verbal de Adelaida. Así, mientras ella habla del desnudo como la forma ideal de representación de la figura femenina en el arte, la estatua que queda en el transfondo encaja, no obstante, dentro de otro de los roles asignados a la mujer, en este caso el maternal.

La asociación entre el signo mujer y su representación como escultura y objeto erótico para ser observado, queda reiterada a lo largo del film a nivel visual y expresada verbalmente de modo explícito: "Estaba mirando y no esperaba que esta escultura . . . Porque eres una escultura, pero de las de uhmm". Es significativo observar en esta secuencia en que Juanita se pasea delante del cuartel, la dirección de las miradas de los interlocutores, puesto que se repite con frecuencia a lo largo del film, especialmente en los encuentros entre Juanita y Javier. Mientras los soldados observan fijamente el cuerpo / estatua de Juanita, ésta desvía su mirada hacia un lado.

La recurrencia de este patrón de la mirada entre los personajes masculinos y femeninos de la película confirma las afirmaciones de Mulvey respecto a la función de la figura femenina como objeto de placer en el cine dominante:

> In their traditional exhibitionist role women are simultaneously looked and displayed, with their appearance coded for strong visual and erotic impact so that they can be said to connote to-be-looked-at-ness. Woman displayed as sexual object is the leitmotif of erotic spectacle. (19)

Este concepto de espectáculo erótico se desarrolla literalmente en el film de Mur-Oti. Además de la peculiar forma, arriba mencionada, en que se exhibe a Emma Penella a lo largo de la narrativa, el realizador, siguiendo una marcada tendencia del cine español de la época, incorpora una serie de números musicales.[51] Aunque es cierto que la justificación argumental de los mismos se puede encontrar en la obra de teatro ya que la Juanita de Ruiz Iriarte es cantante, la forma en que están introducidos resulta en la mayoría de los casos totalmente artificial. De hecho, el guión parece haber sido creado en función de estos cuplés que rompen la narrativa para que la atención del espectador se centre únicamente en el espectáculo de la figura femenina, observada a su vez en todos los casos por espectadores intratextuales, a través de los cuales queda mediatizada la perspectiva del espectador extratextual. Esto es especialmente evidente, e incluso forzado, en algunos momentos. Tal es el caso de la interpretación de la canción "El beso" durante el viaje en tren, a petición de su admirador. Juanita queda convertida en espectáculo particular de Javier, personificación un tanto cómica del papel de Casanova. Mientras la mirada de Emma Penella se pierde en el vacío, Gustavo Rojo, en el papel de Javier, mantiene la suya en la actriz a lo largo de un plano-secuencia exageradamente largo, con lo cual la artificiosidad con que se incluye este número musical a nivel argumental se ve reflejada también a nivel formal.

Este conflicto entre realismo y artificiosidad se manifiesta también en la escena inicial en la que Juanita aparece cantando en un café de Madrid. A pesar de que Mur-Oti elimina el recurso metateatral de la obra dentro de la obra empleado por Ruiz Iriarte, en aras de un efecto más realista, paradójicamente lo reemplaza por otro cuyo efecto desfamiliarizador es igualmente marcado. Es significativa la forma en que se funden, o confunden, las representaciones pictóricas de Cuba que sirven de trasfondo a los créditos iniciales con el decorado del escenario donde aparece por primera vez "Juanita la Guajira". A la artificiosidad del decorado se suma la de la representación de Emma Penella en el papel de Juanita, quien gesticula y vocaliza una canción que en realidad está siendo inter-

[51] La función de la tía, a nivel formal, es similar a la de la criada Rita en la obra teatral. Gracias a su papel de confidente y cómplice de Adelaida, el espectador tiene acceso al secreto de Adelaida (la existencia de una hermana "deshonrada") y se hará posible así la ironía cómica presente en los continuos malentendidos que de tal "secreto" surgen.

pretada por la popular cupletista Luisa de Córdoba.[52] La supuesta "naturalidad" de Juanita resulta pues tan forzada como la actuación de Emma Penella. En algunos momentos, Juanita parece ser consciente de este papel de mujer objeto y hacer uso deliberado de él para controlar la situación y sus relaciones de poder con los hombres.

Esta autoconsciencia es resaltada sobre todo en los números musicales.[53] Así, en esta primera escena la vemos burlarse de uno de sus admiradores a quien apunta con una botella de sifón. Otro ejemplo lo encontramos en el número musical "improvisado" que Juanita, fingiendo ser la Gobernadora, interpreta para atraer clientela a la tómbola. Una vez más su representación está dirigida a un público masculino cuya mirada y dinero intenta atraer al cantar la canción del "Pom-pom", interpretada también por Luisa de Córdoba. Esta conexión entre el aspecto erótico y el económico es aparentemente similar a la observada en la versión cinematográfica de *Divinas palabras.* La diferencia más notable es que en este caso la iniciativa parte de la mujer, quien es consciente y decide explotar la atracción de su cuerpo y su voz. La misma Juanita reflexiona sobre el carácter especial de esta representación y la ve distinta a otras en las que se siente objeto del deseo sexual masculino: "Anoche triunfé como nunca he triunfado. Triunfé ante un pueblo entero que me admiraba, que tenía los ojos y el alma puestos en mí, y sin desearme y despreciarme, que es lo que hacen siempre cuando canto por ahí". Aunque sin duda estas palabras no fueron incluidas intencionalmente como comentario autorreferencial, pueden servir como tales. También pueden ser interpretadas como un intento de manipulación, por parte del realizador, de la reacción de los espectadores extradiegéticos ante el problemático papel de la mirada en el cine.

Hablamos de manipulación puesto que las relaciones de poder que se establecen a través de la mirada, a pesar de lo que pueda afirmar la protagonista, en realidad no varían ni a nivel intradiegético –al personificar a la Gobernadora, su representación no se digni-

[52] Siguiendo una costumbre desgraciadamente demasiado extendida en la época, no sólo la canción aparece doblada, sino la totalidad de los diálogos.

[53] Phyllis Zatlin ha apuntado que la inclusión de números musicales por parte de Mur-Oti responde a dos propósitos principales: "he has increased its entertainment value while laying to rest any potential claim that his movie is canned theatre" ("Literature" 132).

fica mucho ante los ojos de los que la observan– ni tampoco a nivel extradiegético donde los mismos patrones en relación a la función de la mirada se mantienen intactos.

La película de Mur-Oti refuerza los mitos que definen las diferencias en los papeles sexuales de lo "masculino" y lo "femenino". Las contradicciones que subyacen bajo la representación del personaje de Juanita, quedan de manifiesto en la película de forma aún más flagrante que en la pieza teatral. La Juanita de Mur-Oti es ejemplo paradigmático del mito de la cupletista que predomina en gran parte de la producción cinematográfica española de los años 50. La ambivalencia entre lo que este personaje debe significar –libertad, falta de prejuicios, no observación de las normas morales de una sociedad patriarcal y burguesa– y el cómo se intenta crear este significado –convirtiéndolo en objeto erótico de la mirada especialmente en los números musicales intercalados– refleja una serie de contradicciones inherentes a los códigos de la representación de la diferencia sexual.

CONCLUSIONES

ESTE estudio ha planteado la interrelación teatro/cine en España, poniendo énfasis en las implicaciones teórico-prácticas que se derivan de ella en el campo de la adaptación. Al estudiar las diferentes teorías que han explorado tal interrelación, se ha comprobado que detrás de ellas se encubren a menudo actitudes ideológicas que buscan su legitimación en la mistificación de uno de estos medios, hecha con frecuencia en detrimento del otro. Por tanto, en este acercamiento al proceso de adaptación se han eliminado ideas preconcebidas, así como todo juicio de valor basado meramente en el grado de fidelidad con que la película recrea el significado de la obra teatral. La transposición de elementos dramáticos en sus equivalentes fílmicos, como hemos podido comprobar, es un arte dinámico que implica recreación, no imitación. En otras palabras, el objetivo de la adaptación propiamente dicha consiste no sólo en la transformación de ciertas funciones de significado en otras, sino también en la creación de significantes propiamente fílmicos.

Es arriesgado hacer generalizaciones sobre los modos de adaptación predominantes o predecir las transformaciones estéticas e ideológicas que se producirán en el proceso de adaptación de una obra teatral a la pantalla. Dicho proceso está sujeto a una compleja red de significantes y significados, así como a poderosos condicionamientos sociales, históricos y económicos. Una teoría general de la adaptación, si ésta puede llegar a materializarse, debe actuar por aproximación múltiple a los igualmente diversos niveles de significación de las obras dramáticas y cinematográficas. No puede quedarse en la mera descripción formalista de los textos, sino que debe penetrar en consideraciones de orden contextual, sin las cuales nunca podremos llegar a entender cabalmente el cómo y el porqué de la adaptación. Esto no quiere decir que toda generalización sea inútil o de dudoso valor. Lo que sostenemos es la necesidad de desarrollar un marco amplio de teorización e interpretación en el que puedan contemplarse, en la mayor extensión posible, la diversidad de paradigmas que condicionan la recreación cinematográfica del texto teatral.

El eclecticismo en este enfoque teórico y metodológico responde precisamente a este mismo interés. Los análisis formalistas de índole metatextual, ideológica, neohistoricista y feminista aspiran a cubrir un amplio espectro del ámbito teórico que no tiene por qué ser excluyente o contradictorio. De hecho aquellos capítulos que analizan la autorreflexividad en el teatro y cine españoles no carecen de exploraciones teóricas del marco sociológico e histórico de su producción, ni de la importancia que la intencionalidad del realizador tiene siempre en el desarrollo último de la adaptación. Lo mismo podríamos decir del examen de la transposición de la ideología entre estos medios. Los aspectos formales son aquí igualmente significativos y adquieren a menudo una relevancia ideológica de primer orden. En esta aproximación a las cuestiones de género e identidad, el eclecticismo es aún más evidente por cuanto muestra el impacto de las estructuras de poder en las nociones de identidad y diferencia sexual, al mismo tiempo que explora cuestiones de naturaleza psicológica dentro de obras condicionadas por el marco sociohistórico de su producción. Una breve síntesis de cada uno de estos capítulos nos dará una idea práctica del alcance y, por qué no decirlo, de las limitaciones de nuestro proyecto.

La polémica que se presentara en el primer capítulo sobre los grados de estilización y realismo en teatro y cine se relaciona estrechamente con el tema de la autorreferencialidad en los dos medios, objeto de análisis del segundo capítulo. Gran parte de la confusión en torno a la mímesis en teatro y cine resulta de no entender que, ante todo, el referente de las obras dramáticas y cinematográficas se encuentra dentro de las convenciones discursivas de cada género y en relación con la red intertextual en la que se enmarcan.

Para ilustrar este aspecto de la adaptación nos hemos centrado en los procesos de transposición de *Bodas de Sangre* y *¡Ay, Carmela!* llevados a cabo por Carlos Saura. La interpretación que Saura hace de la tragedia de García Lorca se basa en la versión de baile y cante flamenco que Antonio Gades creara unos años antes (1974) junto con el Ballet Nacional de España. El proyecto inicial era la mera filmación del espectáculo de Gades, pero poco a poco el documental fue transformándose en un largometraje de profundas implicaciones autorreferenciales. La incorporación de un prólogo metadiscursivo transforma la recepción y el significado de la representación que le sigue. En este preámbulo, Saura hace uso del juego metatextual tanto a nivel formal como temático, el cual marcará, a su vez, las pautas de las estrategias fílmicas utilizadas en la segunda.

Los cambios efectuados en el proceso de transposición de la obra al ballet y del ballet al cine, vienen dados en muchos casos por las características de cada medio. Por ejemplo, la coreografía de Gades está basada en el baile, lo cual conlleva la sustitución de diálogos, el uso de la música y la expresión corporal. Los personajes ambiguos y el elemento alegórico de la obra lorquiana son eliminados por completo. Tales cambios dan lugar a una interpretación personal de la tragedia que se aparta a menudo de las directrices originales. Gades se centra en el conflicto entre instinto y moral social, conflicto determinado por el código del honor en las sociedades rurales andaluzas a principios de siglo. A diferencia del texto, coreografía y film no conceden una importancia especial al factor económico como condicionante de la acción. Se atenúa también el fatalismo trágico que en la obra dramática se presentaba a través de presagios funestos y personajes alegóricos. El determinismo en la coreografía de Gades es pues más social que económico.

Esta ausencia de los elementos trágicos de la obra de García Lorca es compensada por un mayor nivel autorreferencial en la coreografía y el film. Como hemos podido determinar en nuestro análisis, el ballet dramatiza la tensión entre libertad individual y las constricciones del medio artístico. Esta complejidad del juego metatextual es llevada a extremos hiperbólicos en la película de Saura, donde Antonio Gades se desdobla en Leonardo, símbolo del instinto liberado, y Antonio, coreógrafo responsable de la obra y figura, por tanto, omnisciente y limitadora de la libertad artística de los miembros de la compañía de ballet. El film de Saura se convierte así en crónica de los mecanismos de representación en teatro, baile y cine; en dramatización del proceso de creación colectiva del objeto estético. Una crónica y una dramatización en las que Saura reflexiona sobre la interacción de los diversos participantes y niveles de interpretación inscritos en la propia obra.

Después de la filmación de *Carmen* (1984) y *El amor brujo* (1985) –que siguen la misma línea metadiscursiva de *Bodas de sangre*– en la adaptación de una obra claramente metateatral como *¡Ay, Carmela!* (1988) –adaptada en 1990– no deja de sorprender que Saura recurra a la simplificación de la estructura espaciotemporal para desarrollar la historia de manera lineal, cronológica y realista. Observamos aquí el fenómeno inverso a *Bodas de sangre*. Si en la transposición de la obra escasamente autorreferencial de Lorca, Saura alcanza los máximos niveles metadiscursivos, en la adaptación de la obra de Sanchis Sinisterra el potencial metatextual es reducido considerablemente, aunque sin llegar a desaparecer por completo. Podríamos decir que se trata de una metatextualidad encubierta o latente, por oposición a la autorreferencialidad agresiva de *Bodas de sangre*.

La obra teatral de Sanchis Sinisterra sigue las pautas establecidas por el Teatro Fronterizo en cuanto a la revisión y cuestionamiento de la práctica escénica; no obstante, en el film de Saura se echa en falta una reflexión semejante en torno al medio cinematográfico. A diferencia de la pieza teatral, el foco no está tanto en el enfrentamiento entre la marginalidad liberadora del teatro y el poder despótico del fascismo, como en la recuperación de una memoria colectiva –la de la guerra civil– que tiende a ser borrada del registro histórico por las tendencias revisionistas dentro de la historiografía y el arte, y por la manipulación de la cultura popular.

Desaparecen igualmente en el film los elementos pirandelianos de rebelión contra un autor externo a la diégesis. Sin embargo, la versión de Saura inscribe en el film al público como personaje, confiriéndole así un protagonismo distinto al que tiene en la pieza escénica, donde éste funciona como mero actante. Mediante este recurso Saura mueve a la reflexión en torno al papel de la ideología en el comportamiento del público. El realizador esboza una sociología de la recepción expresada en términos dialécticos: dos públicos antitéticos al comienzo y fin de la película que se corresponden con los valores políticos y culturales enfrentados en la guerra civil española: la concepción del arte como un espacio lúdico, participativo y militante –representada en el espectáculo inicial ante un grupo de milicianos y milicianas anarquistas– y la visión oscurantista, autoritaria y degradante –ejemplificada por la representación final ante la oficialidad y las tropas fascistas. La muerte de Carmela representa la muerte de una utopía política y cultural que debe permanecer viva en nuestra memoria. En ambos casos, el texto dramático y el cinematográfico presentan, aunque en diversa medida, una visión alegórica del papel del arte en un momento de crisis política.

En el tercer capítulo se ha examinado desde una perspectiva neohistoricista el proceso de adaptación de *La señorita de Trevélez* (1916) de Carlos Arniches y de *Un soñador para un pueblo* (1958) de Antonio Buero Vallejo. Aunque el foco del capítulo se sitúa en la transferencia de las obras de Arniches y Buero al cine, se ha podido demostrar también como las obras mismas de Arniches y Buero son el resultado de un proceso previo de transformación de intertextos literarios e históricos, en los que el marco social ha jugado un papel determinante. La obra de Arniches, por ejemplo, producida en el periodo de la Restauración ejemplifica las inclinaciones moralistas de toda una generación de intelectuales que intentó combatir el mal de España mediante la educación. Basándose en las convenciones de la tragicomedia y el sainete, Arniches convierte su obra en una tribuna abierta a la crítica de las actitudes sociales que han impedido la modernización de España. Traspuesta a la España franquista en 1956 de la mano de Bardem, la obra de Arniches se convierte en un alegato político contra el oscurantismo y la represión en una ciudad de provincias de los años cincuenta. En su velada denuncia de la vida bajo la dictadura, el realizador se vale de ciertos elementos de la tragicomedia de Arniches para comunicar su mensaje, pero infundiéndoles un valor político del que carecía el original. Si en *La señorita de Trevélez* el mensaje moral quedaba relegado al monólogo de uno de los personajes al final de la obra, en *Calle Mayor* Bardem transforma situaciones y crea nuevos personajes que funcionan como conciencia moral y política omnipresente.

Estrenada dos años después de *Calle Mayor, Un soñador para un pueblo* se vale igualmente de los textos del pasado para explorar la realidad de la España franquista. El pre-texto en este caso viene dado por los documentos historiográficos que presentan la figura del ministro de Carlos III, el marqués de Esquilache, como uno de los abanderados de la modernización y el cambio en la España de la Ilustración. La obra de Buero presenta, pues, una crítica implícita a la ideología reaccionaria y antiliberal del franquismo, la cual se caracterizó por su negación de la historia moderna.

La modernización anhelada por Esquilache y Carlos III se hace realidad en los años ochenta, coincidiendo precisamente con la producción y estreno de *Esquilache,* una superproducción hecha en colaboración con la televisión pública española y subvencionada por el gobierno. Dentro de estas coordenadas sociopolíticas, el mensaje oposicional de Buero respecto a la modernización del país, se ha convertido en mensaje propagandístico del grupo en el poder, el Partido Socialista Obrero Español. En plena democracia, el ataque que Buero hace en clave simbólica al aislacionismo de las dos primeras décadas del franquismo, no puede tener el mismo valor 30 años después, ya que los distintos contextos históricos han cambiado drásticamente el enfoque crítico presentado en las obras.

Cuando la adaptación de la pieza teatral se lleva a cabo inmediatamente después de su estreno, el análisis de la recepción de las dos obras no va a ser, evidentemente, tan determinante a la hora de analizar las diferencias formales y de significado del texto cinematográfico. Éste es el caso, por ejemplo, de *Las bicicletas son para el verano* (1983) de Fernán Gómez y *¡Ay, Carmela!* (1988) de Sanchis Sinisterra, las cuales fueron llevadas a la pantalla en 1984 y 1990 por Chávarri y Saura, respectivamente. Tanto Fernán Gómez como Chávarri adoptan una postura reconciliadora similar, al presentar los avatares de varias familias madrileñas de clase media durante la guerra civil española. El acercamiento de Sanchis Sinisterra y Saura a este mismo periodo histórico es radicalmente opuesto, ya que ambos adoptan un enfoque crítico a través del cual se revela claramente su militancia izquierdista. Sin embargo, nuestro análisis sobre el acercamiento ideológico de estas obras se centra en la forma en que éste queda reflejado en términos de las relaciones de poder y género. *Las bicicletas* muestra la apertura de un horizonte de expectativas prometedoras para la mujer y la progresiva frustración de las mismas. De manera similar, en *¡Ay, Carmela!* el asesinato de la protagonista es metafórico de la aniquilación de este proyecto utópico de cambio social y político en el que la mujer estaba llamada a desempeñar un papel histórico decisivo. En las cuatro obras, pues, los conflictos individuales presentados son reflejo y emblema de aquellos que se desarrollan a nivel nacional.

En la última parte de este estudio hemos analizado el papel del sujeto femenino desde un acercamiento semiótico. Aunque tanto en el teatro como en el cine podemos verificar la inclusión del sujeto femenino en términos icónicos, es decir como imagen de perfección visual y objeto erótico de la mirada masculina, las adaptaciones fílmicas tienden a reforzar esta función que tradicionalmente ha quedado asociada con la representación de los personajes femeninos. Así lo confirman, por ejemplo, la adaptación de Mario Camus (1987) de *La casa de Bernarda Alba* (1936) de Federico García Lorca o la versión cinematográfica de *Las salvajes en Puente San Gil* (1966) del realizador Antonio Ribas, basada en la pieza teatral homónima que José Martín Recuerda estrenara tres años antes. No obstante, las obras en que hemos centrado nuestro estudio son *Divinas palabras* (1920) de Ramón del Valle-Inclán –adaptada por José Luis García Sánchez en 1987– y *La guerra empieza en Cuba* (1955) de Víctor Ruiz Iriarte –adaptación de Manuel Mur-Oti en 1956. A pesar de tratarse de dos piezas teatrales de planteamientos estéticos diametralmente opuestos, en las adaptaciones cinematográficas encontramos ciertos paralelismos en la recreación y representación de los personajes femeninos protagonistas.

Aunque al crear a Mari-Gaila y a Juanita, los dramaturgos presentan una visión arquetípica y estereotipada de la mujer, estos personajes apuntan, aunque sólo sea tangencialmente, a una problematización de las tradicionales relaciones entre género y poder, la cual se intenta borrar o transformar en las correspondientes versiones fílmicas. Tanto a la Mari-Gaila de Valle-Inclán como a la Juanita de Ruiz Iriarte les caracteriza una sensualidad, un atrevimiento, un desparpajo y gracia verbal que quedan atenuados en el medio cinematográfico, donde su papel queda articulado alrededor de la iconografía de su cuerpo como espectáculo, objeto de consumo y de placer sexual. De las varias funciones agenciales que García Sánchez elimina en su Mari-Gaila, la del lenguaje es quizás la determinante de su predominante caracterización como mujer-espectáculo en el film. Mur-Oti, a su vez suprime todo elemento problemático o mínimamente crítico que se pudiera entrever en la pieza teatral, para convertirla en el más intrascendente musical, en el que lo erótico queda codificado por y dentro del lenguaje del orden patriarcal dominante en la cinematografía española de los años cincuenta.

El análisis de los aspectos más representativos de la dinámica de la adaptación de obras dramáticas al cine, apunta a un complejo proceso de transposición que viene determinado por múltiples factores. Algunos son de índole estética o genérica, otros son de carácter histórico, ideológico, cultural, sociológico e incluso económico. A través de la lectura de un grupo representativo de adaptaciones, hemos podido establecer las limitaciones de toda generalización teórica hecha al margen del contexto de las obras que son objeto de estudio. Nuestro enfoque, principalmente inductivo, se centra más bien en el análisis de los múltiples niveles significativos e interpretativos de textos específicos. De modo que, sobre esta base práctica, puedan establecerse las pautas necesarias para una futura teoría de la adaptación cinematográfica de las obras del teatro español contemporáneo.

De este análisis comparativo de un corpus representativo de textos dramáticos y cinematográficos, se deduce una visión de la obra adaptada como palimpsesto, como texto creado sobre la base de otro texto y cuyo referente más inmediado, por tanto, viene dado por ese otro discurso que la genera. Esta relación intertextual no tiene por qué hacernos perder de vista los factores contextuales que determinan no sólo ambos discursos, sino también la relación entre ellos. El estudio de la adaptación multiplica así los campos de análisis al abarcar no sólo el texto, contexto y metatexto de la obra dramática, sino también el texto, contexto y metatexto de la obra cinematográfica, así como la relación entre texto, contexto y metatexto entre ambas modalidades discursivas.

APÉNDICES

Los siguientes apéndices han sido compilados con información obtenida en los libros de Luis Gómez Mesa y Juan de Mata Moncho Aguirre y en diversas reseñas periodísticas. En el primer apéndice incluimos información sobre las adaptaciones producidas en España, en el segundo, sobre aquéllas producidas en el extranjero. En primer lugar aparece el año de producción, seguido del título, el nombre del director/a entre paréntesis y el del dramaturgo/a. Si no aparece indicado lo contrario, el título del film coincide con el de la obra teatral en que está basado.

I

1907 *Terra Baixa* (Fructuoso Gelabert). Ángel Guimerá.
1908 *La Dolores* (Enrique Giménez). José Feliu y Codina.
Don Juan Tenorio (Ricardo Baños). José Zorrilla.
María Rosa (Joan M. Codina). Ángel Guimerá.
1909 *Guzmán el Bueno* (Frutos Gelabert). Antonio Gil y Zárate.
Locura de amor (Albert Marro y Ricardo Baños). Manuel Tamayo y Baus.
1910 *El puñado de rosas* (Segundo de Chomón). Carlos Arniches.
1911 *El pobre Valbuena* (Segundo de Chomón). Carlos Arniches.
1914 *El alcalde de Zalamea* (Adriá Gual). Pedro Calderón de la Barca.

1914 *La chavala* (Alberto Marro y Jorge Rubert). Carlos Fernández Shaw y José López Silva.
La festa del blat (José de Togores). Ángel Guimerá.
La malquerida (Ricardo Baños). Jacinto Benavente.
Misteri de dolor (Adriá Gual). Adriá Gual.
1915 *El pollo tejada* (José Togores). Carlos Arniches.
1917 *Juan José* (Ricardo Baños). Joaquín Dicenta.
La reina joven (Magín Muría). Ángel Guimerá.
1918 *Los intereses creados* (Jacinto Benavente). Jacinto Benavente.
El regalo de Reyes (Julio Roesset y José Buchs). Basada en *Noche de Reyes*. Carlos Arniches.
La reina mora (José Buchs). Serafín y Joaquín Álvarez Quintero.
1919 *La mesonera del Tormes* (Julio Roesset y José Buchs). Basada en *La Dolores*. José Feliu y Codina.
1921 *Don Juan Tenorio* (Ricardo Baños). José Zorrilla.
La verbena de la paloma (José Buchs). Ricardo de la Vega.
1922 *La bruja* (Maximiliano Thous). Miguel Ramos Carrión.
El Padre Juanico (Ángel Guimerá). Basada en *Mosén Joanot*. Ángel Guimerá.
1923 *Alma de Dios* (Manuel Noriega). Carlos Arniches.
Curro Vargas (José Buchs). Manuel Paso.
La Dolores. (Maximiliano Thous). José Feliu y Codina.
Doloretes (José Buchs). Carlos Arniches.
Los guapos o gente brava (Manuel Noriega). Carlos Arniches.
El pobre Valbuena (José Buchs). Carlos Arniches.
Rosario la Cortijera (José Buchs). Manuel Paso.
Santa Isabel de Ceres (José Sobrado de Onega). Alfonso Vidal Planas.
1924 *A fuerza de arrastrarse* (José Buchs). José Echegaray.
Los granujas (Fernando Delgado). Carlos Arniches.
El idiota (Juan Andreu). Emilio Gómez de Miguel.
La mala ley (Manuel Noriega). Manuel Linares Rivas.
Mancha que limpia (José Buchs). José Echegaray.
Más allá de la muerte (Benito Perojo). Jacinto Benavente.
1925 *Don Quintín el Amargao* (Luis Buñuel y Luis Marquina). Carlos Arniches.
La alegría del batallón (Maximiliano Thous). Carlos Arniches.

1925 *La Bejarana* (Eusebio Fernández Ardavín). Luis Fernández Ardavín.
Cabrita que tira al monte (Fernando Delgado). Serafín y Joaquín Álvarez Quintero.
La chavala (Florián Rey). Carlos Fernández Shaw y José López Silva.
Los chicos de la escuela (Florián Rey). Carlos Arniches.
Nobleza baturra (Joaquín Dicenta, hijo y Juan Vilá Vilamala). Joaquín Dicenta, hijo.
La Revoltosa (Florián Rey). Carlos Fernández Shaw y José López Silva.
El señor feudal (Agustín G. Carrasco). Joaquín Dicenta.
La sobrina del cura (Luis R. Alonso). Carlos Arniches.

1926 *A buen juez, mejor testigo* (Manuel y Saturio Lois Piñeiro). José Zorrilla.
El bandido de la sierra (Eusebio Fernández Ardavín). Luis Fernández Ardavín.
La chica del gato (Antonio Calvache). Carlos Arniches.
La copla andaluza (Ernesto González). Antonio Quintero.
La malcasada (Francisco Gómez Hidalgo). Francisco Gómez Hidalgo.
Malvaloca (Benito Perojo). Serafín y Joaquín Álvarez Quintero.
El místico (Juan Andreu). Santiago Rusiñol.
Pilar Guerra (José Buchs). Guillermo Díaz Caneja.

1927 *Los aparecidos* (José Buchs). Carlos Arniches.
Es mi hombre (Carlos Fernández Cuenca). Carlos Arniches.
Las estrellas (Luis Alonso). Carlos Arniches.
Estudiantes y modistillas (Juan Antonio Cabero). Antonio Casero.
Rosa de Madrid (Eusebio Fernández Ardavín). Luis Fernández Ardavín.

1928 *La condesa María* (Benito Perojo). Juan Ignacio Luca de Tena.
Los cuatro Robinsones (Reinhard Blother). Pedro Muñoz Seca.
El lobo (Joaquín Dicenta, hijo). Joaquín Dicenta.
El orgullo de Albacete (Luis Alonso). Antonio Paso y Joaquín Abati.
El señor Esteve (Lucas Argilés). Basada en *L'auca del senyor Esteve*. Santiago Rusiñol.

1929 *La copla andaluza* (Ernesto González). Antonio Quintero y Pascual Guillén.

El rey que rabió (José Buchs). Miguel Ramos Carrión.

1930 *La alegría que pasa* (Sabino Micón). Santiago Rusiñol.

1933 *El café de la Marina* (Doménec Pruna). José María de Sagarra.

Susana tiene un secreto (Benito Perojo). Honorio Maura y Gamazo.

1934 *Doña Francisquita* (Hans Behrendt). Guillermo Fernández Shaw.

El último bravo (José Gaspar). Basada en *¡Qué tío más grande!* Pedro Muñoz Seca.

1935 *El 113* (Ernesto Vilches y Rafael F. Sevilla). Basada en *El soldado de San Marcial.* Valentín Gómez.

Los claveles (Santiago Ontañón y Eusebio Ardavín). Luis Fernández de Sevilla.

Es mi hombre (Benito Perojo). Carlos Arniches.

El gato montés (Rosario Pi). Manuel Penella.

La hija de Juan Simón (Nemesio Sobrevila, José Luis Sáenz de Heredia y Luis Buñuel). Nemesio Sobrevila.

Madre Alegría (José Buchs). Luis Fernández de Sevilla.

Morena Clara (Florián Rey). Antonio Quintero.

Nobleza baturra (Florián Rey). Joaquín Dicenta, hijo.

Rosario la Cortijera (León Artola). Manuel Paso.

La señorita de Trevélez (Edgar Neville). Carlos Arniches.

1936 *El bailarín y el trabajador* (Luis Marquina). Jacinto Benavente.

¡Centinela, alerta! (Jean Gremillon). Basada en *La alegría del batallón.* Carlos Arniches.

Morena Clara (Florián Rey). Antonio Quintero y Pascual Guillén.

Nuestra Natacha (Benito Perojo). Alejandro Casona.

El rayo (José Buchs). Juan López Núñez y Pedro Muñoz Seca.

La reina mora (Eusebio Fernández Ardavín). Serafín y Joaquín Álvarez Quintero.

Veinte mil duros (Willy Rozier). Adolfo Torrado y Leandro Navarro.

1937 *Las cinco advertencias de Satanás* (Isidro Socías). Enrique Jardiel Poncela.

La millona (Antonio Momplet). Enrique Suárez de Deza.

1939 *Cancionera* (Julián Torremocha). Serafín y Joaquín Álvarez Quintero.
Los cuatro Robinsones (Eduardo G. Maroto). Pedro Muñoz Seca.
Don Floripondio (Armando Pou). Luis de Vargas.
El genio alegre (Fernando Delgado). Serafín y Joaquín Álvarez Quintero.
Los hijos de la noche (Benito Perojo). Adolfo Torrado.
El huésped del sevillano (Enrique del Campo). Juan Ignacio Luca de Tena.
Mariquilla Terremoto (Benito Perojo). Serafín y Joaquín Álvarez Quintero.
La marquesona (Rafael Gil). Antonio Quintero.
¡No quiero, no quiero! (Francisco Elías). Jacinto Benavente.
El rey que rabió (José Buchs). Miguel Ramos Carrión.
La tonta del bote (Gonzalo Delgrás). Pilar Millán Astray.
Usted tiene ojos de mujer fatal (Juan Parellada) Enrique Jardiel Poncela.

1940 *La Dolores* (Florián Rey). José Feliu y Codina.
El famoso Carballeira (Fernando Mignoni). Adolfo Torrado.
Gracia y justicia (Julián Torremocha). Antonio Quintero y Pascual Guillén.
Julieta y Romeo (José María Castellví). José María Pemán.
Manolenka (Pedro Puche). Adolfo Torrado.
La malquerida (José López Rubio). Jacinto Benavente.
El milagro del Cristo de la Vega (Adolfo Aznar). José Zorrilla.

1941 *Alma de Dios* (Ignacio Iquino). Carlos Arniches.
Un alto en el camino (Julián Torremocha). El Pastor Poeta.
Flora y Mariana (José Buchs). Basada en *El orgullo de Albacete*. Antonio Paso y Joaquín Abati.
Fortunato (Fernando Delgado). Serafín y Joaquín Álvarez Quintero.
Los ladrones somos gente honrada (Ignacio Iquino). Enrique Jardiel Poncela.
La madre guapa (Félix de Pomés). Adolfo Torrado.
Para ti es el mundo (José Buchs). Carlos Arniches.
Pilar Guerra (Félix de Pomés). Guillermo Díaz Caneja.
Pepe Conde (José López Rubio). Basada en *El mentir de las estrellas*. Pedro Muñoz Seca.
Su hermano y él (Luis Marquina). Eduardo Marquina.

1942 *Goyescas* (Benito Perojo). Fernando Periquet.
Malvaloca (Luis Marquina). Serafín y Joaquín Álvarez Quintero.
Mosquita en palacio (Juan Parellada). Adolfo Torrado.
Sucedió en Damasco (José López Rubio). Basada en *El asombro de Damasco*. Antonio Paso y Joaquín Abati.
Vidas cruzadas (Luis Marquina). Jacinto Benavente.
1943 *Ana María* (Florián Rey). Antonio Quintero.
La boda de Quinita Flores (Gonzalo Delgrás). Serafín y Joaquín Álvarez Quintero.
Un caradura (Ignacio Iquino). Basada en *El hombre de los muñecos*. Adolfo Torrado.
La chica del gato (Ramón Quadreny). Carlos Arniches.
Eloísa está debajo de un almendro (Rafael Gil). Enrique Jardiel Poncela.
El ilustre Perea (José Buchs). Basada en *¡Mi padre!* Pedro Muñoz Seca.
Lecciones de buen amor (Rafael Gil). Jacinto Benavente.
La patria chica (Fernando Delgado). Serafín y Joaquín Álvarez Quintero.
Rosas de otoño (Juan de Orduña). Jacinto Benavente.
1944 *Ángela es así* (Ramón Quadreny). Carlos Arniches.
Ella, él y sus millones (Juan de Orduña). Basada en *Cuento de hadas*. Honorio Maura y Gamazo.
El fantasma y doña Juanita (Rafael Gil). José María Pemán.
El hombre que las enamora (José María Castellví). Adolfo Torrado y Leandro Navarro.
Tambor y cascabel (Alejandro Ulloa). Serafín y Joaquín Álvarez Quintero.
La tempestad (Javier Rivera). Miguel Ramos Carrión.
1945 *Cinco lobitos* (Ladislao Vajda). Serafín y Joaquín Álvarez Quintero.
Es peligroso asomarse al exterior (Alejandro Ulloa). Enrique Jardiel Poncela.
Fuenteovejuna (Antonio Román). Félix Lope de Vega y Carpio.
Leyenda de feria (Juan de Orduña). Basada en *La paz de Dios*. Francisco Serrano Anguita.
Ni pobre ni rico, sino todo lo contrario (Ignacio Iquino). Antonio de Lara y Miguel Mihura.
La vida en un hilo (Edgar Neville). Edgar Neville.

1946 *Cuando llegue la noche* (Jerónimo Mihura). Joaquín Calvo Sotelo.
Un drama nuevo (Juan de Orduña). Manuel Tamayo y Baus.
Los ladrones somos gente honrada (Gonzalo Delgrás). Enrique Jardiel Poncela.
Oro y marfil (Gonzalo Delgrás). Antonio Quintero y Pascual Guillén.
Tres espejos (Ladislao Vajda). Natividad Zaro.
1947 *La calumniada* (Fernando Delgado). Serafín y Joaquín Álvarez Quintero.
La dama del armiño (Eusebio Fernández Ardavín). Luis Fernández Ardavín.
Doña María la Brava (Luis Marquina). Eduardo Marquina.
La Lola se va a los puertos (Juan de Orduña). Manuel y Antonio Machado.
Lo que fue de la Dolores (Benito Perojo). Basada en *La Dolores*. José Feliu y Codina.
Noche de Reyes (Luis Lucía). Carlos Arniches.
Serenata española (Juan de Orduña). Eduardo Marquina.
1948 *Alhambra* (Juan Vilá). Luis Fernández de Sevilla.
La duquesa de Benamejí (Luis Lucía). Manuel y Antonio Machado.
El hombre de mundo (Manuel Tamayo). Ventura de la Vega.
Locura de amor (Juan de Orduña). Manuel Tamayo y Baus.
La mariposa que voló sobre el mar (Antonio de Obregón). Jacinto Benavente.
Sabela de Cambados (Ramón Torrado). Adolfo Torrado.
El señor Esteve (Edgar Neville). Basada en *L'auca del senyor Esteve*. Santiago Rusiñol.
Sin uniforme (Ladislao Vajda). Natividad Zaro.
1949 *El amor brujo* (Antonio Román). Gregorio Martínez Sierra.
Entre barracas (Luis Ligero). Carlos Fernández Shaw.
Filigrana (Luis Marquina). Antonio Quintero.
La florista de la reina (Eusebio Fernández Ardavín). Luis Fernández Ardavín.
La Revoltosa (José Díaz Morales). Carlos Fernández Shaw y José López Silva.
Rumbo (Ramón Torrado). Antonio Quintero y Rafael de Léón.

1950 *Hace cien años* (Antonio de Obregón). Basada en *De lo pintado a lo vivo.* Juan Ignacio Luca de Tena.
De mujer a mujer (Vicente Casanova). Basada en *Alma triunfante.* Jacinto Benavente.
Don Juan (José Luis Sáenz de Heredia). Basada en *Don Juan Tenorio.* José Zorrilla.
El gran Galeoto (Rafael Gil). José Echegaray.
Historia de una escalera (Ignacio F. Iquino). Antonio Buero Vallejo.
La honradez de la cerradura (Luis Escobar). Jacinto Benavente.
La noche del sábado (Antonio Abad Ojuel). Jacinto Benavente.

1951 *Don Juan Tenorio* (Alejandro Perla). José Zorrilla.
Habitación para tres (Antonio de Lara). Basada en *Guillermo Hotel.* Antonio de Lara.
La leona de Castilla (Juan de Orduña). Francisco de Villaespesa.
Lola la Piconera (Luis Lucía). Basada en *Cuando las Cortes de Cádiz.* José María Pemán.
Tercio de quites (Emilio Gómez Muriel). Antonio Quintero.

1952 *Don Juan Tenorio* (Alejandro Perla). José Zorrilla.
Doña Francisquita (Ladislao Vajda). Guillermo Fernández Shaw.
Gloria Mairena (Luis Lucía). Basada en *Creo en ti.* Jorge y José Cueva.
La filla del mar (Antonio Momplet). Ángel Guimerá.
Juegos de niños (Enrique Cahen Salberry). Víctor Ruiz Iriarte.
Puebla de las mujeres (Antonio del Amo). Serafín y Joaquín Álvarez Quintero.

1953 *El alcalde de Zalamea* (José Maesso). Pedro Calderón de la Barca.
Condenados (Manuel Mur-Oti). José Suárez Carreño.
La moza del cántaro (Florián Rey). Félix Lope de Vega y Carpio.

1954 *Malvaloca* (Ramón Torrado). Serafín y Joaquín Álvarez Quintero.
Morena Clara (Luis Lucía). Antonio Quintero y Pascual Guillén.
El Padre Pitillo (Juan de Orduña). Carlos Arniches.

1954 *La reina mora* (Raúl Alfonso). Serafín y Joaquín Álvarez Quintero.
Señora ama (Julio Bracho). Jacinto Benavente.
1955 *La chica del barrio* (Ricardo Núñez). Pilar Millán Astray.
1956 *Calle Mayor* (Juan Antonio Bardem). Basada en *La señorita de Trevélez*. Carlos Arniches.
Faustina (José Luis Sáenz de Heredia). Basada en *Si Fausto fuese Faustina*. José Luis Sáenz de Heredia.
Fedra (Manuel Mur-Oti). Lucio Anneo Séneca.
El genio alegre (Gonzalo Delgrás). Serafín y Joaquín Álvarez Quintero.
La guerra empieza en Cuba (Manuel Mur-Oti). Víctor Ruiz Iriarte.
La herida luminosa (Tulio Demichelli). José María de Sagarra.
La hija de Juan Simón (Gonzalo Delgrás). Nemesio Sobrevila.
Los ladrones somos gente honrada (Pedro L. Ramírez). Enrique Jardiel Poncela.
Los maridos no cenan en casa (Jerónimo Mihura). Basada en *Las desencantadas*. Honorio Maura.
Tremolina (Ricardo Núñez). Serafín y Joaquín Álvarez Quintero.
La vida en un bloc (Luis Lucía). Carlos Llopis.
1957 *Las de Caín* (Antonio Momplet). Serafín y Joaquín Álvarez Quintero.
Las estrellas (Miguel Lluch). Carlos Arniches.
Madrugada (Antonio Román). Antonio Buero Vallejo.
Maravilla (Javier Soto). Antonio Quintero.
Un marido de ida y vuelta (Luis Lucía). Enrique Jardiel Poncela.
¡Viva lo imposible! (Rafael Gil). Joaquín Calvo Sotelo y Miguel Mihura.
1958 *Carlota* (Enrique Cahen Salaberry). Miguel Mihura.
¿Dónde vas, Alfonso XII? (Luis César Amadori). Juan Ignacio Luca de Tena.
Una muchachita de Valladolid (Luis César Amadori). Joaquín Calvo Sotelo.
La muralla (Luis Lucía). Joaquín Calvo Sotelo.
Tu marido nos engaña (Miguel Iglesias). Basada en *Dijo a dos*. Jaime Salom.
1959 *El baile* (Edgar Neville). Edgar Neville.

1959 *La copla andaluza* (Jerónimo Mihura). Antonio Quintero y Pascual Guillén.

Don José, Pepe y Pepito (Clemente Pamplona). Juan Ignacio Luca de Tena.

Una gran señora (Luis César Amadori). Enrique Suárez Deza.

Un trono para Cristy (Luis César Amadori). José López Rubio.

1960 *Adiós, Mimí Pompón* (Luis Marquina). Alfonso Paso.

A las cinco de la tarde (Juan Antonio Bardem). Basada en *La cornada*. Alfonso Sastre.

Alma aragonesa (José Ochoa). José Feliu y Codina.

Un ángel tuvo la culpa (Luís Lucía). Basada en *Milagro en la Plaza del Progreso*. Joaquín Calvo Sotelo.

Canción de cuna (José María Elorrieta). Gregorio Martínez Sierra.

Los claveles (Miguel Lluch). Luis Fernández de Sevilla.

¿Dónde vas, triste de ti? (Alfonso Balcázar). Juan Ignacio Luca de Tena.

Hay alguien detrás de la puerta (Tulio Demichelli). Alfonso Paso.

Maribel y la extraña familia (José María Forqué). Miguel Mihura.

Melocotón en almíbar (Antonio del Amo). Miguel Mihura.

Ninette y un señor de Murcia (Fernando Fernán Gómez). Miguel Mihura.

Navidades en junio (Tulio Demichelli). Basada en *El cielo dentro de casa*. Alfonso Paso.

El príncipe encadenado (Luis Lucía). Basada en *La vida es sueño*. Pedro Calderón de la Barca.

Sólo para hombres (Fernando Fernán Gómez). Basada en *Sublime decisión*. Miguel Mihura.

1961 *Canción de cuna* (José María Elorrieta). Gregorio Martínez Sierra.

Carta a una mujer (Miguel Iglesias). Jaime Salom.

Cerca de las estrellas (César Ardavín). Ricardo López Aranda.

Cuidado con las personas formales (Agustín Navarro). Alfonso Paso.

Milagro a los cobardes (Manuel Mur-Oti). Basada en *La puerta giratoria*. Manuel Pilares.

1961 *Suspendido en sinvergüenza* (Mariano Ozores). Basada en *Lo siento, señor García*. Alfonso Paso.

Usted puede ser un asesino (José María Forqué). Alfonso Paso.

La venganza de don Mendo (Fernando Fernán Gómez). Pedro Muñoz Seca.

Ventolera (Luis Marquina). Serafín y Joaquín Álvarez Quintero.

La viudita naviera (Luis Marquina). José María Pemán.

1962 *Cena de matrimonio* (Alfonso Balcázar). Alfonso Paso.

Los culpables (José María Forn). Basada en *Bajo la lluvia*. Jaime Salom.

La chica del gato (Clemente Pamplona). Carlos Arniches.

Plaza de Oriente (Mario Cano). Joaquín Calvo Sotelo.

El sol en el espejo (Antonio Román). Basada en *Los pobrecitos*. Alfonso Paso.

Usted tiene ojos de mujer fatal (José María Elorrieta). Enrique Jardiel Poncela.

Vamos a contar mentiras (Antonio Isasi Isasmendi). Alfonso Paso.

1963 *La barca sin pescador* (José María Forn). Alejandro Casona.

Casi un caballero (José María Forqué). Basada en *¿De acuerdo, Susana?* Carlos Llopis.

Los derechos de la mujer (José Luis Sáenz de Heredia). Alfonso Paso.

Operación embajada (Fernando Palacios). Basada en *Cartas credenciales* y *Operación embajada*. Joaquín Calvo Sotelo.

Piso de soltero (Alfonso Balcázar). Jaime de Armiñán.

La Revoltosa (José Díaz Morales). Carlos Fernández Shaw y José López Silva.

Una tal Dulcinea (Rafael Salvia). Alfonso Paso.

Los Tarantos (Francisco Rovira Beleta). Basada en *Historias de los Tarantos*. Alfredo Mañas.

Tú y yo somos tres (Rafael Gil). Enrique Jardiel Poncela.

1964 *Casi un caballero* (José María Forqué). Basada en *De acuerdo, Susana*. Carlos Llopis.

Una madeja de lana azul celeste (José Luis Madrid). José López Rubio.

Nobleza baturra (Juan de Orduña). Joaquín Dicenta, hijo.

La otra orilla (José Luis Madrid). José López Rubio.

1964 *El pecador y la bruja* (Julio Buchs). Basada en *Un roto para un descosido.* Alfonso Paso.

1965 *Camerino sin biombo* (José María Zabalza). José María Zabalza.

La dama del alba (Francisco Rovira Beleta). Alejandro Casona.

Doña Rosita la Soltera (Antonio Artero). Federico García Lorca.

María Rosa (Armando Moreno). Ángel Guimerá.

Los palomos (Fernando Fernán Gómez). Alfonso Paso.

La visita que no llamó al timbre (Mario Camús). Joaquín Calvo Sotelo.

1966 *Aquí mando yo* (Rafael Romero Marchent). Basada en *Yo quiero.* Carlos Arniches.

La ciudad no es para mí (Pedro Lazaga). Fernando Ángel Lozano.

Es mi hombre (Rafael Gil). Carlos Arniches.

Mayores con reparos (Fernando Fernán Gómez). Juan José Alonso Millán.

Querido profesor (Javier Setó). Alfonso Paso.

Las salvajes en Puente San Gil (Antonio Ribas). José Martín Recuerda.

1967 *El amor brujo* (Francisco Rovira Beleta). Gregorio Martínez Sierra.

Camarín sin biombo (José María Zabalza). José María Zabalza.

Querido profesor (Javier Setó). Alfonso Paso.

1968 *La Celestina* (César Ardavín). Fernando de Rojas.

Las que tienen que servir (José María Forqué). Alfonso Paso.

Educando a una idiota (Ramón Torrado). Alfonso Paso.

Este cura (Enrique Carreras). Alfonso Paso.

Una señora estupenda (Eugenio Martín). Alfonso Paso.

Verde doncella (Rafael Gil). Emilio Romero.

1969 *El baldiri de la costa* (José María Font Espina). Joaquín Muntañola.

¡Cómo está el servicio! (Mariano Ozores). Alfonso Paso.

Laia (Vicente Lluch). Salvador Espriu.

No somos ni Romeo ni Julieta (Alfonso Paso). Alfonso Paso.

¿Quién soy yo? (Ramón Fernández). Juan Ignacio Luca de Tena.

La vil seducción (José María Forqué). Juan José Alonso Millán.

1970 *Un adulterio decente* (Rafael Gil). Enrique Jardiel Poncela.
El alma se serena (José Luis Sáenz de Heredia). Juan José Alonso Millán.
Las Leandras (Eugenio Martín). José Muñoz Román.
Las panteras se comen a los ricos (Ramón Fernández). Basada en *Las entretenidas*. Miguel Mihura.
Pecados conyugales (José María Forqué). Juan José Alonso Millán.
Pepa Doncel (Luis Lucía). Jacinto Benavente.
Vamos por la parejita (Alfonso Paso). Alfonso Paso.

1971 *La casa de las chivas* (León Klimovski). Jaime Salom.
La decente (José Luis Sáenz de Heredia). Miguel Mihura.
Enseñar a un sinvergüenza (Agustín Navarro). Alfonso Paso.
Los extremos se tocan (Alfonso Paso). Pedro Muñoz Seca.
Hay que educar a papá (Pedro Lazaga). Basada en *La educación de los padres*. José Fernández del Villar.
Prohibido enamorarse (José Antonio Nieves Conde). Basada en *Cosas de papá y mamá*. Alfonso Paso.
La tonta del bote (Juan de Orduña). Pilar Millán Astray.

1972 *El abuelo tiene un plan* (Pedro Lazaga). Basada en *Cosas de papá y mamá*. Alfonso Paso.
Blanca por fuera, rosa por dentro (Pedro Lazaga). Enrique Jardiel Poncela.
La guerrilla (Rafael Gil). José Martínez Ruiz "Azorín".
Marta (José Antonio Nieves Conde). Basada en *Estado civil: Marta*. Juan José Alonso Millán.
El padre de la criatura (Pedro Lazaga). Basada en *La cigüeña dijo sí*. Carlos Llopis.

1973 *Las tres perfectas casadas* (Benito Alazraki). Alejandro Casona.
El mejor alcalde, el Rey (Rafael Gil). Lope Félix de Vega y Carpio.

1974 *El amor empieza a medianoche* (Pedro Lazaga). Basada en *Juegos de medianoche*. Santiago Moncada.
El calzonazos (Mariano Ozores). Basado en *La locura de don Juan*. Carlos Arniches.
Pecados conyugales (José María Forqué). Juan José Alonso Millán.
Juegos de sociedad (José Luis Merino). Juan José Alonso Millán.
Olvida los tambores (Rafael Gil). Ana Diosdado.

1975 *El alegre divorciado* (Pedro Lazaga). Basada en *Anacleto se divorcia.* Pedro Muñoz Seca.
Los buenos días perdidos (Rafael Gil). Antonio Gala.
Estoy hecho un chaval (Pedro Lazaga). Basada en *Juan Jubilado.* Alfonso Paso.
Goya (Rafael J. Salvia). José Camón Aznar.
Los pecados de una chica casi decente (Mariano Ozores). Basada en *Balada de los tres inocentes.* Pedro Mario Herrero.
1976 *La noche de los cien pájaros* (Rafael Romero Marchent). Jaime Salom.
Viva/Muera Don Juan Tenorio (Tomás Aznar). Basada en *Don Juan Tenorio.* José Zorrilla.
1977 *Un hombre llamado Flor de Otoño* (Pedro Olca). Basada en *Flor de Otoño.* José María Rodríguez Méndez.
1978 *El virgo de Visanteta* (Vicente Escrivá). Bernat y Baldoví.
Visanteta esta-te queta (Vicente Escrivá). Bernat y Baldoví.
1980 *Bodas de sangre* (Carlos Saura). Federico García Lorca.
El canto de la cigarra (José María Forqué). Alfonso Paso.
Tú estás loco, Briones (Javier Maqua). Fermín Cabal.
1981 *La casa de Bernarda Alba* (Mario Camús). Federico García Lorca.
1984 *Las bicicletas son para el verano* (Jaime Chávarri). Fernando Fernán Gómez.
Violines y trompetas (Rafael Romero Marchent). Santiago Moncada.
1985 *El amor brujo* (Carlos Saura). Gregorio Martínez Sierra..
Luces de bohemia (Miguel Ángel Díez). Ramón del Valle-Inclán.
1986 *Hay que deshacer la casa* (José Luis García Sanchez). Sebastián Junyent.
1987 *Divinas palabras* (José Luis García Sánchez). Ramón del Valle-Inclán.
La estanquera de Vallecas (Eloy de la Iglesia). José Luis Alonso de Santos.
1988 *Bajarse al moro* (Fernando Colomo). José Luis Alonso de Santos.
Esquilache (Josefina Molina). Basada en *Un soñador para un pueblo.* Antonio Buero Vallejo.
1989 *Montoyas y Tarantos* (Vicente Escrivá). Basada en *Historias de los Tarantos.* Alfredo Mañas.
1990 *¡Ay, Carmela!* (Carlos Saura). José Sanchis Sinisterra.

1991 *Don Juan en los infiernos* (Gonzalo Suárez). Basada en *Don Juan Tenorio.* José Zorrilla.

1992 *Yo me bajo en la próxima, ¿y usted?* (José Sacristán). Adolfo Marsillach.

1993 *La Lola se va a los puertos* (Josefina Molina). Manuel y Antonio Machado.

1995 *Canción de cuna* (José Luis Garci). Gregorio Martínez Sierra.

Bwana (Imanol Uribe). Basada en *La mirada del hombre oscuro.* Ignacio del Moral.

1996 *El perro del hortelano* (Pilar Miró). Lope Félix de Vega y Carpio.

La Celestina (Gerardo Vera). Fernando de Rojas.

II

1913 *Tierra baja* (Mario Gallo). Basada en *Terra Baixa.* Ángel Guimerá. Argentina.

1921 *The Passion Flower* (Herbert Brenon). Basada en *La malquerida.* Jacinto Benavente. Estados Unidos.

1922 *María del Carmen* (Louis Mercanton y René Hervil). Basada en *En los jardines de Murcia.* José Feliu y Codina. Francia.

O Centenario (Lino Ferreiro). Basada en *El centenario.* Serafín y Joaquín Álvarez Quintero. Portugal.

Tiefland (Michael Bohmen y Lil Dagover). Basada en *Terra Baixa.* Ángel Guimerá. Alemania.

1927 *Lovers* (John Stahl). Basada en *El gran Galeoto.* José Echegaray. Estados Unidos.

1928 *Juan José* (Adelqui Millar). Joaquín Dicenta. Gran Bretaña.

1931 *Mamá* (Benito Perojo). Gregorio Martínez Sierra. Estados Unidos.

1930 *Un hombre de suerte* (Benito Perojo). Pedro Muñoz Seca. Estados Unidos.

1932 *Primavera en otoño* (Eugene Forde). Gregorio Martínez Sierra. Estados Unidos.

1933 *Cradle Song* (Mitchell Leisen). Basada en *Canción de cuna.* Gregorio Martínez Sierra. Estados Unidos.

1933 *Señora casada necesita marido* (James Teinling y Gregorio Martínez Sierra). Gregorio Martínez Sierra. Estados Unidos.

Una viuda romántica (Louis King). Basada en *Sueño de una noche de agosto*. Gregorio Martínez Sierra. Estados Unidos.

Yo, tú y ella (John Reinhardt). Basada en *Mujer*. Gregorio Martínez Sierra. Estados Unidos.

1935 *Angelina o el honor de un brigadier* (Louis King). Enrique Jardiel Poncela. Estados Unidos.

Julieta compra un hijo (Louis King). Gregorio Martínez Sierra. Estados Unidos.

María del Carmen (Marcel Gras). Basada en *En los jardines de Murcia*. José Feliu y Codina. Francia.

Te quiero con locura (John Bolard). Basada en *La cura de reposo*. Pedro Muñoz Seca. Estados Unidos.

1937 *La casa de Quirós* (Luis Moglia). Carlos Arniches. Argentina.

Don Juan Tenorio (René Cardona). José Zorrilla. México.

1938 *Bodas de sangre* (Edmundo Guibourg). Federico García Lorca. Argentina.

1939 *Margarita, Armando y su padre* (Francisco Múgica). Enrique Jardiel Poncela. Argentina.

¡Que viene mi marido! (Chano Urueta). Carlos Arniches. México.

1940 *El baño de Afrodita* (Tito Davidson). Basada en *La cura de reposo*. Pedro Muñoz Seca.

La forsa bruta (Carlo Ludovico Bragaglia). Basada en *La fuerza bruta*. Jacinto Benavente. Italia.

Novio a la medida (Gilberto Martínez Solares). Antonio Paso y Joaquín Abati. México.

Te quiero con locura (John Bolard). Basada en *La cura de reposo*. Pedro Muñoz Seca.

1941 *El más infeliz del mundo* (Luis Bayón Herrera). Carlos Arniches. Argentina.

Novios para las muchachas (Antonio Momplet). Basada en *Las de Caín*. Serafín y Joaquín Álvarez Quintero. Argentina.

1942 *Concierto de almas* (Alberto de Zavalia). Alejandro Casona. Argentina.

Tiefland (Leni Riefenstahl). Basada en *Terra Baixa*. Ángel Guimerá. Alemania.

1942 *Tú eres la paz* (Gregorio Martínez Sierra). Gregorio Martínez Sierra. Argentina.
El verdugo de Sevilla (Fernando Soler). Pedro Muñoz Seca. México.
1943 *Cuando florezca el naranjo* (Alberto de Zavalia). Alejandro Casona. Argentina.
Los hombres las prefieren rubias (Gregorio Martínez Sierra). Gregorio Martínez Sierra. Argentina.
1944 *La dama duende* (Luis Saslavsky). Pedro Calderón de la Barca. Argentina.
La honra de los hombres (Carlos Schlieper). Jacinto Benavente. Argentina.
María Celeste (Julio Saraceni). Alejandro Casona. Argentina.
Nuestra Natacha (Julio Saraceni). Alejandro Casona. Argentina.
Siete mujeres (Benito Perojo). Adolfo Torrado. Argentina.
1945 *Canción de cuna* (Gregorio Martínez Sierra). Gregorio Martínez Sierra. Argentina.
Chiruca (Benito Perojo). Adolfo Torrado. Argentina.
Las cinco advertencias de Satanás (Julián Soler). Enrique Jardiel Poncela. México.
María Rosa (Cecil B. De Mille). Ángel Guimerá. Estados Unidos.
El monje blanco (Julio Brancho). Eduardo Marquina. México.
El Padre Pitillo (Roberto de Ribón). Carlos Arniches. Chile.
¡Qué verde era mi padre! (Ismael Rodríguez). Adolfo Torrado. México.
1946 *Mamá Inés* (Fernando Soler). Enrique Suárez de Deza. México.
María Rosa (Luis Moglia Barth). Ángel Guimerá. Argentina.
Milagro de amor (Francisco Múgica). Alejandro Casona. Argentina.
El reino de Dios (Gregorio Martínez Sierra). Gregorio Martínez Sierra. Argentina.
1947 *Yo soy tu padre* (Emilio Gómez Muriel). Carlos Arniches. México.
1948 *Don Juan Tenorio* (Luis César Amadori). José Zorrilla. Argentina.
Doña Diabla (Tito Davison). Luis Fernández Ardavín. México.

1948 *La novia de la Marina* (Benito Perojo). Basada en *Susana tiene un secreto.* Honorio Maura. Argentina.

1949 *La caraba* (Julio Saraceni). Pedro Muñoz Seca. Argentina.

La culpa la tuvo el otro (Lucas Demare). Basada en *Con la vida del otro.* Carlos Llopis. Argentina.

La dama del alba (Emilio Gómez Muriel). Alejandro Casona. México.

El extraño caso de la mujer asesinada (Boris H. Hardy). Basada en *El caso de la mujer asesinadita.* Miguel Mihura. Argentina.

El gran calavera (Luis Buñuel). Adolfo Torrado. México.

Nosotros los rateros (Julio Salvador). Basada en *Ladrones pero honrados.* Antonio de Lara Tono. México.

1950 *Anacleto se divorcia* (Joselito Rodríguez). Pedro Muñoz Seca. México.

Los árboles mueren de pie (Carlos Schlieper). Alejandro Casona. Argentina.

La barca sin pescador (Mario Soffici). Alejandro Casona. Argentina.

Deseada (Roberto Gavaldón). Basada en *La ermita, la fuente y el río.* Eduardo Marquina. México.

Don Quintín el Amargao (Luis Buñuel). Carlos Arniches. México.

Entre tu amor y el cielo (Emilio Gómez Muriel). Basada en *El místico.* Santiago Rusiñol. México.

Las estrellas (Eduardo Ugarte). Carlos Arniches. México.

Madre Alegría (Ricardo Núñez). Luis Fernández de Sevilla. Argentina.

Mi mujer no es mía (Fernando Soler). Basada en *Mujercita mía.* Antonio Paso y Joaquín Abati. México.

Recién casados . . . No molestar (Fernando Cortés). Basada en *El aprendiz de amante.* Víctor Ruiz Iriarte. México.

Romance en tres noches (Ernesto Arancibia). Alejandro Casona. Argentina.

Tierra Baja (Miguel Zacarías). Basada en *Terra Baixa.* Ángel Guimerá. México.

1951 *Un gallo en corral ajeno* (Julián Soler). Adolfo Torrado. México.

Mamá nos quita los novios (Roberto Rodríguez). Adolfo Torrado. México.

1952 *Canción de cuna* (Fernando de Fuentes). Gregorio Martínez Sierra. México.
Las tres perfectas casadas (Roberto Gavaldón). Alejandro Casona. México.
Ni pobres ni ricos (Fernando Cortés). Basada en *Ni pobre ni rico sino todo lo contrario.* Miguel Mihura. México.
Sólo para maridos (Fernando Soler). Antonio Paso y Joaquín Abati. México.
Tío de mi vida (Julián Soler). Antonio Paso y Joaquín Abati. México.

1953 *Mi noche de bodas* (José Díaz Morales). Basada en *La vida en un hilo*. Edgar Neville. México.

1954 *El caso de la mujer asesinadita* (Tito Davison). Miguel Mihura. México.
Necesita un marido (José Díaz Morales). Basada en *Un marido a precio fijo*. Luisa María de Linares. México.
Siete gritos en el mar (Luis César Amadori). Alejandro Casona. Argentina.
Siete gritos en el mar (Enrique Carreras). Alejandro Casona. Argentina.
La visita que no tocó al timbre (Julián Soler). Joaquín Calvo Sotelo. México.

1955 *La cigüeña dijo sí* (Enrique Carreras). Carlos Llopis. Argentina.
Mi desconocida esposa (Alberto Gout). Basada en *La vida empieza a medianoche*. Luisa María de Linares. México.
La tercera palabra (Julián Soler). Alejandro Casona. México.

1956 *Escuela de rateros* (Rogelio González). Basada en *Con la vida del otro*. Carlos Llopis. México.
La herida luminosa (Tulio Demicheli). José María de Sagarra. México.

1957 *Socios para la aventura* (Miguel Morayta). Luisa María de Linares. México / Argentina.

1958 *A media luz los tres* (Julián Soler). Miguel Mihura. México.

1959 *En la ardiente oscuridad* (Daniel Tynaire). Antonio Buero Vallejo. Argentina.
Los tres etcéteras del coronel (Claude Boissol). Basada en *Los tres etcéteras de don Simón*. José María Pemán. España / Francia / Italia.

1962 *Les amants de Teruel* (Raymond Rouleau). Basada en *Los amantes de Teruel.* Juan Hartzenbusch. Francia.
El ángel exterminador (Luis Buñuel). Basada en *Los náufragos de la calle de la Providencia.* José Bergamín. México.
1964 *La Celestina* (Carlos Lizzani). Fernando de Rojas. Italia.
1965 *Sí, quiero* (Raúl de Anda). Alfonso Paso. México.
1966 *Casa de mujeres* (Julián Soler). Enrique Suárez de Deza. México.
1969 *Las cinco advertencias de Satanás* (José Luis Merino). Enrique Jardiel Poncela. Portugal / España.
1970 *Los amores de Don Juan* (Al Bradley). Basada en *Don Juan Tenorio.* José Zorrilla. España / Italia.
1971 *Las tres perfectas casadas* (Benito Alazraki). Alejandro Casona. México / España.
1976 *La Celestina* (Miguel Sabido). Fernando de Rojas. México.
La playa vacía (Roberto Gavaldón). Jaime Salom. México.
1977 *Bodas de sangre* (Souhel Ben Barka). Federico García Lorca. Francia / Marruecos.
1978 *Divinas palabras* (Juan Ibáñez). Ramón del Valle-Inclán. México.
1980 *Amor es veneno* (Stefano Rolla). Basado en *Carlota.* Miguel Mihura. Italia / España.
La casa de Bernarda Alba (Gustavo Alatriste). Federico García Lorca. México.
1985 *Yerma* (Imre Gyongyossy). Federico García Lorca. Alemania / Hungría.

OBRAS CITADAS

Ackelsberg, Martha A. *Free Women of Spain: Anarchism and the Struggle for the Emancipation of Women*. Bloomington: Indiana UP, 1991.

Alcalde, Carmen. *La mujer en la guerra civil española*. Madrid: Editorial Cambio 16, 1976.

Álvarez-Altman, Grace. "The Empy Nest Syndrome in García Lorca's Major Dramas". *García Lorca Review* 11.2 (1983): 149-59.

Anderson, Andrew. "García Lorca's *Bodas de Sangre*: The Logic and Necessity of Act Three". *Hispanófila* 30.3 (1987): 21-37.

Andrada, Beatriz. *¡Ay, Carmela!* Reseña. *Diario 16* 9 marzo 1990: s.p.

Andrew, Dudley. *Concepts in Film Theory*. Oxford: Oxford UP, 1984.

Andrews, Jean. "Saints and Strumpets: Female Stereotypes in Valle-Inclán". *Feminist Readings on Spanish and Spanish American Literature*. Eds. L. P. Condé y S. M. Hart. Lewiston: The Edwin Mellen Press, 1991.

Arenas, José. *Un soñador para un pueblo*. Reseña. *ABC* 26 enero 1987: 13.

Arniches, Carlos. *La señorita de Trevélez*. Navarra: Salvat, 1969.

Aston, Elaine. *An Introduction to Feminism and Theatre*. London, New York: Routledge, 1995.

Austin, Gayle. *Feminist Theories for Dramatic Criticism*. Ann Arbor: U of Michigan P, 1990.

Aznar Soler, Manuel. Introducción. *Ñaque. ¡Ay, Carmela!* De José Sanchis Sinisterra. Madrid: Cátedra, 1991.

Balázs, Béla. *The Theory of the Film*. London: Dennis Dobson, 1952.

Balboa Echevarría, Miriam. "Nanas, prisión y deseo en *Bodas de sangre*". *Confluencia* 8.2 (1994): 98-108.

Barron, Samuel. "The Dying Theatre". *Harper's* 172 (1935): 108-17.

Basinger, Jeanine. *A Woman's View*. New York: Alfred A. Knopf, 1993.

Baudry, Jean-Louis. "Ideological Effects of the Basic Cinematographic Apparatus". *Film Quarterly* 28.2 (1974-75): 39-47.

Bazin, André. "Theater and Cinema". *Film and/as Literature*. Ed. John Harrington. Englewood: Prentice-Hall, 1977. 93-106.

Besas, Peter. *Behind the Spanish Lens. Spanish Cinema Under Fascism and Democracy*. Denver: Arden Press, 1985.

Blau, Herbert. "Theater and Cinema: The Scopic Drive, the Detestable Screen, and More of the Same". *Cine-Tracts* 3.4 (1981): 48-65.

Borel, Jean Paul. "Buero Vallejo: Teatro y política". *Estudios sobre Buero Vallejo*. Ed. Mariano De Paco. Murcia: U de Murcia, 1984. 24-35.

Bowlby, Rachel. *Just Looking: Consumer Culture in Dreiser, Gissing, and Zola*. New York: Methuen, 1985.

Boyum, Joy Gould. *Double Exposure: Fiction into Film*. New York: Universe Book, 1995.

Browne, Nick. "The Spectator-In-The-Text: The Rhetoric of Stagecoach". *Movies and Methods*. vol. II. Ed. Bill Nichols. Berkeley: U of California P, 1985.

Buero Vallejo, Antonio. *Un soñador para un pueblo*. Madrid: Alfil, 1959.

Buñuel, Luis. "Nuestros poetas y el cine". *En pos del cinema*. Eds. Carlos y David Pérez Merinero. Barcelona: Anagrama, 1974. 54-5.

Burton, Julianne. "The Greatest Punishment: Female and Male in Lorca's Tragedies". *Women in Hispanic Literature: Icons and Fallen Idols*. Ed. Beth Miller. Berkeley: U of California P, 1983. 259-79.

Busette, Cedric. "Libido and Repression in García Lorca's Theatre". *Drama, Sex and Politics*. Ed. James Redmon. Cambridge: Cambridge UP, 1985. 173-90.

Butt, John. "*¡Ay, Carmela!*". Reseña. *Times Literary Supplement* 24 mayo 1991: 19.

Canning, Charlotte. *Feminist Theaters in the USA: Staging Women's Experience*. London & New York: Routledge, 1996.

Capmany, María Aurelia. *De profesión, mujer*. Barcelona: Plaza & Janés, 1971.

Carpena, Pepita. "Spain, 1936: Free Women. A Feminist, Proletarian and Anarchist Movement". *Women of the Mediterranean*. Ed. Monique Gadant. London: Zed Books Ltd., 1986. 47-58.

Case, Sue-Ellen. *Feminism and Theatre*. New York: Methuen, 1988.

———. *Performing Feminisms: Feminist Critical Theory and Theatre*. Baltimore: Johns Hopkins UP, 1990.

Cejador y Frauca, Julio. *Historia de la lengua y literatura castellana*. Vol. X. Madrid: Revista de Archivos, Bibliotecas y Museos, 1919.

Chatman, Seymour. *Storia e discorso. La struttura narrativa nel romanzo e nel film*. Trad. Elisabetta Graziosi. Parma: Pratiche Editrice, 1981.

Chodorow, Nancy. "Family Structure and Feminine Personality". *Woman, Culture and Society*. Eds. S. Rosaldo y L. Lamphere. Stanford: Stanford UP, 1978.

Crespo, Pedro. "*Las bicicletas son para el verano*". Reseña. *ABC* 26 enero 1984: 23.

Currie, George. "Visual Fictions". *Philosophical Quarterly Review* 41.163 (1991): 129-43.

Dällenbach, Lucien. *The Mirror in the Text*. Trad. Jeremy Whitely y Emma Hughes. Chicago: The U of Chicago P, 1989.

Daranas, Mariano. "Soñadores". Reseña. *ABC* 15 marzo 1959: 12.

Díez Mediavilla, Antonio. "Cine y teatro: Suma y sigue". *Relaciones entre el cine y la literatura: Un lenguaje común*. Eds. Juan Ríos Carratalá y John Sanderson. Alicante: Secretariado de Cultura de la Universidad de Alicante, 1996.

D'Lugo, Marvin. *The Films of Carlos Saura: The Practice of Seeing*. Princeton: Princeton UP, 1991.

Doane, Mary Ann. *The Desire to Desire: The Woman's Film of the 1940's*. Bloomington: Indiana UP, 1987.

Doménech, Ricardo. *El teatro de Buero Vallejo*. Madrid: Gredos, 1973.

Eaton, Walter Prichard. "Class Consciousness and the Movies". *Atlantic* 115 (1915): 48-56.

Edwards, Gwynne. *El teatro de Federico García Lorca*. Madrid: Gredos, 1983.

———. "Saura's Bodas de Sangre: Play into Film". *Hispanic Studies in Honour of Geoffrey Ribbans*. Ed. Ann L. Mackenzie *et al.* Liverpool: Liverpool UP, 1992. 275-82.

Esslin, Martin. *The Field of Drama. How the Signs of Drama Create Meaning on Stage and Screen*. London & New York: Methuen, 1987.

Fell, John. *Film and the Narrative Tradition*. Norman: Oklahoma UP, 1974.
Fernán Gómez, Fernando. *Las bicicletas son para el verano*. Madrid: Espasa-Calpe, 1988.
Fernández Almagro, Melchor. *Historia política de la España Contemporánea*. Madrid: Pegaso, 1959.
Fernández Cuenca, Carlos. *Historia del cine*. Madrid: Afrodisio Aguado, 1948.
Fernández Santos, Ángel. *¡Ay, Carmela!* Reseña. *El País* 18 marzo 1990: 56.
Ferrando, Carlos. *Hay que deshacer la casa*. Reseña. *Diario 16* 17 enero 1987: s.p.
Ferris, Lesley. *Acting Women: Images of Women in Theatre*. Basingstoke: Macmillan, 1996.
Flitterman-Lewis, Sandy. "Woman, Desire, and The Look: Feminism and the Enunciative Apparatus in Cinema". *Cine-Tracts* 2.1 (1978): 242-50.
Foucault, Michel. "Preface to Transgression". *Language, Counter-Memory, Practice*. Eds. Donald F. Bouchard y Sherry Simon. Oxford: Oxford UP, 1977. 29-52.
Fraser, Ronald. *Recuérdalo tú y recuérdalo a otros. Historia oral de la guerra civil española*. Barcelona: Crítica, 1979.
Frazier, Brenda. *La mujer en el teatro de Federico García Lorca*. Madrid: Playor, 1973.
García Abad, Teresa. "Cine y teatro: Dependencias y autonomías en un debate periodístico (1925-1930)". *Anales de la Literatura Española Contemporánea* 22 (1997): 493-509.
García Escudero, José María. *Un soñador para un pueblo*. Reseña. *Ya* 27 diciembre 1958: 5-6.
García Lorca, Federico. *Obras completas*. Madrid: Aguilar, 1963.
———. *Bodas de sangre / Yerma*. Madrid: Austral, 1975.
García Rivas, Ana. *Hay que deshacer la casa*. Reseña. *Diario 16* 8 junio 1986: 35.
Garret, George. "Don't Make Waves". *Film and/as Literature*. Ed. John Harrington. Englewood: Prentice-Hall, 1977. 106-11.
Gil, Cristina. "*¡Ay, Carmela!*, la guerra civil con ternura". Reseña. *Ya* 9 marzo 1990: 72.
Gimferrer, Pere. *Cine y literatura*. Barcelona: Planeta, 1985.
Glaessner, Verina. "*¡Ay, Carmela!*". Reseña. *Sight and Sound* 1.1 (1991): 40.
Gómez Mesa, Luis. *La literatura española en el cine nacional. 1907-1977*. Madrid: Filmoteca Nacional de España, 1978.
Gómez de la Serna, Ramón. "La nueva épica". *En pos del cinema*. Eds. Carlos y David Pérez Merinero. Barcelona: Anagrama, 1974. 88-93.
González del Valle, Luis. *La tragedia en el teatro de Unamuno, Valle-Inclán y García Lorca*. Nueva York: Eliseo Torres, 1975.
Greenfield, Sumner N. "*Divinas palabras* y la nueva faz de Galicia". *Ramón del Valle-Inclán: An Appraisal of His Life and Works*. Ed. Anthony N. Zahareas. New York: Las Américas, 1968.
———. "Lorca's Theater: A Synthetic Reexamination". *Journal of Spanish Studies: Twentieth Century* 5.1 (1977): 34-7.
———. *Anatomía de un teatro problemático*. Madrid: Taurus, 1990.
Griffith, D. W. "The Greatest Theatrical Force". *Moving Picture World* 26 marzo 1927: 41.
Guide to the Cinema of Spain. Westport, Connecticut & London: Greenwood Press, 1997.
Gustavo, Soledad. "Hablemos de la mujer". *La Revista Blanca* 1.9 (1923): 7-8.
Halliburton, Charles Lloyd. "García Lorca, the Tragedian: An Aristotelian Analysis of *Bodas de sangre*". *Revista de Estudios Hispánicos* 2 (1968): 35-40.

Halsey, Martha. "Introduction to the Historical Drama of Post-civil War Spain". *Estreno* 14.1 (1988): 11-12.
Hearn, Melissa. *Surrealistic Dialectic as Discourse in the Drama of García Lorca: Patriarchal Demythification*. Diss. U of Oklahoma, 1991.
Helbo, André. "Adapting the Theatre to Cinema. Towards a Pluridisciplinary Approach to the Spectacular Event". *Anales de la Literatura Española Contemporánea* 18.3 (1993): 593-623.
Hernández Esteve, Vicente. "Cine". *Elementos para una semiótica del texto artístico. Poesía, narrativa, teatro, cine*. Eds. Jenaro Talens, Antonio Tordera, José Romera Castillo y Vicente Hernández Esteve. Madrid: Cátedra, 1978. 203-27.
Higonnet, Margaret. "Civil Wars and Sexual Territories". *Arms and the Woman: War, Gender, and Literary Representation*. Eds. Cooper, Helen *et al.* Chapel Hill: U of North Carolina P, 1989. 80-96.
Hoffman, Nancy *et al.*, ed. *Female Studies VI. Closer to the Ground. Women's Classes, Criticisms, Programs*. Old Westbury, NY: Feminist Press, 1972.
Hopewell, John. *El cine español después de Franco. 1973-1988*. Trad. Carlos Laguna. Madrid: El Arquero, 1989.
Hornby, Richard. *Drama, Metadrama, and Perception*. Lewisburg: Bucknell UP, 1986.
Iglesias Feijoo, Luis. *La trayectoria dramática de Buero Vallejo*. Santiago de Compostela: U de Santiago de Compostela, 1982.
Irigaray, Luce. *Speculum of the Other Woman*. Trad. Gillian C. Gill. Ithaca: Cornell UP, 1985.
———. *This Sex Which Is Not One*. Trad. Catherine Porter y Carolyn Burke. Ithaca: Cornell UP, 1985.
Jerez Farrán, Carlos. "Mari-Gaila y la espiritualización de la materia: Una revaloración de *Divinas palabras* de Valle-Inclán". *Neophilologus* 76 (1992): 392-408.
Johnston, Claire, ed. *Notes on Women's Cinema*. London: SEFT, 1974.
Kaplan, Ann. *Women and Film: Both Sides of the Camera*. New York: Methuen, 1983.
Kauffmann, Stanley. "*¡Ay, Carmela!*". Reseña. *The New Republic* 204.9 (1991): 28.
Keyssar, Helene, ed. *Feminist Theatre and Theory*. Bassingstoke: Macmillan, 1996.
Khatchadourian, Haig. "Space and Time in Film". *British Journal of Aesthetics* 27.2 (1987): 169-177.
Kinder, Marsha. *Blood Cinema. The Reconstruction of National Identity in Spain*. Berkeley: U of California P, 1993.
Krakauer, Siegfried. *Theory of Film*. New York: Oxford UP, 1960.
Laffranque, Marie. "Federico García Lorca. Experiencia y concepción de la condición del dramaturgo". *El teatro moderno. Hombres y tendencias*. Ed. Jacquot. Buenos Aires: Editorial Universitaria, 1967.
Lauretis, Teresa de. *Alice Doesn't. Feminism, Semiotics, Cinema*. Bloomington: Indiana UP, 1984.
Lévi-Strauss, Claude. *The Elementary Structures of Kinship*. Trad. James Harlie Bell y John Richard von Sturner. Boston: Beacon, 1969.
Ling, David. "Greed, Lust, and Death in Valle-Inclán's *Divinas palabras*". *Modern Language Review* 67 (1972): 330-41.
Lorente Costa, Joan. "*Esquilache*". Reseña. *Avui* 8 febrero 1989: 14.
Lyon, John. *The Theatre of Valle-Inclán*. Cambridge: Cambridge UP, 1983.
Maier, Carol. "From Words to Divinity?: Questions of Language and Gender in *Divinas palabras*". *Ramón María del Valle-Inclán: Questions of Gender*. Eds. Carol Maier y Roberta Salper. London & Toronto: Bucknell UP, 1994. 191-221.
Maravall, José Antonio. *La oposición política bajo los Austrias*. Barcelona: Ariel, 1972.

Marx, Karl. *Capital.* Trad. Ben Fowkes. Harmondsworth: Penguin, 1976.

Materna, Linda. "Los códigos genéricos sexuales y la presentación de la mujer en el teatro de García Lorca". *Estelas, laberintos, nuevas sendas: Unamuno. Valle-Inclán. García Lorca. La guerra civil.* Ed. Ángel G. Loureiro. Barcelona: Anthropos, 1988. 263-77.

Mckay, Douglass. *Carlos Arniches.* New York: Twayne, 1972.

Membrez, Nancy. "*Delirium tremens*: Se encaran el cinematógrafo y el teatro 1896-1946". *Letras Peninsulares* (1994): 165-82.

Metz, Christian. *Film Language. A Semiotics of Cinema.* Trad. Michael Taylor. New York: Oxford UP, 1974.

———. *The Imaginary Signifier. Psychoanalysis and the Cinema.* Trad. Cecilia Britton, Annwyl Williams, Ben Brewster y Alfred Guzzetti. Bloomington: Indiana UP, 1982.

Monleón, José. *Teatro.* Madrid: Taurus, 1969.

———. *El teatro del 98 frente a la sociedad española.* Madrid: Cátedra, 1975.

Monterde, José Enrique. "Continuismo y disidencia (1951-1962)". *Historia del cine español.* Eds. Román Gubern *et al.* Madrid: Cátedra, 1995. 239-93.

Morris, C. Brian. *This Loving Darkness: The Cinema and Spanish Writers (1920-1936).* Oxford: Oxford UP, 1980.

Mulvey, Laura. *Visual and Other Pleasures.* Bloomington: Indiana UP, 1988.

Munsterberg, Hugo. *The Photoplay: A Psychological Study.* New York: Appleton, 1916.

Muñoz, Diego. "*Esquilache*". Reseña. *La Vanguardia* 26 enero 1989: 17.

Nash, Mary. *Mujeres Libres: España, 1936-1939.* Barcelona: Tusquets, 1975.

Nathan, George Jean. *The Theatre of the Moment. A Journalistic Commentary.* New York: Knoff, 1936.

Nicholas, Robert. L. *Tragic Stages of Antonio Buero Vallejo.* Madrid: Castalia, 1972.

Nicoll, Allardyce. *Film and Theatre.* New York: Arno, 1936.

Nourissier, François. *F. García Lorca, dramaturge.* Paris: L'Arche, 1955.

Oms, Marcel. *Juan Antonio Bardem.* Lyon: Serdec, 1962.

Panofsky, Erwin. "Style and Medium in the Motion Pictures." *Film Theory and Criticism.* Eds. G. Mast y M. Cohen. Oxford: Oxford UP, 1974. 243-64.

Paolini, C. "Valle-Inclán's Modernistic Women: The Devout Virgin and Adulteress". *Hispanófila* 88.1 (1986): 27-41.

Pérez de Ayala, Ramón. *Las máscaras.* En *Obras completas.* Vol. III. Madrid: Aguilar, 1963.

Pérez Coterillo, Moisés. "Nos queda la memoria". *El Público* 51 (1987): 3-7.

Pérez Perucha, Julio. "Narración de un aciago destino (1896-1930)". *Historia del cine español.* Ed. Román Gubern *et al.* Madrid: Cátedra, 1995. 19-121.

Poch y Gascón, Amparo. "Nuevo concepto de la pureza". *Estudios* 128 (1934): 32.

Pollack, Benny. *The Paradox of Spanish Foreign Policy. Spain's International Relations from Franco to Democracy.* New York: St. Martin's Press, 1987.

Pollack, Benny & Jean Grugel. "Opposition in Contemporary Spain: Tradition Against Modernity" en *Opposition in Western Europe.* Ed. Eva Kolinsky. New York: St. Martin's Press, 1987.

Pudovkin, Vsevolod I. *Film Technique. Film Acting.* New York: Wehman Bros, 1958.

Puente Samaniego, Pilar. *Buero Vallejo. Proceso a la historia de España.* Salamanca: Universidad de Salamanca, 1988.

Reinelt, Janelle. *Critical Theory and Performance.* Ann Arbor: U of Michigan P, 1992.

Riambau, Esteve. "El periodo 'socialista' (1982-1992)". *Historia del cine español.* Eds. Román Gubern *et al.* Madrid: Cátedra, 1995. 399-454.

Robertson, Sandra. "¡Quiero salir!: La articulación del deseo en el teatro de Lorca". *De lo particular a lo universal: El teatro español del siglo XX y su contexto.* Ed. John Gabriele. Frankfurt am Main, Madrid: Iberoamericana, 1994. 76-83.
Rolph, Wendy. "Lorca / Gades / Saura: Modes of Adaptation in *Bodas de Sangre*". *Anales de la Literatura Española Contemporánea* 11 (1986): 193-204.
Rubin, Gayle. "The Traffic in Women: Notes on the 'Political Economy' of Sex". *Toward an Anthropology of Women.* Ed. Rayna Reiter. New York: Monthly Review, 1975. 157-210.
Ruiz Iriarte, Víctor. *La guerra empieza en Cuba.* Madrid: Alfil, 1956.
Ruiz Ramón, Francisco. *Historia del teatro español. Siglo XX.* Madrid: Cátedra, 1975.
———. "Pasado / presente en el drama histórico". *Estreno* 14.1 (1988): 22-25.
Sáinz de Robles, F. C. *Teatro español. 1954-1955.* Madrid: Aguilar, 1956.
Salas, Montse. "*Bajarse al moro*". Reseña. *Diari de Barcelona* 12 abril 1989: s.p.
Sanchis Sinisterra, José. *El personaje dramático.* Madrid: Taurus, 1985. 97-115.
———. "Teatro en un baño turco". *Congrés Internacional de Teatre a Catalunya 1985. Actes.* Barcelona: Institut del Teatre, 1987. 131-143.
———. *Ñaque. ¡Ay, Carmela!* Madrid: Cátedra, 1991.
Seger, Linda. *The Art of Adaptation: Turning Fact and Fiction into Film.* New York: Henry Holt, 1992.
Silverman, Kaja. *The Acoustic Mirror: The Female Voice in Psychoanalysis and Cinema.* Bloomington: Indiana UP, 1988.
Smith, Paul Julian. "Lorca and Foucault". *The Body Hispanic: Gender and Sexuality in Spanish American Literature.* Oxford: Clarendon Press, 1989. 105-37.
Soler Carreras, J. A. "Cuando el teatro es cine: Arniches, Benavente y Valle-Inclán". *Yorick* 17-18 (1966): 35.
Sontag, Susan. "Film and Theatre". *Film Theory and Criticism.* Eds. Gerald Mast y Marshall Cohen. New York and Oxford: Oxford UP, 1985. 340-55.
Soufas, C. Christopher. "Interpretation in/of *Bodas de Sangre*". *García Lorca Review* 11 (1983): 53-74.
Stam, Robert. *Reflexivity in Film and Literature: From Don Quixote to Jean-Luc Godard.* Ann Arbor: UMI Research Press, 1985.
Steadman, Susan. *Dramatic Re-visions: An Annotated Bibliography of Feminism and Theatre. 1972-1988.* Chicago: American Library Association, 1991.
Steele, Robert. "The Two Faces of Drama". *Cinema Journal* 6 (1966-7): 16-32.
Suevos, Jesús. "Las Luces y las raíces". *Arriba* 28 diciembre 1958: 7.
Szanto, George H. *Theater and Propaganda.* Austin & London: U of Texas P, 1978.
Todorov, Tzvetan. *Mikhail Bakhtin: The Dialogical Principle.* Minneapolis: U of Minnesota P, 1984.
Torre, Guillermo de. "Un arte que tiene nuestra edad". *En pos del cinema.* Eds. Carlos y David Pérez Merinero. Barcelona: Anagrama, 1974. 123-33.
Torrente Ballester, Gonzalo. *Teatro español contemporáneo.* Madrid: Guadarrama, 1957.
Torres, Augusto, ed. *Cine español 1896-1983.* Madrid: Ministerio de Cultura. Dirección General de Cinematografía, 1984.
Torres, Maruja. "*Las bicicletas son para el verano*". Reseña. *El País* 14 enero (1984): 38.
Torres, Rosana. "Entrevista a Giorgio Albertazzi". *El País* 18 octubre 1994: 41.
———. "*Cristales rotos*". Reseña. *El País* 3 febrero 1995: 27.
Umbral, Francisco. "*Esquilache*". Reseña. *Diario 16* 30 diciembre 1989: 17.
Umpierre, Gustavo. *Divinas palabras: Alusión y alegoría.* Chapel Hill: U of North Carolina P, 1971.

Urrutia, Jorge. "Sobre el carácter cinematográfico del teatro de Valle-Inclán: A propósito de *Divinas palabras*". *Ínsula* 42.491 (1987): 18.

Utrera, Rafael. *Modernismo y 98 frente al cinematógrafo*. Sevilla: U de Sevilla, 1981.

———. *García Lorca y el cinema*. Sevilla: Edisur, 1982.

———. *Escritores y cinema en España. Un acercamiento histórico*. Madrid: Ediciones J. C., 1985.

Vardac, Nicholas. *Stage to Screen. Theatrical Method from Garrick to Griffith*. Cambridge: Harvard UP, 1949.

Vásquez. Mary S. "Prisoners and Refugees: Language of Violence in *The House of Bernarda Alba* and During the Reign of the Queen of Persia". *Women and Violence in Literature*. Ed. Katherine Akley. New York & London: Garland Publishing, Inc., 1990. 221-36.

Vernon, Kathleen. *The Spanish Civil War and the Visual Arts*. Ithaca, NY: Center for International Studies, Cornell University, 1990.

Viota, Paulino. *El cine militante en España durante el franquismo*. México: Filmoteca UNAM, 1982.

Vizcaíno Casas, Fernando. *Historia y anécdota del cine español*. Madrid: Ediciones Adra, 1976.

Waller, Gregory. *The Stage/Screen Debate: A Study in Popular Aesthetics*. New York: Garland Press, 1983.

———. "Film and Theater". *Film and the Arts in Symbiosis: A Resource Guide*. Ed. Gary Edgerton. Westport: Greenwood, 1988. 135-63.

Zahareas, Anthony. *Teatro selecto de Valle-Inclán*. New York: Las Américas, 1969.

Zatlin, Phyllis. "Metatheatre and the Twentieth-Century Spanish Stage". *Anales de la Literatura Española Contemporánea* 17 (1992): 55-74.

———. "Literature, Film and the Other Arts in Modern Spain". *Letras Peninsulares* 7.1 (1994): 119-42.

ÍNDICE DE ADAPTACIONES

NORTH CAROLINA STUDIES IN THE ROMANCE LANGUAGES AND LITERATURES

I.S.B.N. Prefix 0-8078-

Recent Titles

THE "LIBRO DE ALEXANDRE". MEDIEVAL EPIC AND SILVER LATIN, by Charles F. Fraker. 1993. (No. 245). *-9249-1.*

THE ROMANTIC IMAGINATION IN THE WORKS OF GUSTAVO ADOLFO BÉCQUER, by B. Brant Bynum. 1993. (No. 246). *-9250-5.*

MYSTIFICATION ET CRÉATIVITÉ DANS L'OEUVRE ROMANESQUE DE MARGUERITE YOURCENAR, par Beatrice Ness. 1994. (No. 247). *-9251-3.*

TEXT AS TOPOS IN RELIGIOUS LITERATURE OF THE SPANISH GOLDEN AGE, by M. Louise Salstad. 1995. (No. 248). *-9252-1.*

CALISTO'S DREAM AND THE CELESTINESQUE TRADITION: A REREADING OF *CELESTINA*, by Ricardo Castells. 1995. (No. 249). *-9253-X.*

THE ALLEGORICAL IMPULSE IN THE WORKS OF JULIEN GRACQ: HISTORY AS RHETORICAL ENACTMENT IN *LE RIVAGE DES SYRTES* AND *UN BALCON EN FORÊT*, by Carol J. Murphy. 1995. (No. 250). *-9254-8.*

VOID AND VOICE: QUESTIONING NARRATIVE CONVENTIONS IN ANDRÉ GIDE'S MAJOR FIRST-PERSON NARRATIVES, by Charles O'Keefe. 1996. (No. 251). *-9255-6.*

EL CÍRCULO Y LA FLECHA: PRINCIPIO Y FIN, TRIUNFO Y FRACASO DEL *PERSILES*, por Julio Baena. 1996. (No. 252). *-9256-4.*

EL TIEMPO Y LOS MÁRGENES. EUROPA COMO UTOPÍA Y COMO AMENAZA EN LA LITERATURA ESPAÑOLA, por Jesús Torrecilla. 1996. (No. 253). *-9257-2.*

THE AESTHETICS OF ARTIFICE: VILLIERS'S *L'EVE FUTURE*, by Marie Lathers. 1996. (No. 254). *-9254-8.*

DISLOCATIONS OF DESIRE: GENDER, IDENTITY, AND STRATEGY IN *LA REGENTA*, by Alison Sinclair. 1998. (No. 255). *-9259-9.*

THE POETICS OF INCONSTANCY, ETIENNE DURAND AND THE END OF RENAISSANCE VERSE, by Hoyt Rogers. 1998. (No. 256). *-9260-2.*

RONSARD'S CONTENTIOUS SISTERS: THE PARAGONE BETWEEN POETRY AND PAINTING IN THE WORKS OF PIERRE DE RONSARD, by Roberto E. Campo. 1998. (No. 257). *-9261-0.*

THE RAVISHMENT OF PERSEPHONE: EPISTOLARY LYRIC IN THE *SIÈCLE DES LUMIÈRES,* by Julia K. De Pree. 1998. (No. 258). *-9262-9.*

CONVERTING FICTION: COUNTER REFORMATIONAL CLOSURE IN THE SECULAR LITERATURE OF GOLDEN AGE SPAIN, by David H. Darst. 1998. (No. 259). *-9263-7.*

GALDÓS'S *SEGUNDA MANERA*: RHETORICAL STRATEGIES AND AFFECTIVE RESPONSE, by Linda M. Willem. 1998. (No. 260). *-9264-5.*

A MEDIEVAL PILGRIM'S COMPANION. REASSESSING *EL LIBRO DE LOS HUÉSPEDES* (ESCORIAL MS. h.I.13), by Thomas D. Spaccarelli. 1998. (No. 261). *-9265-3.*

'PUEBLOS ENFERMOS': THE DISCOURSE OF ILLNESS IN THE TURN-OF-THE-CENTURY SPANISH AND LATIN AMERICAN ESSAY, by Michael Aronna. 1999. (No. 262). *-9266-1.*

RESONANT THEMES. LITERATURE, HISTORY, AND THE ARTS IN NINETEENTH- AND TWENTIETH-CENTURY EUROPE. ESSAYS IN HONOR OF VICTOR BROMBERT, by Stirling Haig. 1999. (No. 263). *-9267-X.*

RAZA, GÉNERO E HIBRIDEZ EN *EL LAZARILLO DE CIEGOS CAMINANTES*, por Mariselle Meléndez. 1999. (No. 264). *-9268-8.*

DEL ESCENARIO A LA PANTALLA: LA ADAPTACIÓN CINEMATOGRÁFICA DEL TEATRO ESPAÑOL, por María Asunción Gómez. 2000. (No. 265). *-9269-6.*

THE LEPER IN BLUE: COERCIVE PERFORMANCE AND THE CONTEMPORARY LATIN AMERICAN THEATER, by Amalia Gladhart. 2000. (No. 266). *-9270-X.*

When ordering please cite the *ISBN Prefix* plus the last four digits for each title.

Send orders to: University of North Carolina Press
P.O. Box 2288
CB# 6215
Chapel Hill, NC 27515-2288
U.S.A.